GAFSA

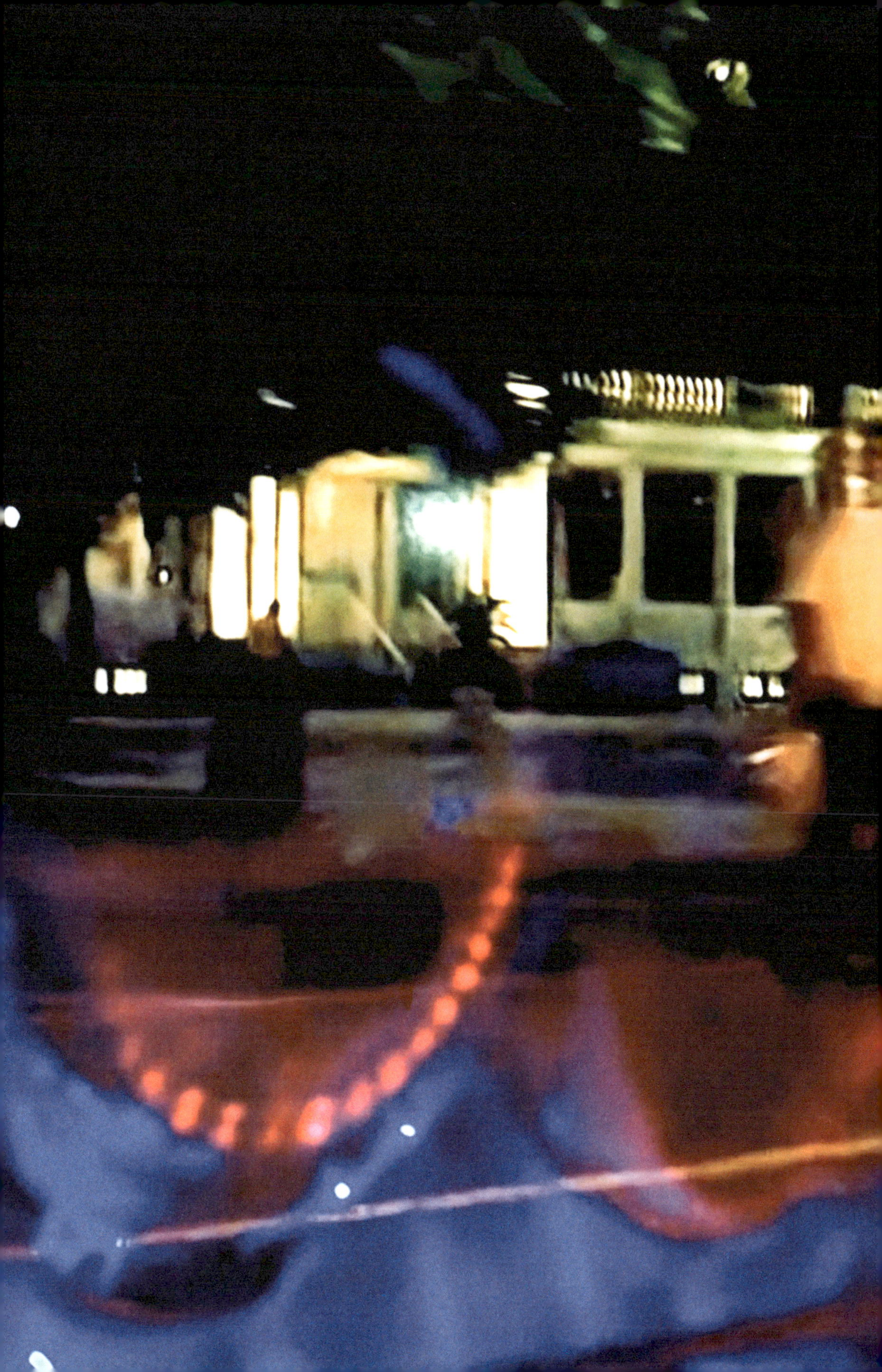

"A arte é o que torna a vida
mais interessante do que a arte"
Robert Filliou

"Art is what makes life
more interesting than art"
Robert Filliou

Eva Castiel
Estrangeira

Eva Castiel
Foreigner

Apresentação
Um olhar voltado ao social

Daniela Bousso
[org.]

Presentation
A Socially--oriented Gaze

Paulistana, criada no centro de São Paulo nos anos 1960, Eva Castiel incorporou as linguagens afeitas à sua geração. A partir dos anos 1980 sua obra evolui e define um espaço de trinta anos de ações, marcadas pela sua personalidade inquieta.

Durante a sua formação artística, Eva partiu do contato com a arte do Brasil e o estendeu para o exterior, especialmente por meio do grupo de amigos de fora do país que fez por ocasião da 18ª Bienal de São Paulo. A mostra de 1985 trouxe ao Brasil vários exemplos do retorno à pintura em voga na Europa, a Transvanguarda[1] que apresentava obras de gestualidade expressionista, num ataque às telas com grandes massas de tinta mesclada a figurações. Artistas como Anselm Kiefer, Keith Haring, Sandro Chia, Francesco Clemente e o grupo brasileiro Casa Sete, entre outros, foram convidados a integrar "A grande tela", tema polêmico conferido pela curadoria àquela bienal.

---

1   Termo cunhado pelo crítico Achille Bonito Oliva, em 1979, que diz respeito ao movimento artístico italiano nascido na década de 1980 em contraste com a arte *povera*.

Raised in the center of São Paulo during the 1960s, Eva Castiel incorporated the artistic languages of her generation. From the 1980s onward, her work has evolved and defines a thirty-year span of artistic actions, marked by her restless personality.

During her artistic training, Castiel took her proximity to Brazilian art and expanded it abroad, primarily through a group of foreign friends she made during the 18th Bienal de São Paulo. The 1985 Bienal included several examples of Tranvanguarda –[1] in vogue in Europe at the time –, exhibiting works with gestural expressionism, in an attack on canvases using large amounts of paint mixed with figurations. Artists like Anselm Kiefer, Keith Haring, Sandro Chia, Francesco Clemente and the Brazilian group Casa Sete, among others, were invited to take part in *A grande tela* [*The Great Canvas*], a controversial theme conferred by the curatorial team of that biennial.

---

1   The term coined by art critic Achille Bonito Oliva, in 1979, refers to the artistic movement which began in Italy during the 1980s in contrast to *Arte Povera*.

O contato com os artistas no exterior desencadeou uma série de viagens e, com elas, o entrosamento com um grupo de artistas europeus e americanos que frequentavam a casa de curadores e colecionadores de arte. A partir desses encontros, Eva desenvolveu suas pinturas dos anos 1980 e 1990, que se observarmos, logo perceberemos a identidade do trabalho, que apresenta com clareza os traços da pintura da Transvanguarda, responsável por influenciar muitos brasileiros ligados às práticas pictóricas do período. As telas de Eva dessa época abrigam temas que criam certa estranheza; há a prevalescência de uma paleta que orbita ao redor da frieza e da profundidade abismal dos azuis que, perpassados pela linearidade dos brancos, definem as figuras, muitas vezes cães e homens colocados em contato, mergulhados na densidade azulada das noites [pp. 238-49]. Podemos, sim, afirmar

The contact with artists abroad resulted in a series of trips, and with them, the interaction with a group of European and American artists who frequented the homes of curators and art collectors. It was from these exchanges that Castiel developed her work during the 1980s and 1990s; which, if examined closely, we will soon perceive its identity, that clearly shows features of Transvanguarda painting, which influenced many Brazilians who were connected to the pictorial practices of the time. Castiel's canvases from that period harbor themes that create a certain unfamiliarity; there is a prevalence of a color palette that orbits the coldness and abysmal depths of blues, which, pervaded by the linearity of whites, define the figures, oftentimes dogs and men, plunged in the bluish density of the night [pp. 238-49]. It can definitely be said that the work that Castiel produced between the 1980s and the 1990s has a

que a produção pictórica de Castiel entre os anos 1980 e 1990 tem caráter noturno, seja na atmosfera dos becos, seja na das mulheres bizarras, semelhante às da produção de Frederico Fellini.

Já a pintura a partir dos anos 1990 define espacialidades múltiplas, que se desdobram em labirintos. Os tons terrosos, menos abundantes nas telas dos 1980, ganham força no início da nova década, abrem espaço para os magentas e negros e se impõem à profundidade dos azuis. Ao final da década de 1990, a pintura já não parece bastar para Eva, e as telas passam a expelir suas formas para o espaço. Nesse momento, surgem esferas que se deslocam das telas para o chão. Eis a gênese dos conceitos das experiências que se seguiriam com as poéticas espaciais.

nocturnal character: be it in the vibe of the alleys or in the bizarre women, similar to those in the works of Frederico Fellini.

Her paintings from the 1990s onward, in turn, define multiple spatialities, which unfold into labyrinths. Earthy tones, which are less abundant in the canvases of the 1980s, gain power at the beginning of the new decade, making room for magenta and black and imposing themselves on the depths of blues. At the end of the 1990s, painting seems to no longer be enough for Castiel, and her canvases begin to expel their forms out toward space. At that moment, spheres appear moving from the canvases to the floor. That is the genesis of the concepts of experiences that would carry on with the poetics of space.

São assim as primeiras instalações de Castiel nessa época. Elas revelam um fazer generacional, caracterizado por uma estética que nos remete aos anos 1980, quando optou por ser artista, em vez de trabalhar na sua área de formação, Sociologia e Política. As instalações iniciais se assentam no território do feminino em seu sentido mais arquetipal. Há nelas uma espécie de sabedoria do silêncio, da vigília, algo de quem guarda um tesouro precioso, a ser posto em jogo para um xeque-mate, a ser negociado na hora do perigo, como no caso da obra *Mil mesas* (2004, p. 124).

Olhar para essas instalações significa deparar-se com um universo que resguarda mundos velados, secretos, mundos de passagem, impregnados de simbologias. A espacialidade desértica e a materialidade exposta em sua crueza preservada por vezes inundam vazios desolados e criam territórios intersticiais, que designam algo que paira entre os lugares, entre outras culturas. Elas são a evocação daquilo que vive por trás, do subreptício, daquilo que subjaz a qualquer planejamento sobre um mundo racional. Ao contrário, Castiel nos fala daquilo que está do outro lado, de um "outro", cujo lugar é o

Thats is how Castiel's first installations are at that time. They reveal a generational achievement, characterized by an aesthetic which calls to mind the 1980s, when she decided to be an artist, instead of working in Sociology and Politics, her areas of study. Her first installations fall into the female territory in its most archetypal sense. In them, there is a kind of wisdom of silence, of vigilance – like someone who guards a precious treasure, to be put into play when it is time for the checkmate, or negotiated in a moment of danger, such as in her work *Mil mesas* [*A Thousand Tables*, 2004, p. 124].

To look at these installations is to encounter a universe that protects veiled, secret worlds – worlds of passage that are filled with symbology. The desert spatiality and the materiality exposed in its preserved crudities sometimes flood desolate voids and create interstitial territories, which designate something that looms between places, between other cultures. They are the evocation of what lies behind the surreptitious, behind that which underlies any planning about a rational world. On the contrary, Castiel tells us about what lies on the other side, of an "other," whose place is the unknown, as Carlos Fajardo states in his commentary on pages 88 to 95.

desconhecido, como afirma Carlos Fajardo em seu depoimento, nas páginas 88 a 95.

A partir dos anos 2000 emergem as obras multimídia da artista, bem como seu lado ativista, que se manifestará em ações artísticas com instalações, vídeos e ações urbanas. No cruzamento das fronteiras com outras disciplinas, Eva passa à ativação de lugares e contextos ligados à arquitetura e ao urbanismo, e desdobra o trabalho em camadas, que orbitam entre a esfera privada e o território. Ao estender a prática artística do ateliê ao espaço público, Eva promove intensa aproximação entre arte e vida, principalmente em instalações como *Por 1 triz* (2016, p. 54), realizada em duas partes: a primeira, no Museu Judaico de São Paulo, localizado na rua Martinho Prado, e a segunda, em seu ateliê.

Há sempre um olhar perscrutador que ronda a obra de Castiel – um olhar que tenta captar algo situado entre o acaso e o desconhecido. Olhar de busca, missão que não cessa, vigília do inacabado, dos lugares ermos, por vezes à deriva nas metrópoles e em seus monumentos, templos de todas as crenças, dos andarilhos que deambulam por suas sagas, intempéries e suspiros. Sim,

From 2000 onward, the artist's multimedia works emerge, along with her activist side, which will manifest itself through artistic actions with installations, videos and urban interventions. At the intersection with other disciplines, Castiel moves to the activation of places and contexts connected with architecture and urbanism and unfolds the work in layers that orbit between the private sphere and territory. In extending the artistic practice from the studio to the public space, Castiel promotes an intense rapprochement between art and life, especially in installations such as *Por 1 triz* [*By the skin of your teeth*, 2016, p. 54], done in two parts: the first, at the Jewish Museum of São Paulo, located on street Martinho Prado, and the second, in her studio.

There is always a probing gaze which hovers around Castiel's work – a gaze that tries to capture something situated between the chance and the unknown. A searching gaze, a never-ending mission, a vigil of the unfinished, of unseen places, sometimes adrift in the metropolis and its monuments – the temples of all faiths – of the wanderers who roam through their sagas, storms and sighs. Yes, because Castiel is foreigner down to the very last strand of

pois Eva é estrangeira até o último fio de cabelo. Seja em sua própria terra, a São Paulo industrial, seja no trânsito por velhos mundos, outros continentes, terras longínquas, onde sobrevivem ancestralidades de outras culturas e modos de vida.

Foi assim com a instalação *A Oeste o Muro*, na Capela do Morumbi (1998, p. 214), com as suas reproduções em Colônia (2000, p. 196) e em Berlim (2002, p. 170), e também com a já mencionada instalação *Por 1 triz*, criadas em parceria com Fanny Feigenson. As quatro instalações são dotadas de orifícios, integrados à sua matéria-prima. Esses orifícios são programados para ser descobertos, atraindo o espectador pelo apelo à curiosidade; eles são feitos para acolher os olhares

hair on her head. Be it in her homeland, in industrial São Paulo, or traveling through old worlds, other continents, far-away lands, where the ancestry of other cultures and ways of life still survive.

That is how it was with the installation *A Oeste o Muro* [*To the West the Wall*], at the Morumbi Chapel (1998, p. 214), with her reproductions in Cologne (2000, p. 196) and Berlin (2002, p. 170), and with the aforementioned installation *Por 1 triz* both created in partnership with Fanny Feigenson. The four installations have orifices integrated into their raw material. These orifices are meant to be discovered, attracting viewers by appealing to their curiosity; they are meant to welcome the eyes of those who question and who have the urgency to discover what is on the other side.

daqueles que indagam e que têm a urgência de descobrir o que há do outro lado.

Isso configura o desejo da artista em fazer com que esse "outro" se aproxime da obra, seja tocado por ela e deixe o seu olhar pousar sobre o que talvez seja o limite ou o infinito, ou, ainda, um modo de fazer o significado emergir por meio do encontro entre público e obra. Ao colocar o espectador na condição de *voyeur,* mesmo que do outro lado, o que o espera possa ser o vazio ou o limite, a provocação da artista leva aquele que olha a elaborar algo internamente. Ainda que nada seja visto, os ecos do silêncio podem se tornar uma força em nós – diferentemente do que o artista Marcel Duchamp fez em sua derradeira instalação, *Étant donné* (1946-1966).

This configures the artist's desire to bring this "other" closer to the work, to be touched by it and let his or her gaze rest on what may be the limit or the infinite, or even as a way of making the meaning emerge through the engagement between the public and the work. By placing the viewer in the condition of voyeur, even if what awaits on the other side might be emptiness or a boundary, the artist's provocation leads those who are looking to elaborate something internally. Even if nothing is seen, the echoes of silence can become a force in us – unlike what Marcel Duchamp did in his last installation, *Étant donné* (1946-1966).

In it, Duchamp places viewers in the condition of *voyeurs* by inducing them to peek through a keyhole to see the contents

Duchamp põe o espectador na condição de *voyeur* ao induzi-lo a espiar por uma fechadura para ver o conteúdo da instalação. Primeiro, desperta-se a curiosidade que o leva até o buraco da fechadura. Em seguida, a obra exige do público uma "outra" postura corporal, que não é a da contemplação. Ao curvar-se, o espectador espia e vê um corpo feminino deitado, emissor dos mais diversos significados: ora é um corpo oco, um corpo vazio, uma carcaça, um invólucro decadente e subjugado ao cárcere; ora é o reprodutor, o sacro, aquele que tem o dom de dar à luz a vida.

Ao contrário, nas instalações de Eva, não há um sujeito apriorístico ou um discurso a ser encetado para a contemplação.

of the installation. First, it awakens the curiosity that leads them to the keyhole. Then, the work requires that the viewer take on a different posture, which is not one of contemplation. When spectators lean forward to peek through the hole, they see a reclining female body, the transmitter of a diversity of meanings: sometimes it is a hollow body, an empty body, a carcass, a decaying casing subdued to imprisonment; other times it is a reproducer, the sacred, that which has the gift of giving birth to life.

Castiel's installation, on the other hand, has no aprioristic subject or a discourse to incite contemplation. Unlike Duchamp – who, behind the lock, discusses the polarization of the

Diferente de Duchamp, que por trás da fechadura discute a polarização sacro-profana, a mensagem que as instalações de Eva emitem do lado de lá dos orifícios é a de colocar o espectador em confronto consigo. No encontro com o vazio, com o nada e com a impossibilidade, o som do silêncio pode ecoar com mais força. Se na Capela do Morumbi a quietude dava o tom, em Colônia a instalação recebeu o acréscimo de um áudio que propagava o som de vidros quebrados pelo espaço, em referência à Noite dos Cristais,[2] além do som de gemidos que provinham de baixo da terra e que evocavam a memória

2   Pogrom contra os judeus ocorrido na madrugada do dia 10 de novembro de 1938 na Alemanha. O ataque ficou conhecido por esse nome em razão da quantidade de estilhaços de vidro espalhados pelas ruas das cidades.

sacred and the profane –, the message that Eva Castiel's installations emit from the other side of the orifices is to put viewers in confrontation with themselves. In the confrontation with emptiness, with nothingness, and with impossibility, the sound of silence can echo with more power. If at the Morumbi Chapel it was quietness that set the tone, in Cologne the installation was accompanied by an audio that propagated the sound of glass breaking around the space, in reference to the Night of Broken Glass,[2] as well as the sound of moaning that came from underground, evoking the memory of the dead, extracted from Jewish heritage. This

2   A pogrom against Jews occurred in the early hours of November 10, 1938, in Germany. The attack became known by that name because of the amount of broken glass on the streets of cities.

dos mortos, extraída da herança judaica. Esse modo de abordar templos, capelas, igrejas e espaços é ao mesmo tempo negação e afirmação de uma constante busca de transcendência. Pelas vias da ironia, planta-se a dúvida sobre o outro lado, e novamente o desconhecido é protagonizado.

Esse procedimento também é refletido em alguns de seus vídeos, paisagens efêmeras do instante e do acaso, alusão poética à vida e à morte. Em *Fronteira, uma paisagem* (2016, p. 56) – também analisado por Carlos Fajardo nas páginas 88 a 95 –, a artista cria uma abstração espacial ao captar o movimento e as mudanças de luz do céu. Durante dez minutos, ela cria um fragmento de tempo estendido que aciona o imaginário do espectador em uma zona fronteiriça, assentando o impalpável, o imponderável, numa só imagem, na qual cabe quase um mundo.

No vídeo *Vietnam* (2014, p. 76), Castiel se apropria de uma série de fotografias clássicas da guerra e as contrapõe a um memorial que propaga nomes de soldados americanos desaparecidos em combate. O fundo sonoro de *Happy Birthday*, entoado

way of addressing temples, chapels, churches and spaces is both the denial and assertion of a constant search for transcendence. Through the use of irony, doubt is instilled with regard to the other side, and once again the unknown is put center stage.

This process is also reflected in some of her videos: ephemeral landscapes of moments and chance, poetic allusions to life and death. In *Fronteira, uma paisagem* [*Borderland*, 2016, p. 56] – also analysed by Carlos Fajardo on pages 88 to 95 the artist creates a spatial abstraction by capturing the movement and changing light of the sky. For ten minutes, she creates an extended fragment of time that activates the spectator's fantasy at a frontier, setting the impalpable, the imponderable, in a single image, in which almost an entire world fits.

In the video *Vietnam* (2014, p. 76), Castiel appropriates a series of classic photographs of the war and contrasts them to a memorial that lists the names of American soldiers missing in combat. The background sound of *Happy Birthday*, sung by Marylin Monroe to celebrate John F. Kennedy's birthday, completes the nonsense between the images and the memorial. The violence in the photographs – which contain wounded, blindfolded, or life-

por Marylin Monroe para celebrar o aniversário de John Kennedy, completa o *nonsense* entre imagens e memorial. A violência contida nas fotos, de crianças vietnamitas feridas, de olhos vendados ou sem vida, nos braços de mães e famílias acuadas, transforma-se em comoção, que, curiosamente, advém do tom irônico que Eva Castiel imprime à obra, carregada de crítica ao nacionalismo imperialista.

Cidadã do mundo, Eva jamais cessa o seu vai e vem por diferentes continentes. Em *Munich* (2011, p. 86), a artista registrou uma cena do cotidiano com a sua câmera. Da janela de um edifício, captou o passeio de mães com seus bebês no carrinho. A cena singela enfoca o circuito pietonal de um dia a dia tranquilo. Na duração da obra, de temporalidade exata para o repouso do olhar, o vídeo termina ao mesmo tempo que a música. Esse é o recorte que faz com que uma imagem-tempo defina o sentido da obra, seja ela marcada por uma sensibilidade que apreende a vida como ela é, seja pelo transcurso temporal, definido a partir das canções "Du Bist Nicht Die Erste", de Leo Monosson e "Blonde Clair", de Juan Llossas und sein Tangoor-

less Vietnamese children in the arms of their bereaved mothers and families – is transformed into an emotion that comes from the ironic tone that Eva Castiel gives to the work, loaded with criticisms of imperialist nationalism.

A citizen of the world, Castiel never stops going back and forth between different continents. In *Munich* (2011, p. 86), the artist attentively watched an everyday scene with her camera. From the window of a building, she captured mothers walking their babies in strollers. The simple scene focuses on the coming and going of pedestrians in a quite day-to-day. For the duration of the work, with an exact temporality for resting the gaze, the video ends at the same time as the music. This is the clip that allows a time-image to define the meaning of the work, characterized by a sensibility that captures life as it is, be it through the passing of time, defined upon the songs "Du Bist Nicht Die Erste", by Leo Monosson and "Blonde Clair", by Juan Llossas und sein Tangoorchester analyzed in detail by the critic Andrei Erofeev on pages 228 to 237.

In the video *Uma mensagem sem palavras 1* [*A Message without Words 1*, 2010, p. 102], the artist follows a leaf floating and moving

chester. O crítico Andrei Erofeev analisa detalhadamente este trabalho nas páginas 228 a 237.

No vídeo *Uma mensagem sem palavras 1* (2010, p. 102), a artista capta e segue a flutuação de uma folha que se move conforme o sopro do vento. A captação dessa imagem perdura até o momento em que a folha deixa o enquadramento da câmera. É quando vem o adeus, e o tempo, constelado em vídeo, anuncia, em última instância, uma passagem. A obra alude a alguém que nos deixou e não retornará mais. A música "Amapola" – composta em 1920 por José María Lacalle García e arranjada por Ennio Morricone, em 1984, para o filme *Era uma vez na América* –, conjugada com os tons noturnos dos fotogramas, completa o sentido do vídeo, que aciona em nós as emoções das perdas e das despedidas forçadas da morte.

A essa altura constata-se que a produção artística de Castiel nos move em direção a múltiplos sentimentos, lugares e contextos, com forte influência do cinema. Outra faceta do trabalho da artista surge a partir do ano de 1999, quando ela integra o Casa Blindada, um dos primeiros coletivos que surge em São Paulo. O grupo, que permaneceu ativo por sete anos,

in the wind as it blows. The image is captured up to the moment when the leaf exits the camera's frame. That is when the farewell comes, and time, captured on video, announces a passing at the last moment. The work alludes to someone who has left us and will never return. The song "Amapola" – composed in 1920 by José María Lacalle García and arranged by Ennio Morricone, in 1984, for the film *Once upon a Time in America* –, coupled with the nocturnal tones of the stills, completes the meaning of the video, which triggers within us feelings of loss and the forced farewells of death.

At this point, it becomes clear that Castiel's artistic production moves us toward multiple feelings, places and contexts, with a strong influence of film. Another facet of the artist's work arises in 1999, when she joins Casa Blindada, one of the first art collectives to appear in São Paulo. The group, which remained active for seven years, addressed issues such as real estate speculation, memory and erasure, through occupations that questioned the issue of representation, sometimes reproducing systems and destabilizing them, other times re-adapting and transforming language, lending it new life. That is what was done in the work *Zona Crux* [*Crux Zone*, 2001,

abordou questões como especulação imobiliária e memória e apagamento, por meio de ocupações que problematizavam a questão da representação, ora reproduzindo sistemas e desestabilizando-os, ora readaptando-os e transformando a linguagem, conferindo-lhe outra vida. Foi o que o coletivo fez na obra *Zona Crux* (2001, p. 184), concebida para a exposição *Rede de tensão* no Paço das Artes, de minha curadoria. Como bem observou Laymert Garcia dos Santos em um dos textos do catálogo, a obra:

> é uma instalação que trabalha com o espaço da exposição em relação a outro espaço [...]. *Zona Crux* remete os alicerces do Paço (hoje em ruínas) ao edifício da Secretaria da Cultura ocupado pelo movimento dos sem-teto. Agora interessa acompanhar o remanejamento arquitetônico levado a cabo pela cultura da sobrevivência que se apropria do espaço institucional para fazer dele ambiente do cotidiano dos excluídos de todo o país. Como se nos subterrâneos do Paço, de São Paulo e do Brasil se manifestasse uma outra rede, fora das redes, rede não conhe-

p. 184], created for the exhibition *Rede de tensão* [*Electrical Grid*] at Paço das Artes, and curated by me. As Laymert Garcia dos Santos stated in one of the essays in the catalogue, the work:

> is an installation that works with the exhibition space in relation to another space [...]. *Zona Crux* compares the foundations of Paço (now in ruins) to the building of the State Department of Culture occupied by the homeless movement. Now the interest is in following the architectural relocation carried out by the culture of survival that appropriates the institutional space to make it a living environment for those who are excluded all around the country. As if in the undergrounds of Paço das Artes, São Paulo, and Brazil, another network manifested itself, one that is outside of the system, an unknown and often unrecognizable network, whose criteria for creation art must also become familiar with, just like Hélio Oiticica taught.[3]

3 Laymert Garcia dos Santos. "Configurações". In: "*Rede de tensão*" *exhibition catalogue*. Curated and organized by Daniela Bousso. São Paulo: Paço das Artes / IMESP, 2001, pp. 17-20.

cida e muitas vezes irreconhecível, cujos critérios de criação a arte também precisa conhecer, como bem ensinou Oiticica.³

A instalação tomou como referência o conceito de cruzamento ou de interstício, e enfocou a ocupação do edifício situado à rua do Ouvidor, número 63, que havia pertencido à Secretaria do Estado da Cultura. Após ficar desocupado por oito anos, foi habitado pelo MMC (Movimento de Moradias do Centro). O projeto polarizou questões referentes à moradia e à evacuação populacional, e evidenciou os recortes e reestruturações dos espaços padronizados. Simultaneamente, foram mapeados novos trajetos realizados pelos fluxos migratórios por uma população itinerante, que produz rupturas nas organizações sistemáticas do espaço e do tecido urbano, tais como o desenraizamento social. As ações despertaram

3 Laymert Garcia dos Santos. "Configurações". In. *Catálogo da exposição "Rede de tensão"*. Curadoria e organização de Daniela Bousso. São Paulo: Paço das Artes/IMESP, 2001, pp. 17-20.

The installation took as a reference the concept of interstice, or gap, and focused on the occupation of the building located at 63 Ouvidor street which had belonged to the State Department of Culture. After being vacant for eight years, it was inhabited by the MMC (Movimento por Moradia do Centro – Downtown Housing Movement). The project polarized issues related to housing and the evacuation of the population, and highlighted the organization and restructuration of standardized spaces. Meanwhile, new routes were charted out of the migratory flows of a traveling population, that creates ruptures in the systematic organization of spaces and in the urban fabric, such as social uprooting. The actions caught the interest of curators, among them Nelson Brissac, who invited Casa Blindada to be part of *Arte/Cidade Zona Leste*, in 2002, a project that is better described by the curator in his essay on pages 188 to 195.

The group reproduced one of the apartments of the São Vito building in the center of São Paulo – a space that was originally rented out to workers by the proprietor – using its fifteen square meter floor plan. The collective built a vertical *favela* – the sarcas-

o interesse de curadores, entre eles Nelson Brissac, que convidou o Casa Blindada a integrar o *Arte/Cidade Zona Leste*, em 2002, projeto descrito pelo curador em seu texto nas páginas 188 a 195.

O grupo simulou um dos apartamentos do edifício São Vito no centro de São Paulo a partir de sua planta de quinze metros quadrados, espaço originalmente alugado por hora pelo proprietário do imóvel a trabalhadores. O coletivo então montou uma favela vertical – a instalação sarcástica *Impenetráveis* (2002, p. 152) –, e remontou a camarmário original do apartamento. A partir dessa ação, o coletivo construiu um arquivo de notícias de jornal com as promessas de políticos a respeito da região. O Caderno 2, do jornal *O Estado de S. Paulo*, em 2 de abril de 2002, assim se manifestou, sob o título de "Vendas Fictícias":

> a intervenção do grupo Casa Blindada para o *Arte/Cidade Zona Leste* inclui um *outdoor* no Pátio do Pari, anunciando as "últimas unidades" de apartamentos do edifício São Vito. No dia da abertura, o locatário que cedeu o espaço estava completamente transtornado, ameaçando fechar a exposição por achar que o

tic installation *Impenetráveis* [Impenetrable, 2002, p. 152] – and rebuilt the apartment's original closet-bed. Based on this action, the collective built a newspaper archive with the promises made by politicians regarding the region. On April 2, 2002, the newspaper *O Estado de S. Paulo* manifested itself in the article "Vendas fictícias" [Fictional Sales]:

> the intervention by the group Casa Blindada for *Arte/Cidade Zona Leste* included a billboard at Pari courtyard, announcing the "last units" in the São Vito building. On the opening day, the tenant who provided the space was very upset, threatening to shut down the exhibition because he thought the advertisement, and the entire project, was merely a cover up for an apartment sale at São Vito and that it was all just a showroom for a real estate launch. It was only after a lot of talking that he was convinced that the work by Casa Blindada was a parody on the housing speculation and that it was not a real sale.

anúncio e todo o projeto eram somente um disfarce para a venda de apartamento do São Vito e tudo não passava de um *showroom* para o lançamento imobiliário. Só depois de muita conversa é que ele foi convencido de que o trabalho do Casa Blindada é justamente uma paródia sobre especulação imobiliária e que a venda anunciada era fictícia.

Nesta obra, o Casa Blindada anteviu a sucessão de apartamentos minúsculos, que pipocaram em massa nos últimos dez anos em São Paulo, no campo da construção civil, e elaborou uma crítica aos processsos de gentrificação e apagamento da memória pelos quais a cidade tem passado. O trabalho também levantou outra discussão: a possibilidade de eliminar a formação de guetos no edifício, equipando-o com um elevador que seria patrocinado pela empresa Siemens. No entanto, a síndica do edifício São Vito não aceitou a proposta, receosa de que os apartamentos, sem escritura definitiva, fossem vendidos.

Procura-se Leopoldo F. (2002, p. 156) é outra obra emblemática do coletivo, que trata de questões como o apagamento da

In this work, Casa Blindada foresaw the succession of tiny apartments – which have appeared profusely in the last ten years in São Paulo – in civil construction and elaborated a critique on the process of gentrification and erasure of memory that the city has been undergoing. The work also brought up another discussion: the possibility of eliminating the formation of ghettos in the building, equipping it with an elevator that would be sponsored by Siemens. The building's administrator, however, did not accept the offer, fearing that the apartments, which lacked definitive titles, would be sold.

Procura-se Leopoldo F. [*Looking for Leopoldo F.*, 2002, p. 156] is another of the collective's emblematic works, which deals with issues like the erasure of memory and the disregard of authorities in relation to public art and monuments in the city of São Paulo. The street block surrounded by the streets Major Sertório, Dr. Cesário Mota Jr., General Jardim and Dr. Vila Nova houses the Child-juvenile Library Monteiro Lobato, inside the Rotary Square. During the 1960s, the Leopoldo Fróes Theater was located there; it offered dance and acting courses, as well as other cultural

memória e o descaso das autoridades em relação à arte pública e aos monumentos da cidade de São Paulo. O quadrilátero das ruas Major Sertório, Dr. Cesário Mota Jr., General Jardim e Dr. Vila Nova abriga a Biblioteca Infantojuvenil Monteiro Lobato, dentro da praça Rotary. Lá havia o Teatro Leopoldo Fróes nos anos 1960, que ministrava cursos de dança, teatro e outras atividades culturais e públicas. Com os processos de gentrificação da cidade, o teatro foi demolido para, no lugar, se erguer um ginásio de esportes, mas nada foi construído. Hoje existe apenas o vazio na praça, com um *playground* precário para o lazer de crianças.

Em suas deambulações urbanas, Eva se deu conta de que esse teatro não estava mais em seu local de origem e propôs ao Casa Blindada realizar uma intervenção. A ação consistiu no traçado de um percurso que convocava o público a procurar Leopoldo Fróes. Um áudio foi gravado com a voz do jornalista Salomão Schwartzman e entregue ao público, que recebia instruções de percurso para procurar o Leopoldo em questão. O trajeto levava os visitantes à Santa Casa de Misericórdia de São Paulo, onde haviam obras de Brecheret, passava por *sex shops* instalados

and public activities. With the city's gentrification processes, the theater was demolished to make room for a gymnasium, which, however, was never built. Today there is only the emptiness of the square, with a precarious playground.

In her urban wandering, Castiel realized that the theater was no longer there and proposed that Casa Blindada do an intervention. The action consisted in drawing a map that called on the public to look for Leopoldo Fróes. A tape was recorded with the voice of journalist Salomão Schwartzman and delivered to people with instructions for them to look for Fróes. The map took people to the nearby hospital, Santa Casa de Misericórdia de São Paulo, where there were works by Brecheret, it passed by sex shops located on street Amaral Gurgel and went around the library square. Wheatpaste posters, scattered around the library, the former theater, and on the columns of the Minhocão highway, were used as clues to find the places designated by the group.

It was an interactive project which ended at Biblioteca Monteiro Lobato, the exact location where the theater was. There, the

à rua Amaral Gurgel e contornava a praça da Biblioteca Monteiro Lobato. Os lambe-lambes, espalhados no entorno da Biblioteca, do ex-teatro e pelas colunas do Minhocão, foram utilizados como pistas para chegar aos locais designados pelo grupo.

O projeto envolveu o espectador de maneira interativa e o percurso terminava na biblioteca, no local exato onde antes estava o teatro. Lá, o visitante se deparava com um pequeno jazigo, uma caixa com os dizeres: "In Memoriam / Teatro Leopoldo Fróes / Construído em 1952 / Destruído em 1973. / Nossos pêsames para a cidade que enterra seu patrimônio cultural sem remorso. / Grupo Casa Blindada, 27 de abril de 2002". Sarcástica e irônica, essa obra é mais um testemunho da potência que a arte pode ter, pelas vias do humor, para encetar situações que

visitor came across a small vault, a box with the sayings: "In Memoriam / Leopoldo Fróes Theater / Built in 1952 / Destroyed in 1973. / Our condolences to the city that buries its cultural heritage without regrets. / Casa Blindada, april 27th of 2002. Sarcastic and ironic, this work is another proof of the power that art can have, by ways of humor, in creating situations that awaken the conscience of the person who comes in contact with it; and, of course, Castiel understands this very well. Her activist side emerged from irony, driving her to interventions and actions in the urban spectrum, never stopping again.

Other equally powerful projects were carried out by Casa Blindada, such as its participation in the artist takeover of the Lord Hotel in São Paulo, in 2004, curated by Cauê Alves, Juliana Mo-

despertam a consciência em quem a vê; e, sem dúvida, Castiel entende muito desse assunto. Foi da ironia que emergiu o seu lado ativista, que a fez partir para as intervenções e ações no espectro da urbanidade e nunca mais parar.

Outros projetos igualmente potentes foram realizados pelo Casa Blindada, tais como a participação na ocupação artística do Lord Hotel em São Paulo, em 2004, com curadoria de Cauê Alves, Juliana Monachesi e Paula Alzugaray ou como o projeto *Ocupação*, no Paço das Artes, em 2005, e *Paralela Bienal*, em 2006, ambos sob minha curadoria.

É importante ressaltar o papel exercido por Eva Castiel no coletivo Casa Blindada, que alterou destinos e dialogou com o sistema da arte. A artista conduziu e estimulou, e em conjunto com o grupo, inventou e propôs a sequência de ações e enfrentamentos que resultaram em tensões sobre a arquitetura e sobre os sistemas de dados na cidade de São Paulo.

Eva opera entre uma sensibilidade romântica que gera comoção e um senso crítico que instaura o incômodo.

nachesi and Paula Alzugaray, or the project Ocupação, at Paço das Artes, in 2005, and *Paralela Bienal*, in 2006, both curated by me.

It is important to highlight the role that Eva Castiel played in the collective, which altered destinies and dialogued with the art world. The artist led and encouraged, and together with the group, invented and proposed the sequence of actions and confrontations that resulted in tensions on the architecture and data systems in the city of São Paulo.

Eva works between a romantic sensibility that generates emotion and a critical thinking that installs a sense of unease.

Her uneasy character transpires in the installation *Por 1 triz*, at the Jewish Musem, which operated within the São Paulo metropolis and once again promoted the rustle of unfamiliarity. The work traced a territory and placed the spectator at its center with each proposed action: the peeking through the orifices, the confrontation between the sacred and the profane, the parkour between the synagogue and the artist's studio – which is a kind of return to the studio – after years of going out into the public space. Once she takes back this space, Castiel brings viewers

O seu perfil inquieto transparece na instalação *Por 1 triz* que operou no âmbito da metrópole paulistana e promoveu mais uma vez o ruído do estranhamento. O trabalho assinalou um território e colocou o espectador no centro da obra a cada ação proposta: o espiar pelos orifícios, o confronto entre o sacro e o profano, o *parkour* entre a sinagoga e o estúdio da artista – que configura uma espécie de retorno ao ateliê –, após anos de saídas para o espaço público. Uma vez que retoma esse espaço, Eva traz o público para o centro da obra e do lugar onde ela é produzida, aproximando-o do seu universo.

Nessa obra, a sonoridade espraiava o murmúrio nervoso da cidade ao meio-dia, entre sons de latidos e o canto de vozes litúrgicas, que nos remetem ao desolamento e ao terror dos campos de concentração. Através do orifício feito no muro que separa a sinagoga Bethel da cidade, o que vê é o local em obras e uma parte da fachada. Assim como em 2002, em *Procura-se Leopoldo F.*,

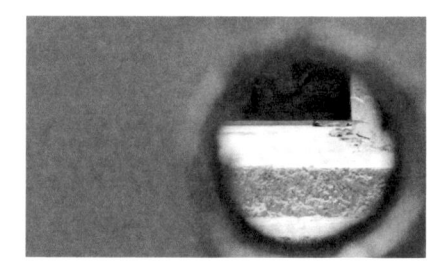

to the center of the work and of the place where it is produced, bringing viewers closer to her universe.

In this work, the sonority spread the nervous murmur of the city at noon, between the sounds of barks and the chanting of liturgical voices, which sent us back to the desolation and terror of concentration camps. Through the hole made in the wall separating the Bethel synagogue from the city, what was seen was this site under construction and part of its façade. Just like in 2002, in *Procura-se Leopoldo F.*, wheatpaste posters placed on walls and lampposts designated a route from the street Avanhandava to the artist's studio in the Pinheiros neighborhood, where the second part of the installation was. In the studio, a set of seventeen steel shelves, which were interconnected by a step motor mechanism and integrated with an Arduino microcontroller, synchronized the shaking of the shelves with sounds, lights, and smoke, creating a space of instability for those who entered the work, immersed in darkness.

lambe-lambes afixados em postes e muros designaram um percurso da sinagoga da rua Avanhandava ao ateliê da artista em Pinheiros, onde estava montada a segunda parte dessa instalação. No ateliê, um conjunto – dezessete estantes de aço interligadas por um mecanismo a motor de passo, integrado a um microcontrolador Arduíno – sincronizava a tremedeira das prateleiras com sons, luzes e fumaça, criando um espaço de instabilidade para quem adentrava a obra, mergulhada em penumbras.

No "grand finale" do estúdio, a tradução completa do medo e da insegurança: o treme-treme das prateleiras alude ao retorno do terror das práticas neo-nazistas e das políticas extremadas que retornam e tiram nossa paz. Esse foi o modo encontrado pela artista para trazer uma problemática contemporânea a sua obra, como modo de aludir às incertezas e aos retrocessos que vivemos nos dias atuais. Todos esses assuntos vão e voltam na obra de Eva Castiel e são impregnados de humor e sensibilidade. Fortalecem-se com o passar do tempo e atestam uma vida dedicada à arte para tratar de questões que, em última instância, nos reportam à esfera de um olhar voltado ao social.

In the studio's "grand finale," a complete translation of fear and insecurity: the shaking of the shelves alludes to the return of the terror of neo-Nazi practices and the return of extreme policies that have been taking away our peace. This was the way that the artist has found for bringing a contemporary problem to her work, as a way of alluding to the uncertainties and setbacks that we are experiencing today. All these issues come and go in the works of Eva Castiel, permeated with humor and sensitivity. They grow stronger over time and attest to a life dedicated to art for dealing with issues that ultimately bring us to the realm of a socially-oriented gaze.

2018 – 1980

Trigâ
2018 [40 × 67 cm, 84 × 180 cm, 35 × 44 cm]

Trigâ
2018 [40 × 67 cm, 84 × 180 cm, 35 × 44 cm]

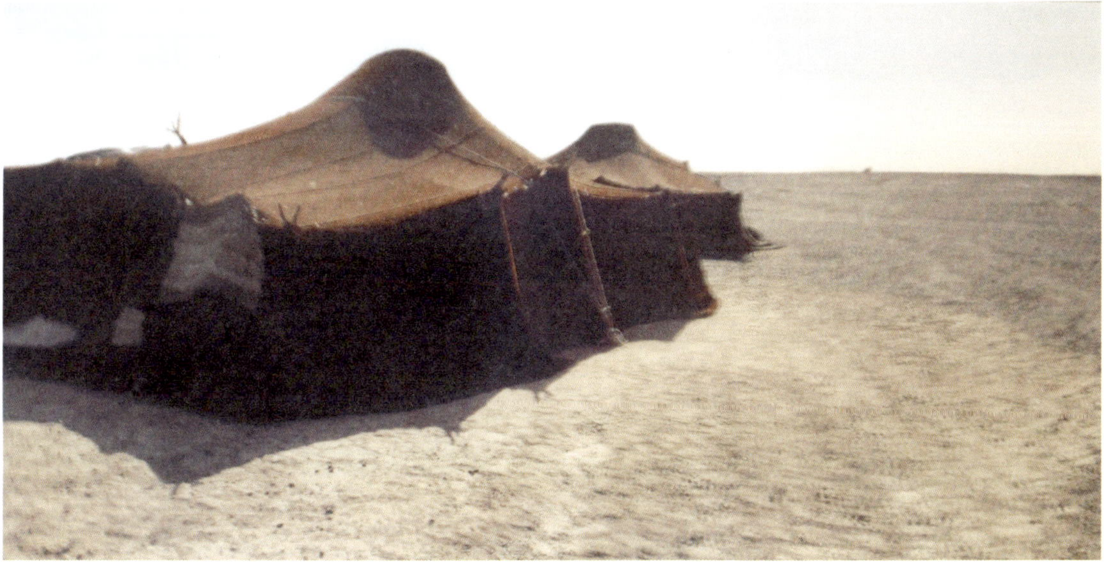

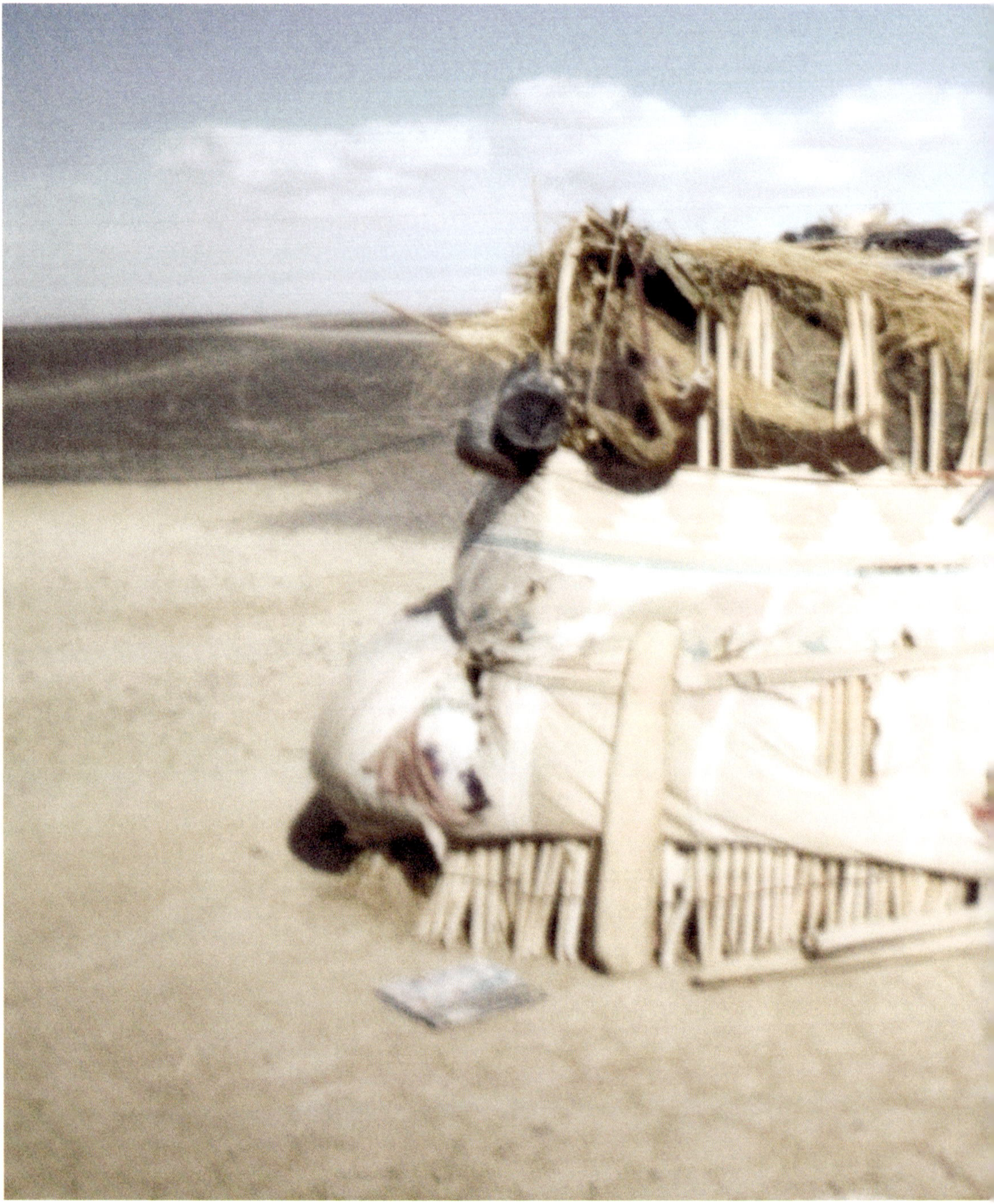

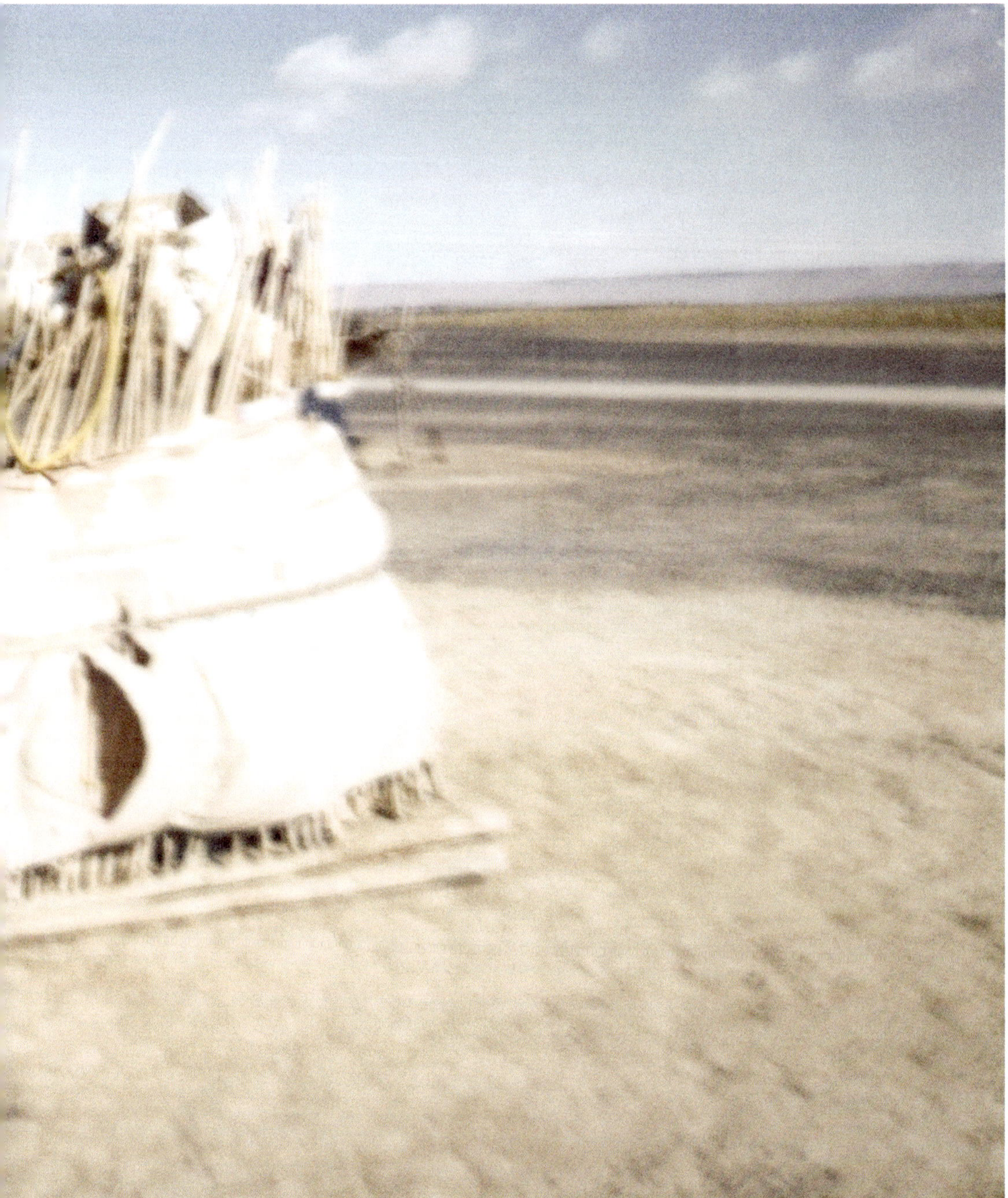

Berberes
2018 [100 × 80 cm cada]

Berbers
2018 [100 × 80 cm each]

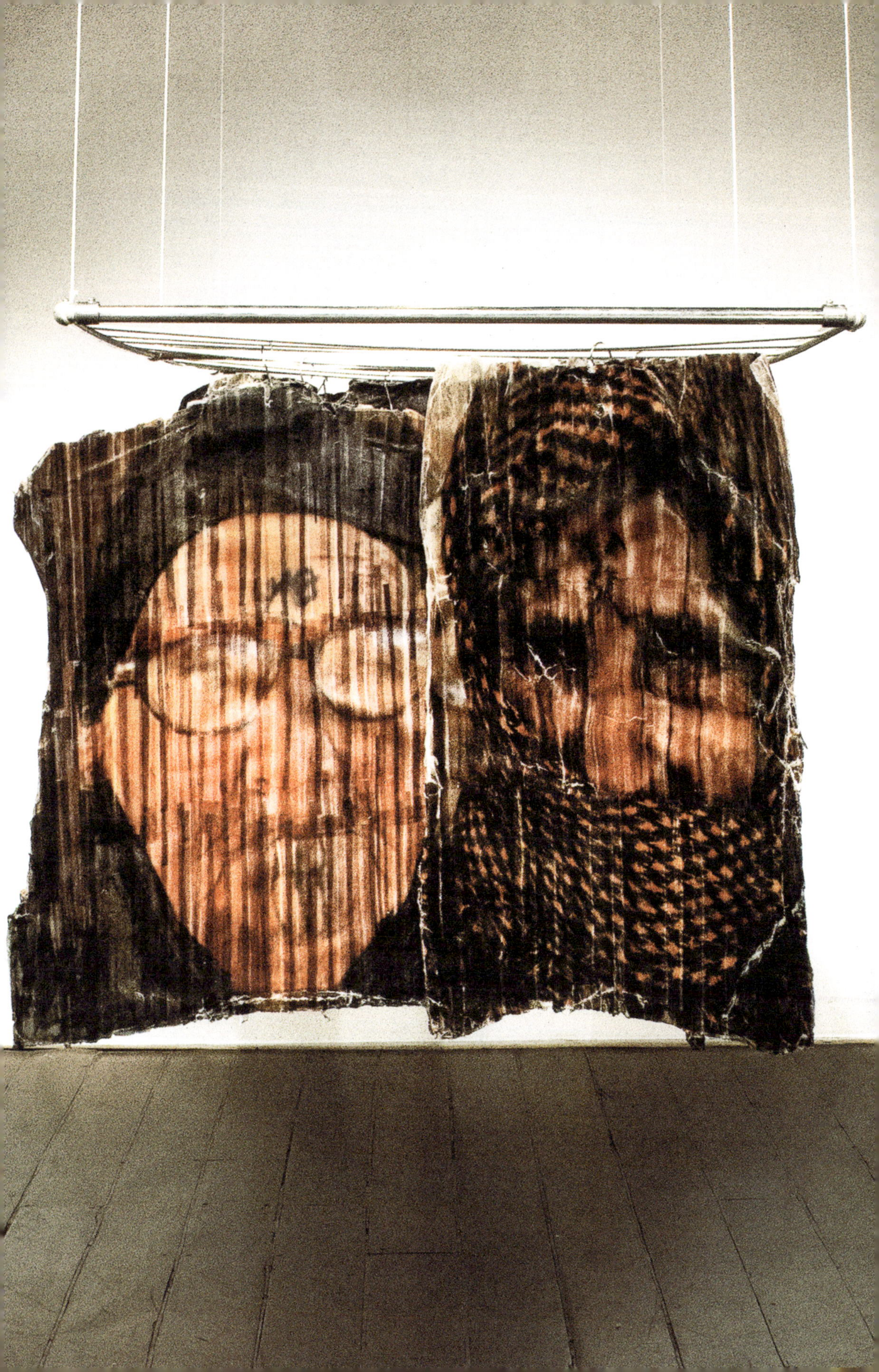

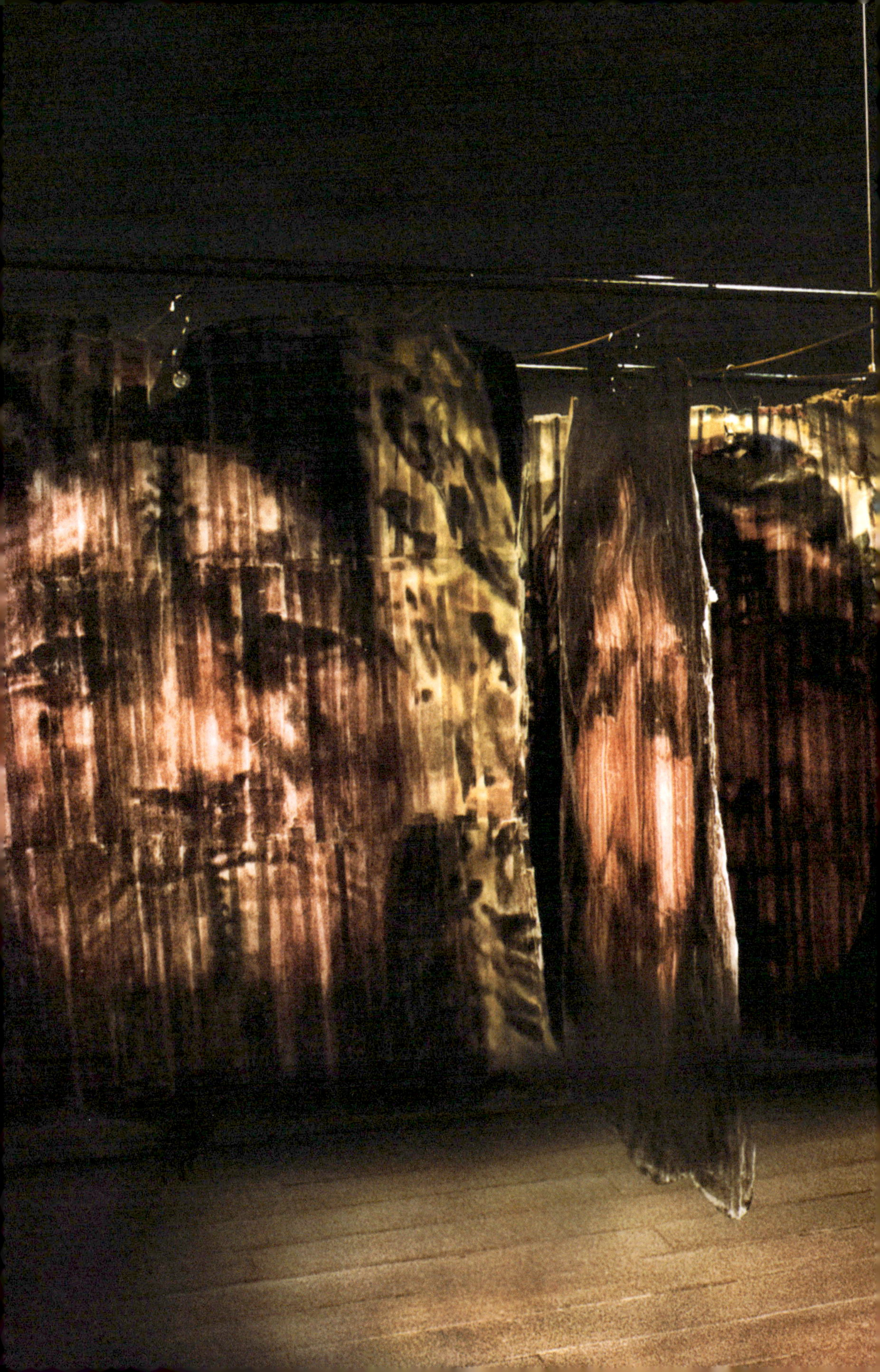

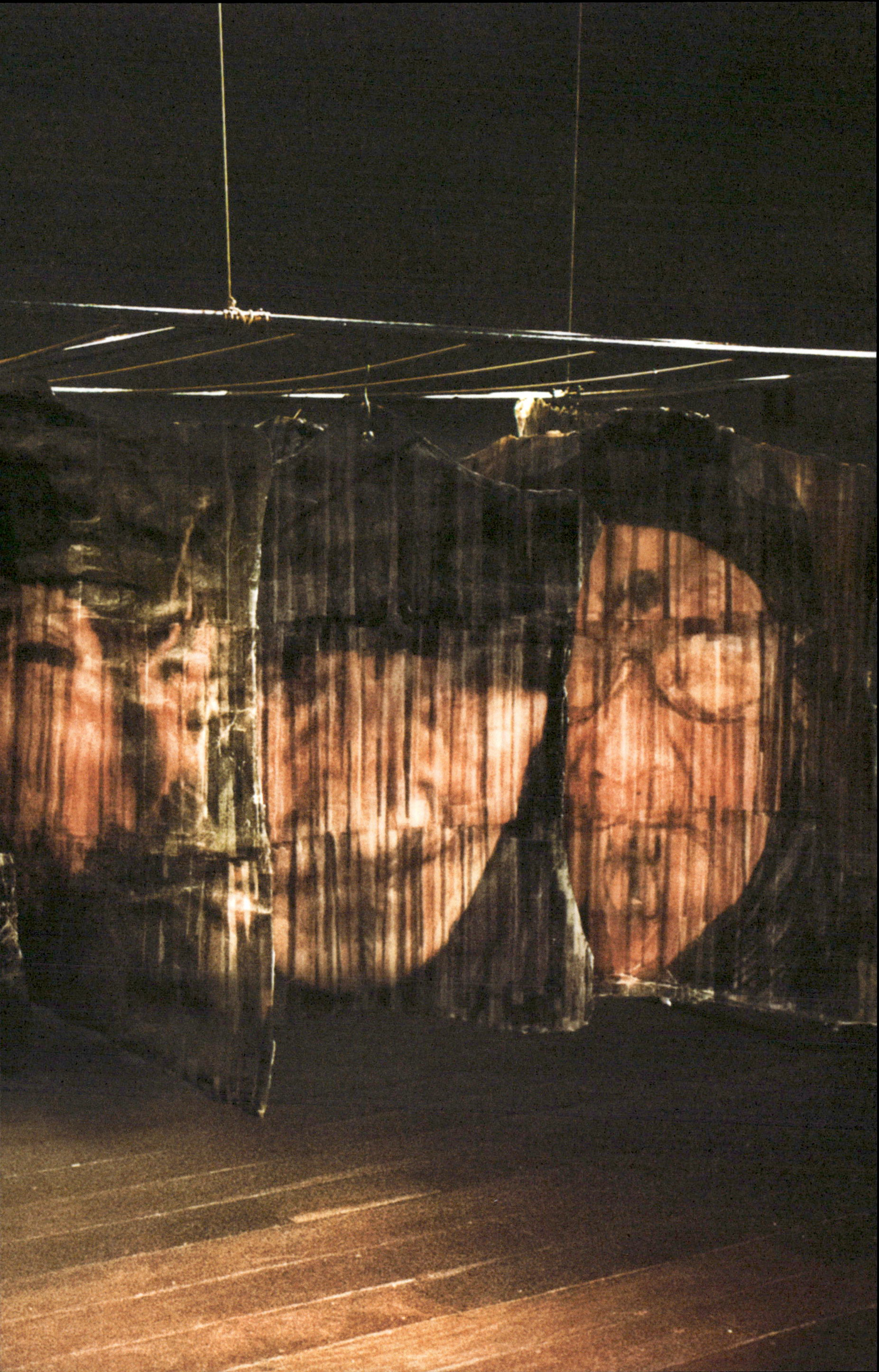

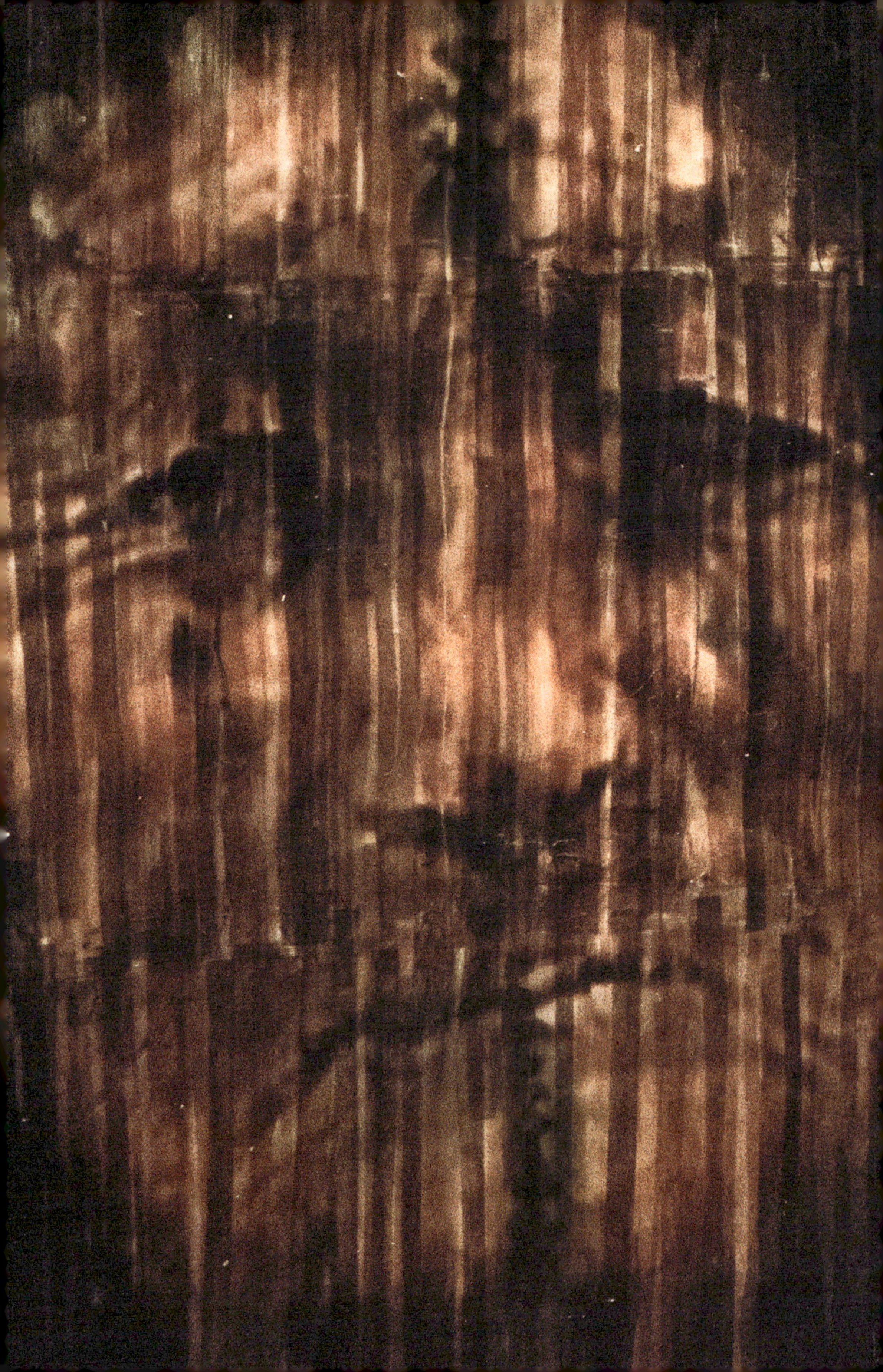

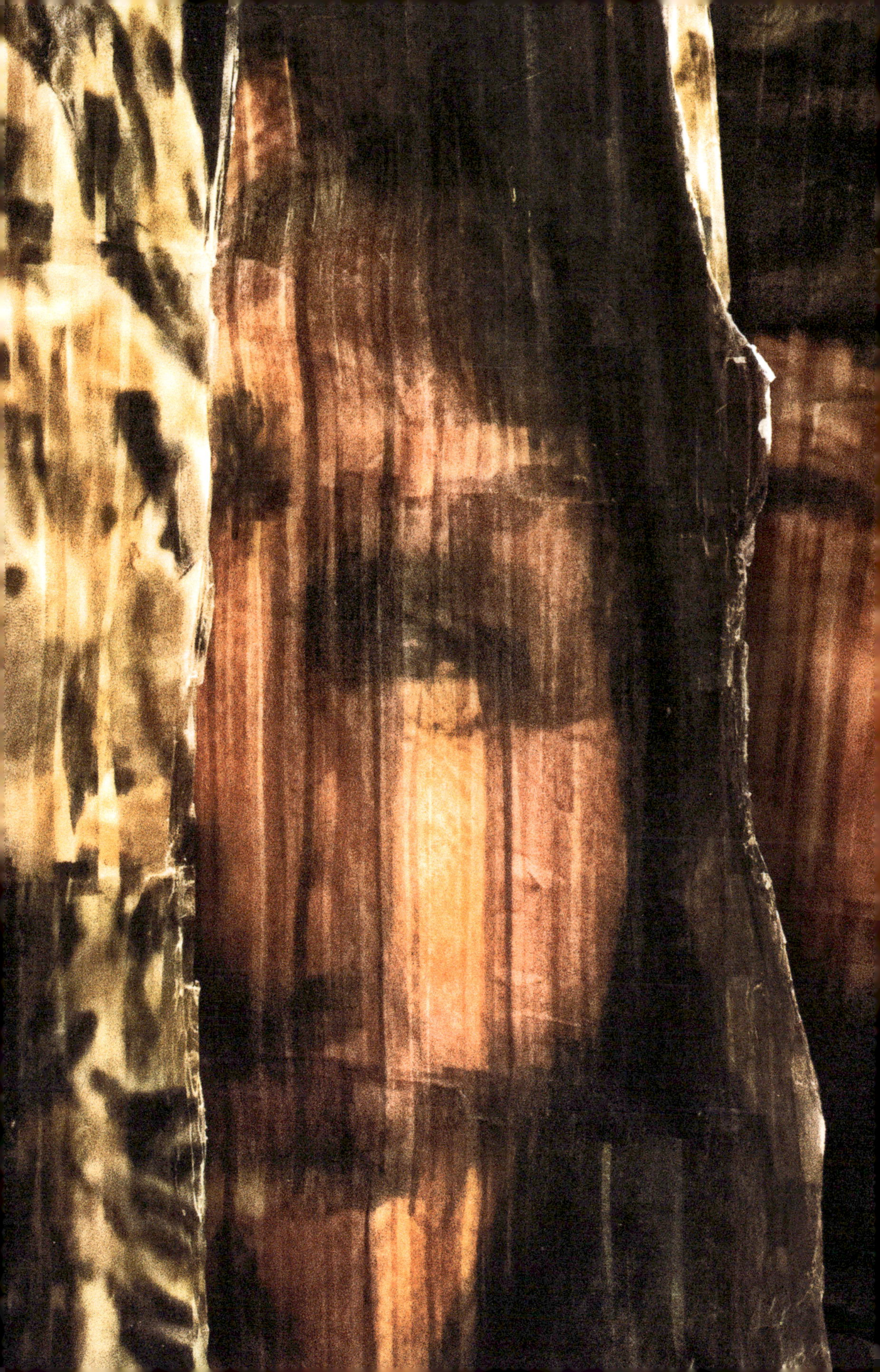

Territórios sensíveis
2017 [3'33"]

Sensitive Territories
2017 [3'33"]

ALTHIBUROS
GERIA

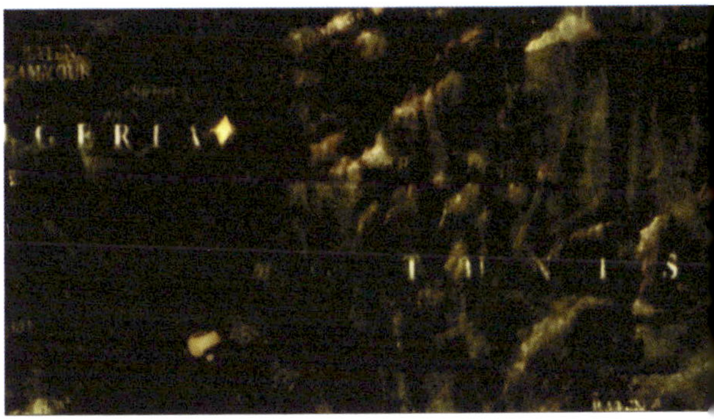
ZAMKOUR
GERIA
TUNIS

GERIA
ZAMKOUR
TUNIS
BATEN
ZAMKOUR
GAFSA

Cartografia encarnada
2017 [76 × 57, 76 × 57, 70 × 100 cm]

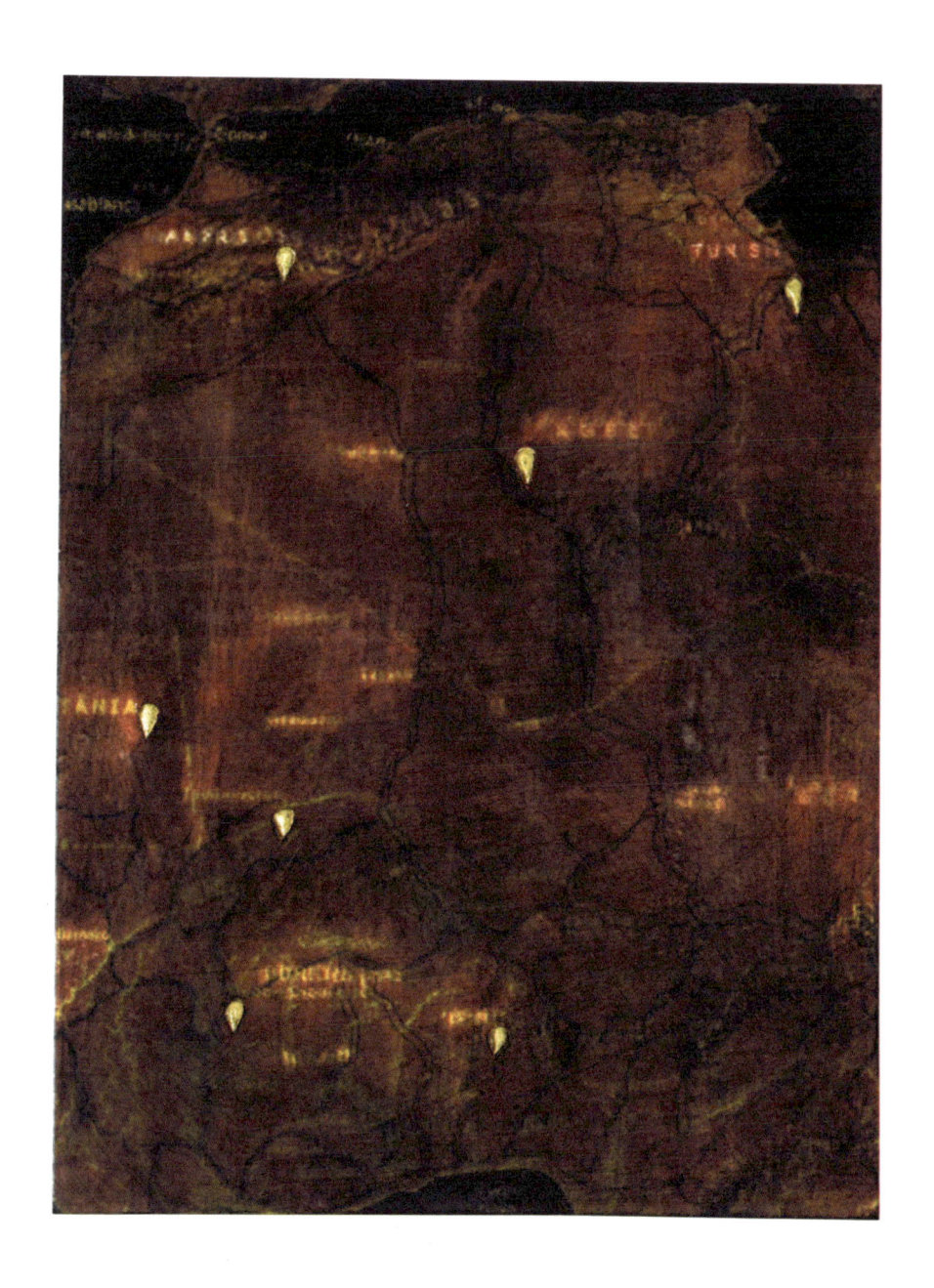

Embodied Cartography
2017 [76 × 57, 76 × 57, 70 × 100 cm]

49

Valencia
ESPAÑA
Córdoba
Sevilla

MARROCOS
Marrakech

ARGELIA

Reggane

MAURITANIA

Tombouctou

Niamey

Sabhah
Marzuq
Al Jawf
Bilma
Faya-Largeau
Khartoum
Al Fashir
N'Djamena
Ndele
Bossangoa
Bangassou

Uma mensagem sem palavras 2
2017 [1'46"]

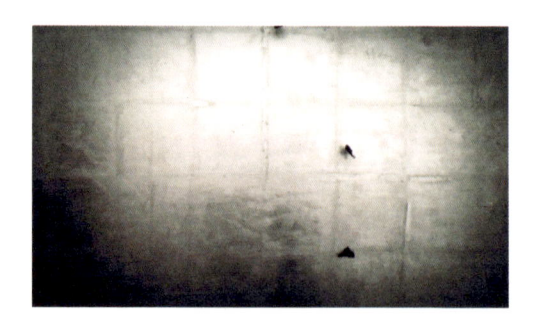

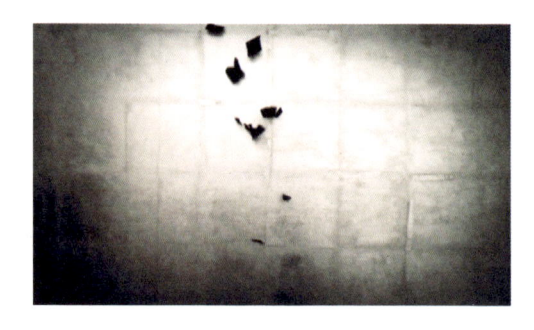

A Message without Words 2
2017 [1'46"]

53

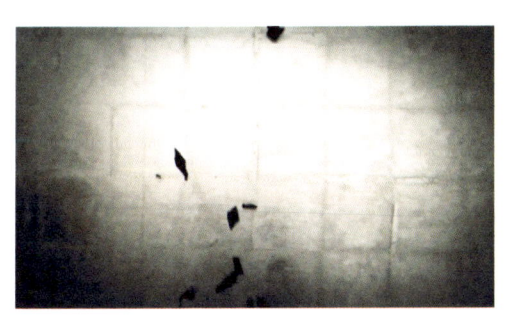

Por 1 triz
2016 [2'28"]

By the skin of your teeth
2016 [2'28"]

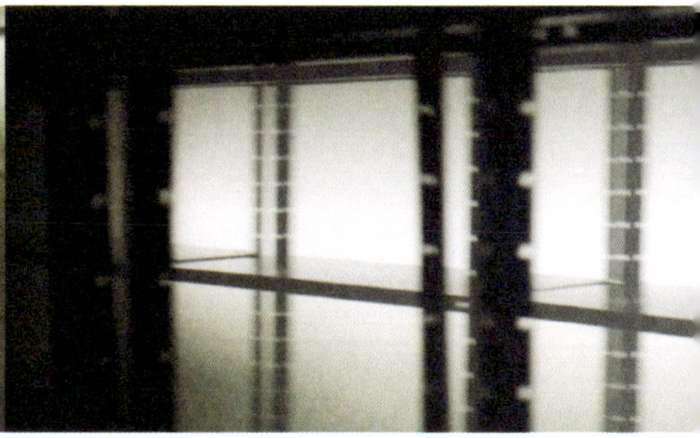
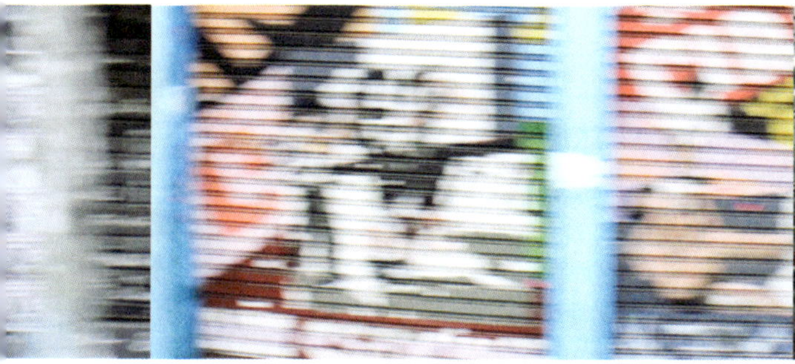
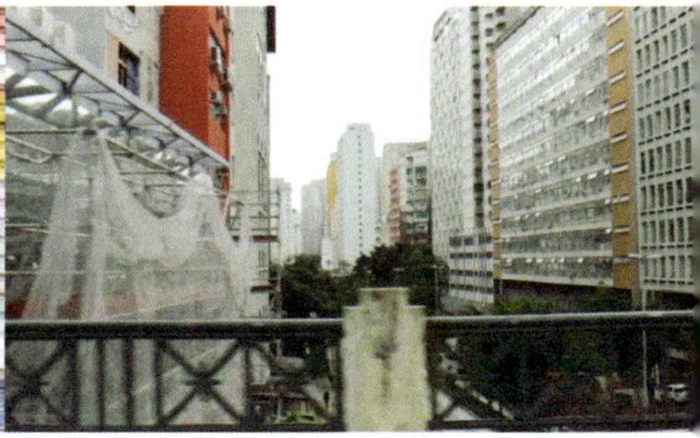
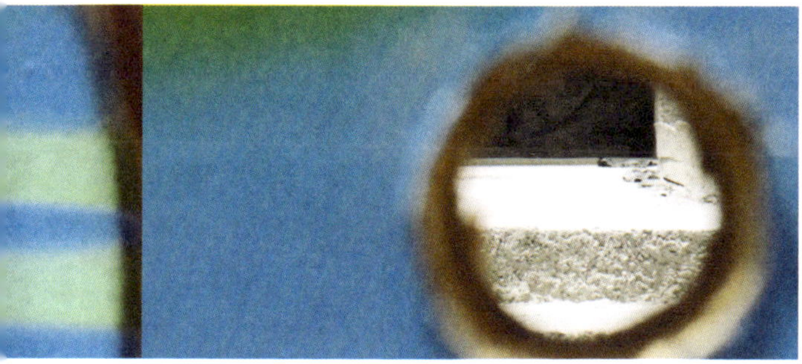
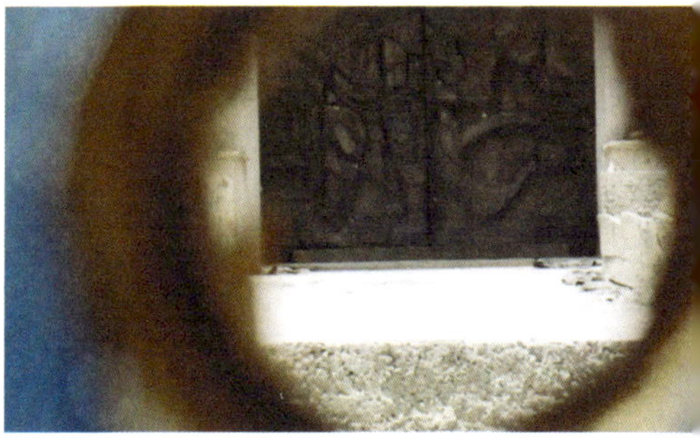

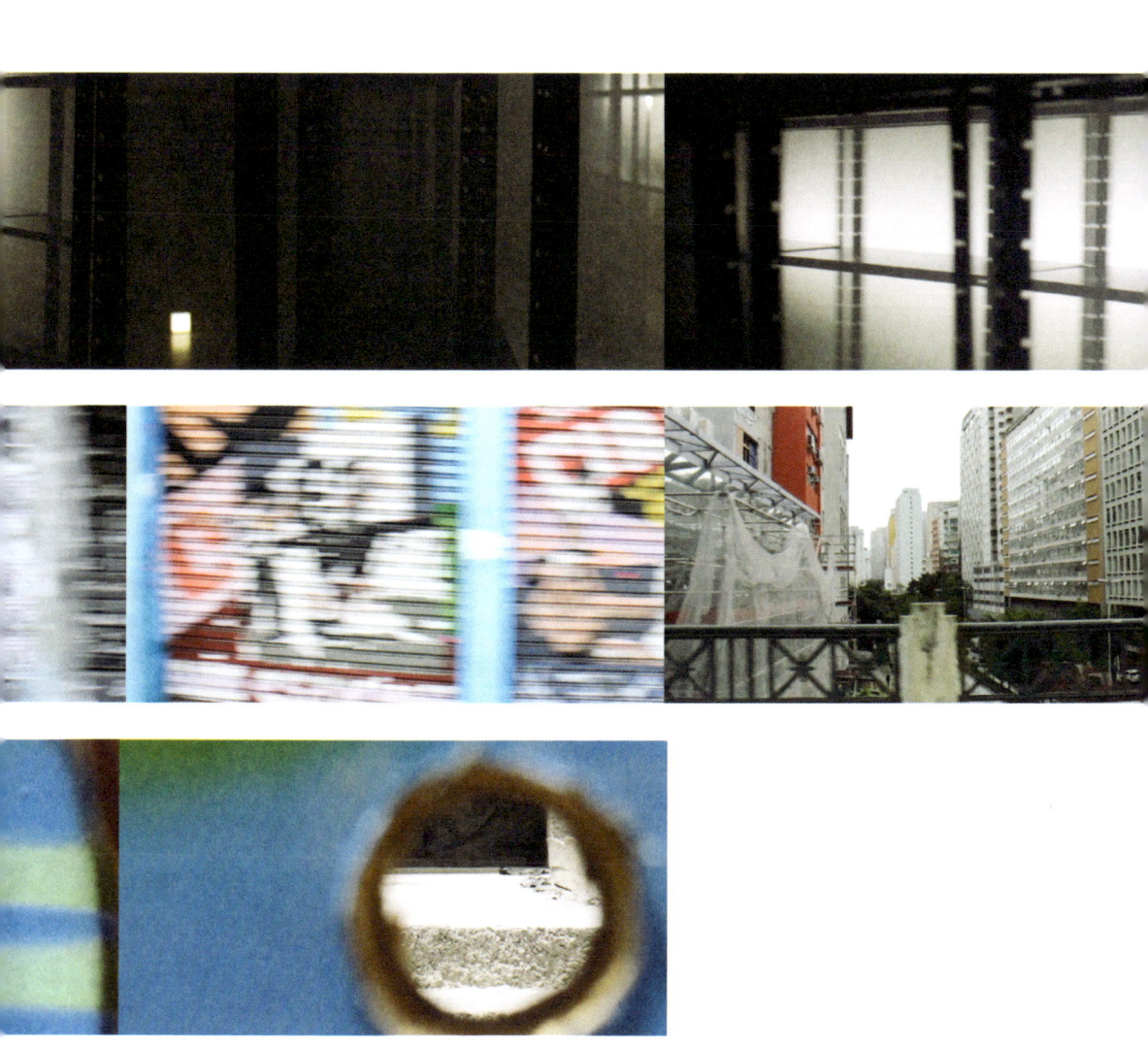

Fronteira, uma paisagem
2016 [10']

Borderland
2016 [10']

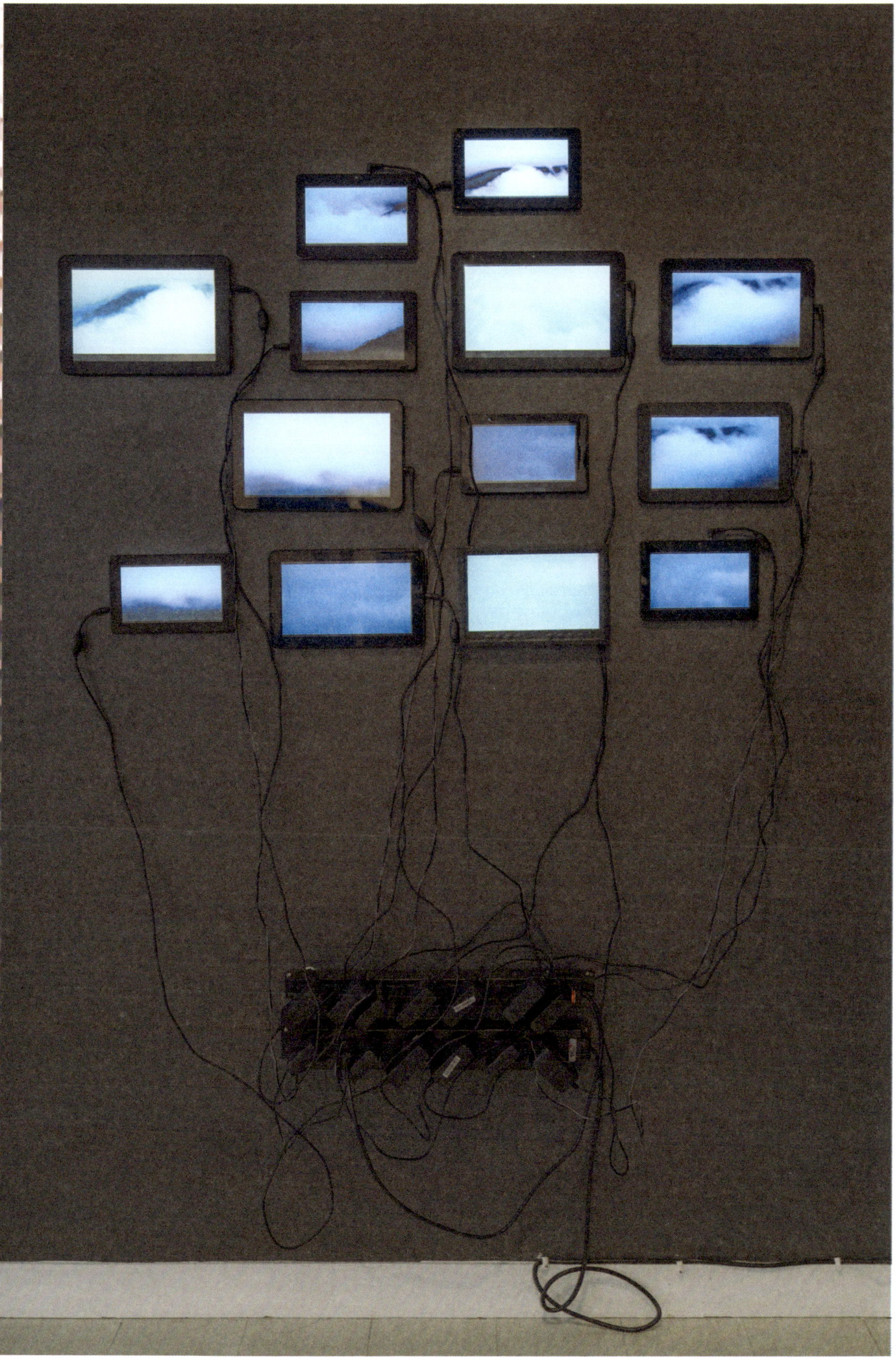

No risco do bordado

Laymert Garcia dos Santos

In the Sketch of the Embroidery

O ponto de partida da série de trabalhos da exposição *Infinita* (Valu Oria Galeria, São Paulo, 2007) de Eva Castiel é um acontecimento abrupto que mergulha a artista no tempo da incerteza: um AVC. E se *Infinita* toma forma, é porque a doença – que vem de dentro, mas é vivida como algo que sobrevém do exterior –, instaura a ansiedade da espera, reafirmando, com ela, o tempo do mito. Assim, o que há para ver é o tempo de Penélope e do bordado, tempo de fazer e de desfazer.

Infinita consiste de dois tipos de trabalhos: os registros de vídeo e de áudio, espalhados pelas salas e apresentados por máquinas audiovisuais, que elaboram as condições objetivas e subjetivas da criação; e as "pinturas" que figuram a atividade incessante de Penélope, às voltas com seu bordado ao mesmo tempo contemporâneo e extemporâneo (*Penélope*, 2007, p. 104).

Evidentemente, os dois tipos de trabalhos convivem no espaço e no tempo, e o espectador pode entrar na exposição por

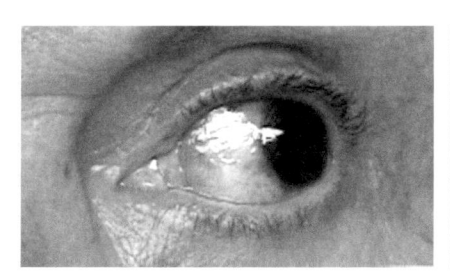

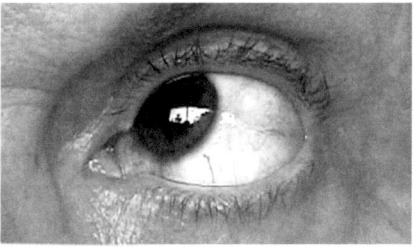

The starting point of Eva Castiel's series of works in the exhibition *Infinita* [*Infinite*, 2007, Valu Oria Galeria, São Paulo] is an abrupt event that immerses the artist in a time of uncertainty: a stroke. And if *Infinita* takes shape, it is because the condition – which comes from within, but is experienced as something that comes from the outside – installs the anxiety of the wait, reaffirming, with it, the time of the myth. Thus, what there is to see is the time of Penelope and the embroidery, a time to do and undo.

Infinita consists of two types of works: video and audio recordings, distributed throughout the rooms and presented by audiovisual machines, which elaborate the objective and subjective conditions of creation; and the "paintings" of Penelope's incessant activity, with her embroidery that is both contemporary and extemporaneous (*Penélope*, 2007, p. 104).

Evidently, the two types of works coexist in space and time, and viewers can enter the exhibition through either of them, coming

qualquer um deles, indo e vindo como bem lhe apraz (se aqui são abordados separadamente, é por pura questão de comodidade do andamento do texto). Comecemos, então, pelos registros, ou melhor, pela projeção que dá nome ao conjunto. *Infinita* (2007, p. 110) mostra o olho esquerdo da artista lesionado a vagar para cima e para baixo, à esquerda e à direita; metade congestionado, metade incólume, o órgão (se) experimenta lentamente, explorando não se sabe o quê, mas, é evidente, movido pela angústia. Ora, a essa fisicalidade frontal e direta, corresponde, na sala dos "bordados" em preto e branco, *Des_dobra* (2007, p. 112), a imagem abstrata do *origami* branco de uma papoula se abrindo e se fechando, se dobrando e se desdobrando, não no espaço, mas no tempo de uma respiração. E, como se não bastasse, a tensão entre esses dois extremos se reflete nos estados subjetivo e objetivo que acometem a artista. Pois, por um lado, no jardim a instalação de áudio repete o monólogo de Harold Pinter reiterando o dilema metafísico:

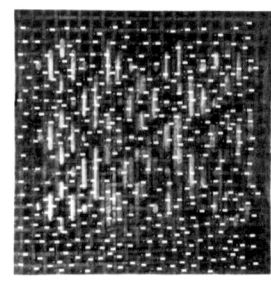

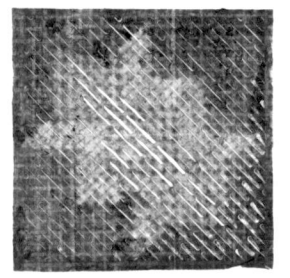

and going as they please (if they are discussed separately here, it is only a matter of convenience for the progression of the text). Let us begin, then, by the records, or rather by the projection that lends its name to the whole. *Infinita* (2007, p. 110) shows the artist's injured left eye moving up and down, left and right. Half congested, half unscathed, the organ slowly tests (itself), investigating who knows what but clearly moved by anguish. Now, to this frontal and direct physicality corresponds – in the room of the black and white "embroideries," *Des_dobra* [*Un_fold*, 2007, p. 112] – the abstract image of the white origami of a poppy flower opening and closing, folding and unfolding, not in space, but in the time of a breath. And, as if that were not enough, the tension between these two extremes is reflected in the subjective and objective states that affect the artist. For, on the one hand, the audio installation in the garden repeats Harold Pinter's monologue reiterating the following metaphysical dilemma:

Quando tudo está quieto escuto um coração batendo. Provavelmente não é a batida do meu coração. Provavelmente é o coração de outra pessoa. O que sou eu? [...]. Não vejo mais nada em momento algum. Fico sentado sugando o escuro. É o que eu tenho. O escuro está na minha boca. E eu sugo. É a única coisa que eu tenho. É meu. É só meu. Eu o sugo.

Por outro, na sala dos "bordados" vermelhos, *Coagulation – A Self-Portrait* (2005, p. 116) desce à crueza do AVC – imagens de angioressonância das carótidas se fundem em imagens de ressonância de crânio identificando o mal como realidade orgânica, até se transformarem nas tomadas da tonsura a que foi submetida a cabeça da artista. Entretanto, diferentemente da célebre foto de Man Ray na qual a tonsura da estrela na cabeça de um homem funciona por si mesma como um *statement*, aqui, a exposição do couro cabeludo dá lugar à abertura de uma

When everything is quiet I hear my heart. It is probably not my heartbeat. It is probably someone else's heartbeat. What am I? [...]. I see nothing at any time anymore. I sit sucking the dark. It's what I have. The dark is in my mouth and I suck it. It's the only thing I have. It's mine. It's my own. I suck it.

On the other hand, in the room with red "embroidery", *Coagulation – A Self-Portrait* (2005, p. 116) descends to the core of the stroke – carotid angioresonance images merge into skull resonance images, identifying evil as an organic reality, until they become the tonsure taken to the head of the artist. However, unlike the famous photo of Man Ray in which the tonsure of the star on a man's head functions as a statement all on its own, here, the scalp's exposure gives way to the opening of a screen in which the pages of a full agenda end on a blank Wednesday, the 29th.

tela, na qual as páginas de uma agenda cheia desembocam no branco de uma quarta-feira, dia 29.

Através desses quatro trabalhos, estão dadas, portanto, as condições de produção do "bordado" de Eva Castiel; e, com elas, as sensações da situação de se sentir dentro de um outro tempo, dentro do mito. Mas o que pode, hoje, ser o trabalho de Penélope? Em que pode consistir o bordar e o desmanchar como expressão paradoxal de um tempo que passa unicamente para ser suspenso e se transformar na não-passagem do tempo, vale dizer como expressão de um tempo fora do tempo?

Assim como as condições objetivas e subjetivas do trabalho são dadas a partir da relação entre humanos e máquinas que tornam visíveis e/ou audíveis os estados do corpo e do espírito da nova Penélope, também o trabalho do bordado só pode existir como síntese de trabalho humano e não humano,

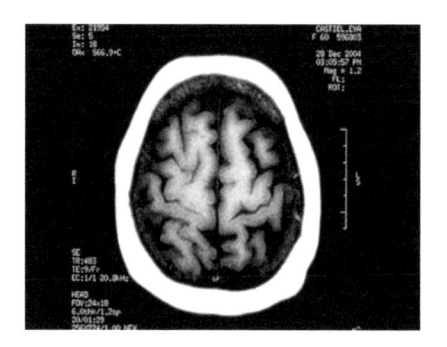

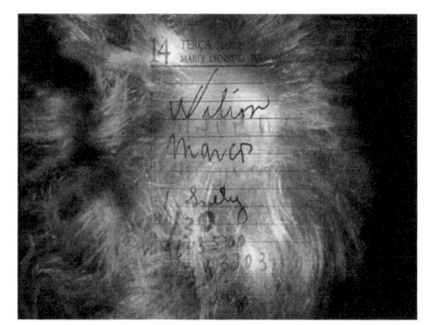

Therefore, through these four works, the conditions for the production of Eva Castiel's "embroidery" are presented, and with them the feeling of being in another time, within the myth. But what can Penelope's work be today? In what can embroidering and undoing the embroidery consist of as a paradoxal expression of a time that passes, only to be suspended, and changes with the non-passing of time?

Just as the objective and subjective conditions of labor are given from the relationship between humans and machines – which make the states of the body and spirit of the new Penelope visible and/or aural – the work of embroidery can only exist as a synthesis of human and nonhuman labor, the work of machines. Therefore, the procedure governing the creation of this work in progress and in regress has as an operative principle the infinite elaboration and re-elaboration of patterns that undergo different

trabalho de máquina. Por isso mesmo, o procedimento que rege a criação desse *work in progress* e *in regress* tem como princípio operatório a infinita elaboração e reelaboração de padrões que passam por diferentes transformações até se concretizarem em imagens "acabadas" que ensejam a formação de novas imagens.

Cada imagem-bordado tem como matriz uma outra imagem-bordado. Mais precisamente, o risco do bordado, o padrão de um bordado antigo, pensado e feito de modo refinado por culturas tradicionais que inscrevem na trama da tela as cores, as sombras, os contornos, as linhas, os pontos e os movimentos de invenção de uma figura concreta ou abstrata que se quer tecer como motivo num tapete. Mas para Eva não importa a procedência do motivo nem o seu suposto sentido – se ele vem da Provença medieval ou da Pérsia, se é islâmico ou cristão, se é celta ou bizantino, rococó ou romano, se foi

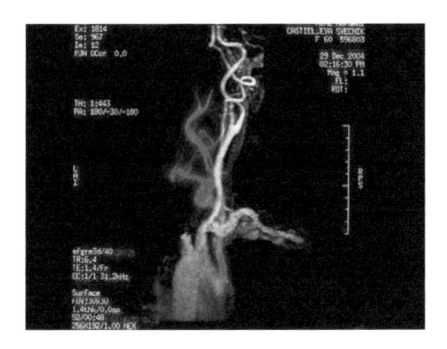

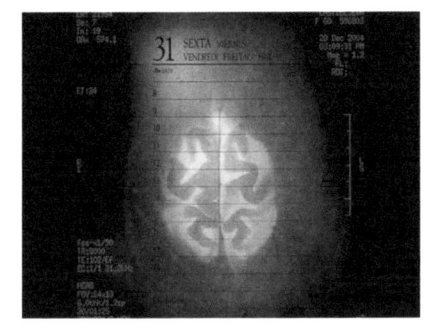

transformations until they become "finished" images that lead to the creation of new images.

Each embroidery-image has another embroidery-image as its matrix. More precisely: the sketch of an embroidery, the pattern of an old embroidery, envisaged and carried out in a refined way by traditional cultures that inscribe onto the fabric the colors, shadows, contours, lines, stitches and movements of the invention of a concrete or abstract figure, that we want to weave like a motif on a rug. But, for Castiel, the origin of the motif or its supposed meaning does not matter – whether it comes from medieval Provence or Persia, whether it is Islamic or Christian, Celtic or Byzantine, Rococo or Roman, if it was found in a Gobelin or in a very old Chinese tapestry. A priori, any embroidery can be appropriated and inscribed in a process of recreation. Once the pattern of the embroidery has been scanned into a digital

encontrado num Gobelin ou numa tapeçaria chinesa muito antiga. *A priori* qualquer bordado é passível de apropriação e inscrito num processo de recriação. Uma vez escaneado o padrão do bordado, transformado em imagem digital, o motivo será impresso várias vezes sobre Washi, um papel japonês, acumulando-se em camadas, tal um paciente depositar de estratos de imagens que a cola transparente vai materializar como uma superfície paradoxal, porque marcada por traços de "momentos" diversos, feito um palimpsesto.

Desse processo de "construção" do bordado através de intervenções humanas e não humanas resulta uma imagem híbrida tecida por tramas de diferentes naturezas. Imagem que se prestaria, de certo modo, à contemplação, imagem tranquila de um tempo passado e definitivamente realizado como trabalho. Mas a contemplação não é dada ao olho do espectador porque Penélope intervém para cortar as linhas de força que dão consistência ao motivo, para desfigurar a forma e o fundo, em suma para contrapor à criação o seu desmanchar. E assim como Fontana "pintava" suas telas cortando-as ou perfurando-as, agora

image, it will be printed several times on Washi (a Japanese paper), accumulating in layers, like a patient depositing layers of images that the transparent glue will materialize as a paradoxical surface, marked by traces of multiple "moments," like a palimpsest.

This "construction" process of embroidery, through human and nonhuman interventions, results in a hybrid image woven by different types of fabrics. An image that would lend itself, in a way, to contemplation – a tranquil image of a past time, definitively carried out as work. But contemplation is not given to the eye of the beholder because Penelope intervenes to cut off the lines of force that lend consistency to the motif, to disfigure the form and the background, in short, to counteract creation to its undoing. And just as Fontana "painted" his canvases by cutting or piercing them, Castiel adopts an analogous procedure to break the patterns of the embroidery with the programmed violence of cuts, which interrupt the depositing of the layers of past time with the urgency of a present made by breaking the lines of force of those same patterns. A mixture of creation and destruction, of alternating contradictory movements and different times, the em-

Eva adota um procedimento análogo para romper os padrões dos bordados com a violência programada dos cortes, que interrompem o depositar das camadas de tempo passado com a urgência de um presente feito de quebra das linhas de força desses mesmos padrões. Misto de criação e destruição, de alternância de movimentos contraditórios e de tempos diferentes, as imagens-bordados de Eva Castiel falam de vida e de morte, ou melhor, de um tempo de espera em que vida e não vida andam juntas numa espécie de zona indistinta, em que a intensidade do vermelho pode dar lugar à escuridão do preto, a cor à não cor, a figura à não figura, a forma ao informe, a consistência ao desmanchar, ao infinito vai e vem entre o sentido e a ausência de sentido.

broidery-images by Eva Castiel speak of life and death, or rather of a waiting time in which life and non-life walk together in a kind of indistinct area, in which the intensity of red can give rise to the darkness of black, color to non-color, figure to non-figure, form to formless, consistency to undoing, to the infinite back and forth between meaning and lack of meaning.

Visage
2015 [1'37"]

Visage
2015 [1'37"]

67

Autômato
2015 [61 × 121, 90 × 110, 80 × 130 cm]

Automaton
2015 [61 × 121, 90 × 110, 80 × 130 cm]

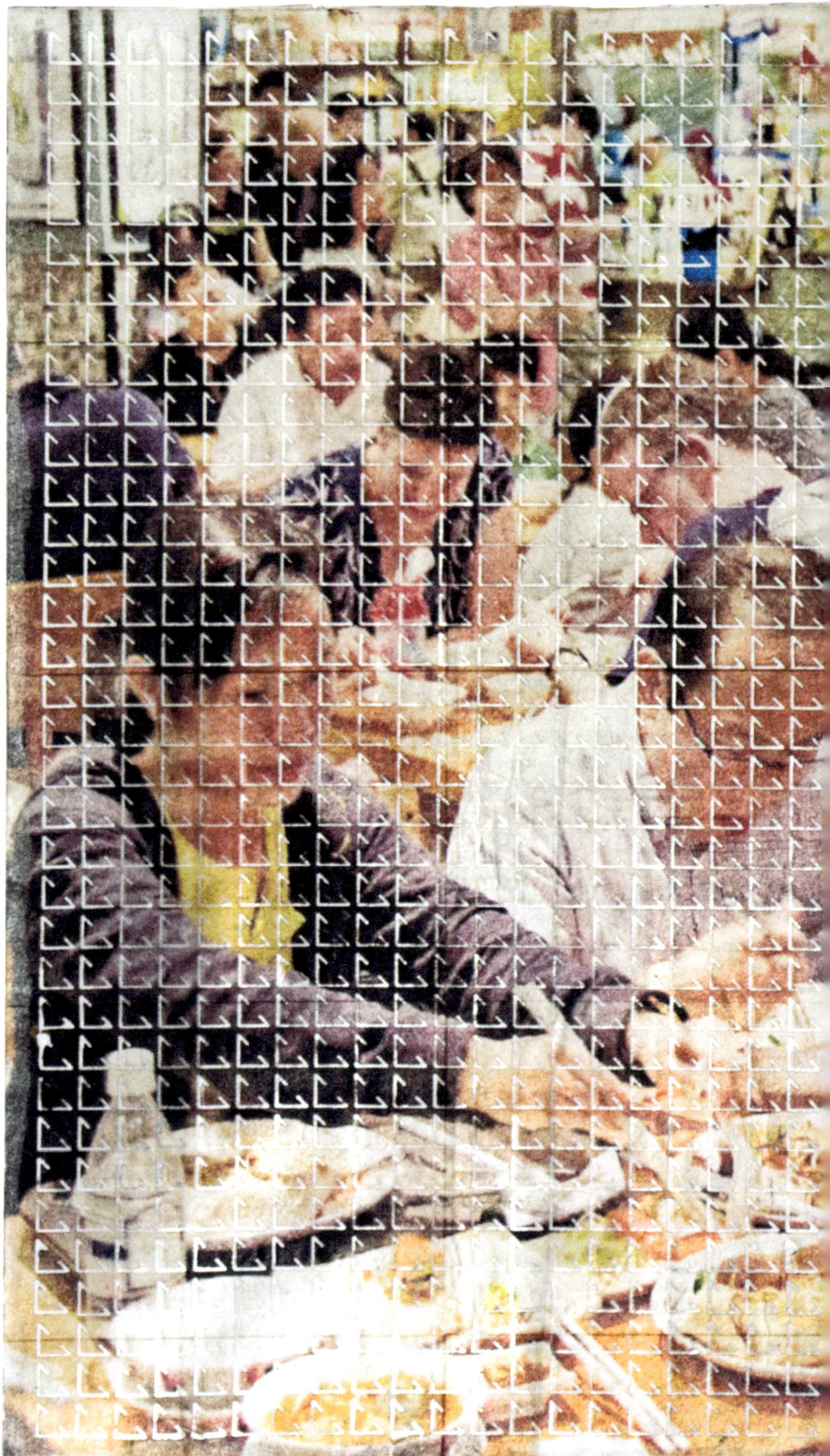

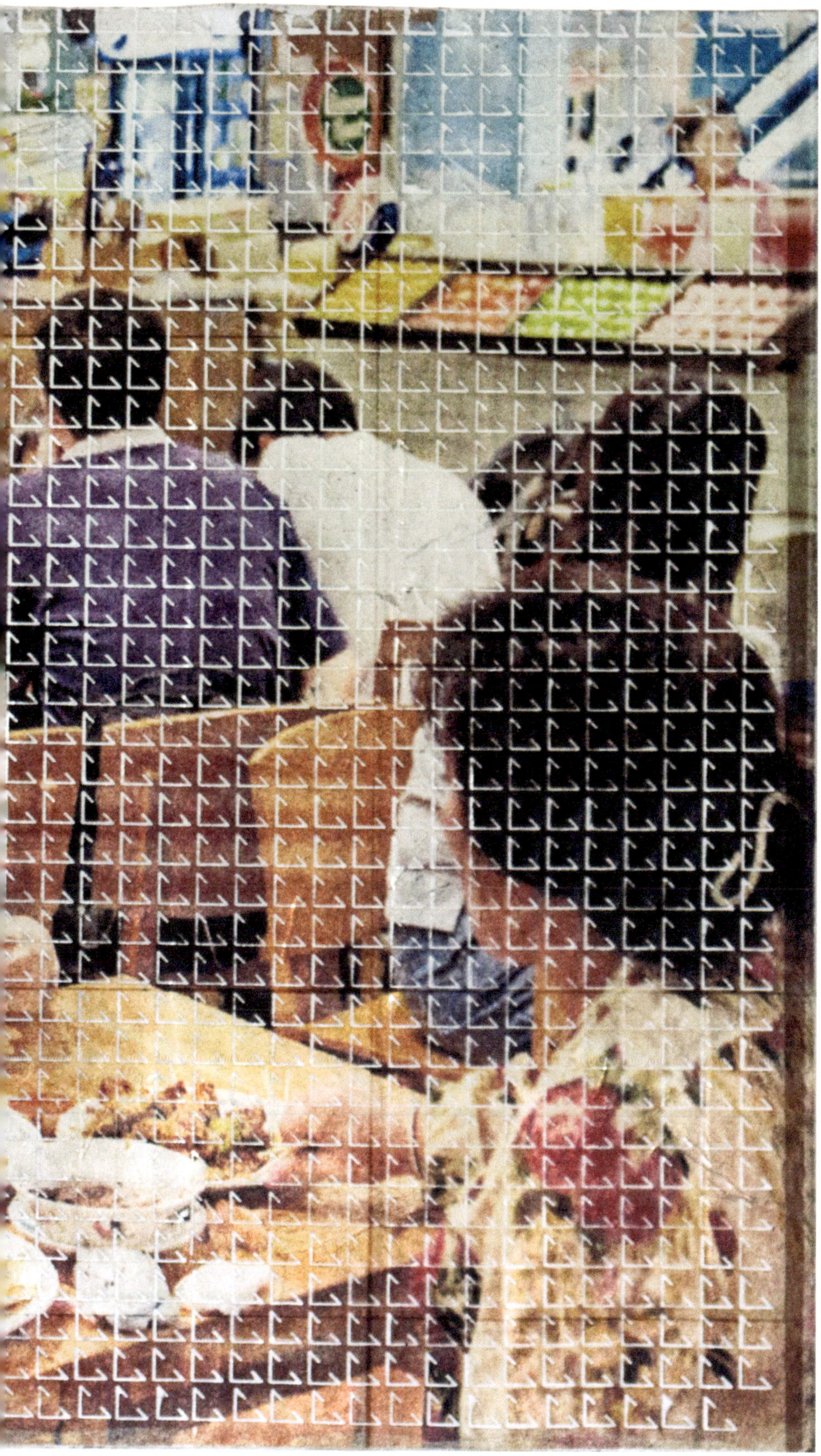

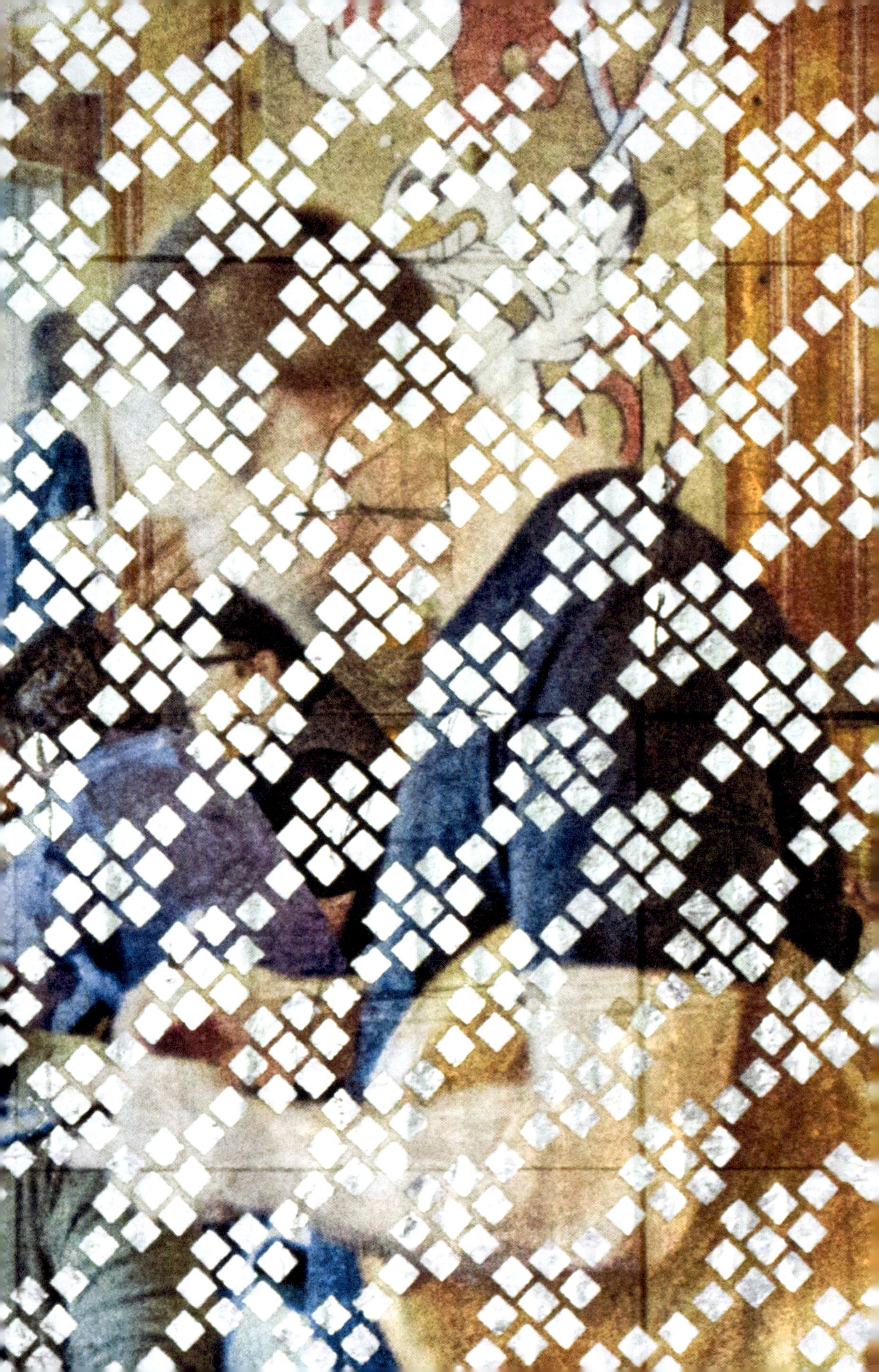

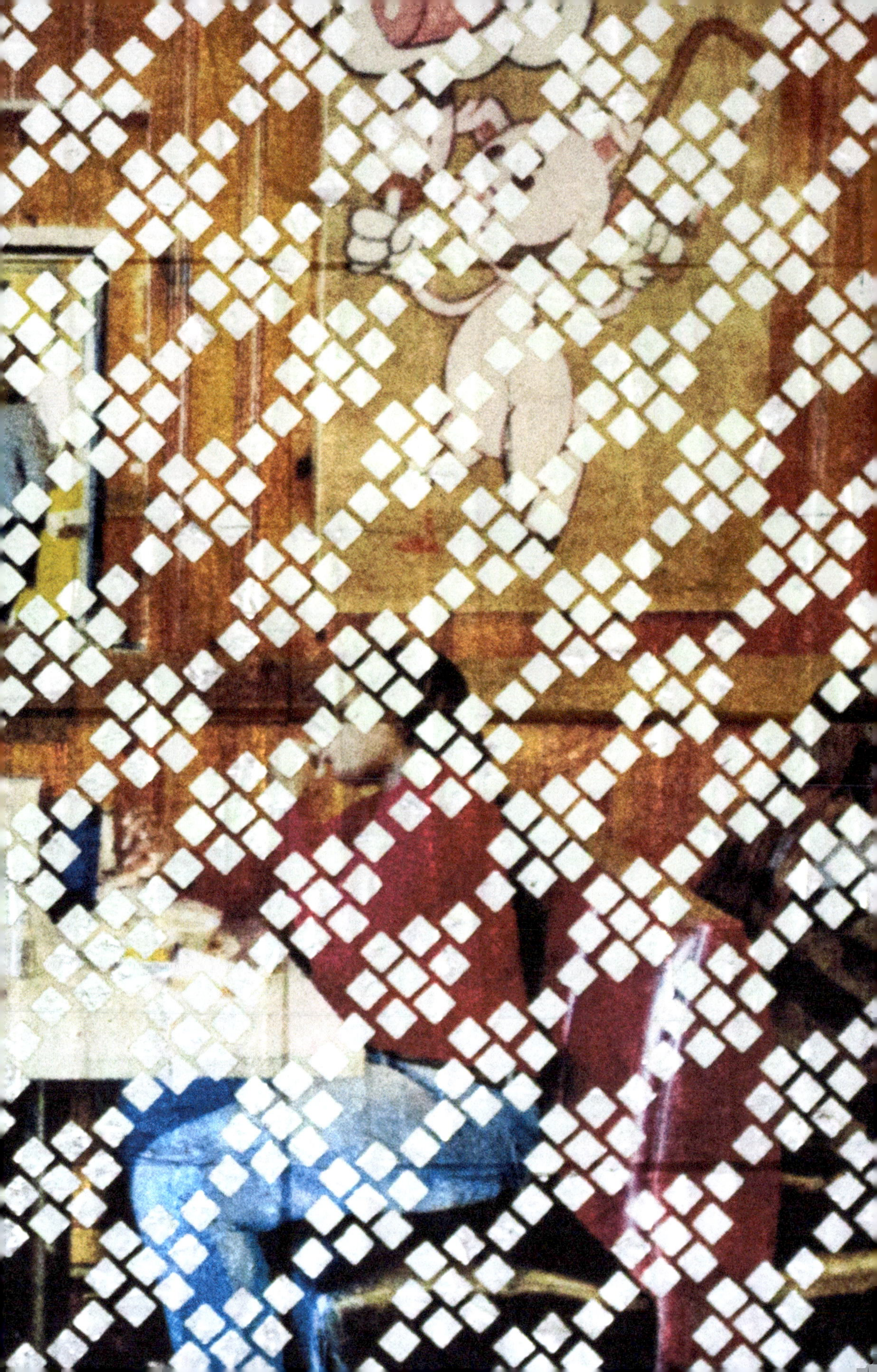

Estrangeiro
2015 [4'46"]

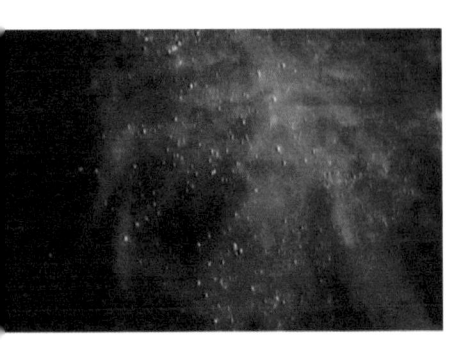

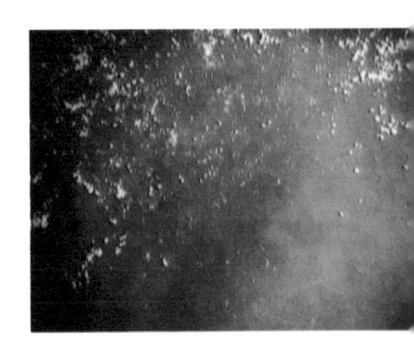

Foreigner
2015 [4'46"]

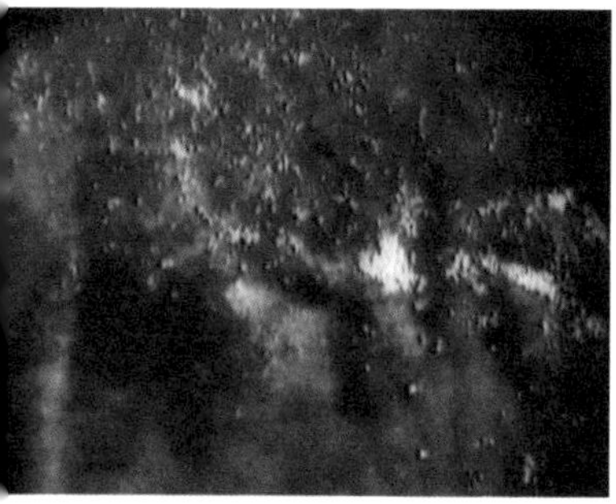 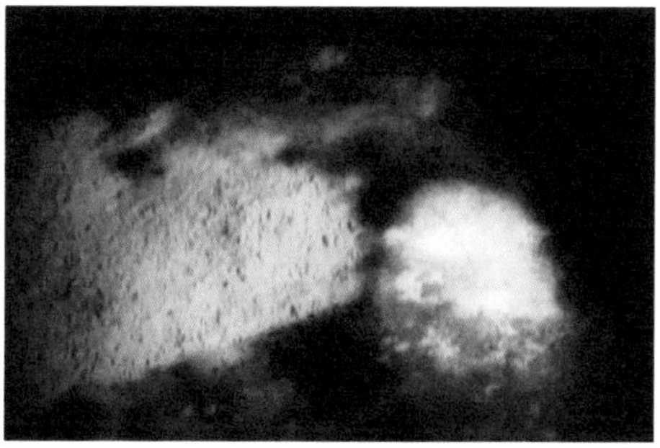 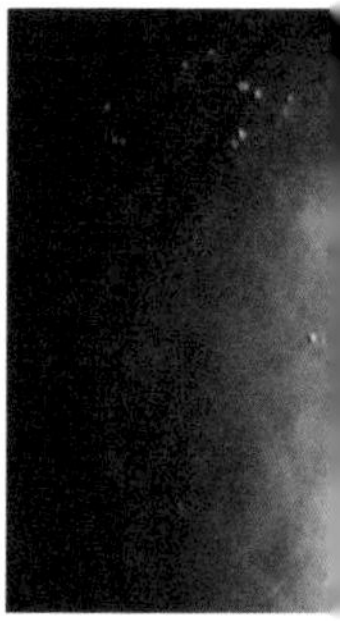

Vietnam
2014 [1'47"]

76

Vietnam
2014 [1'47"]

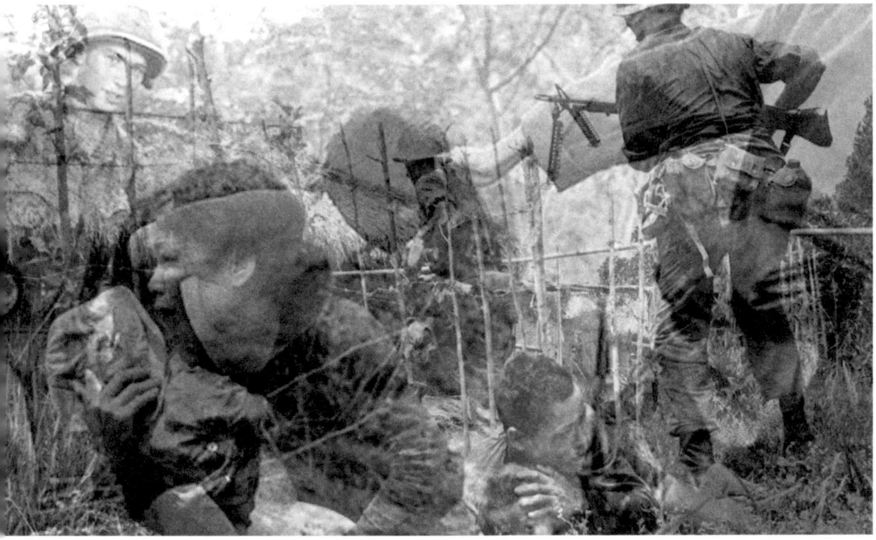

Fronteira, uma paisagem
2014 [64 × 112 cm]

Borderland
2014 [64 × 112 cm]

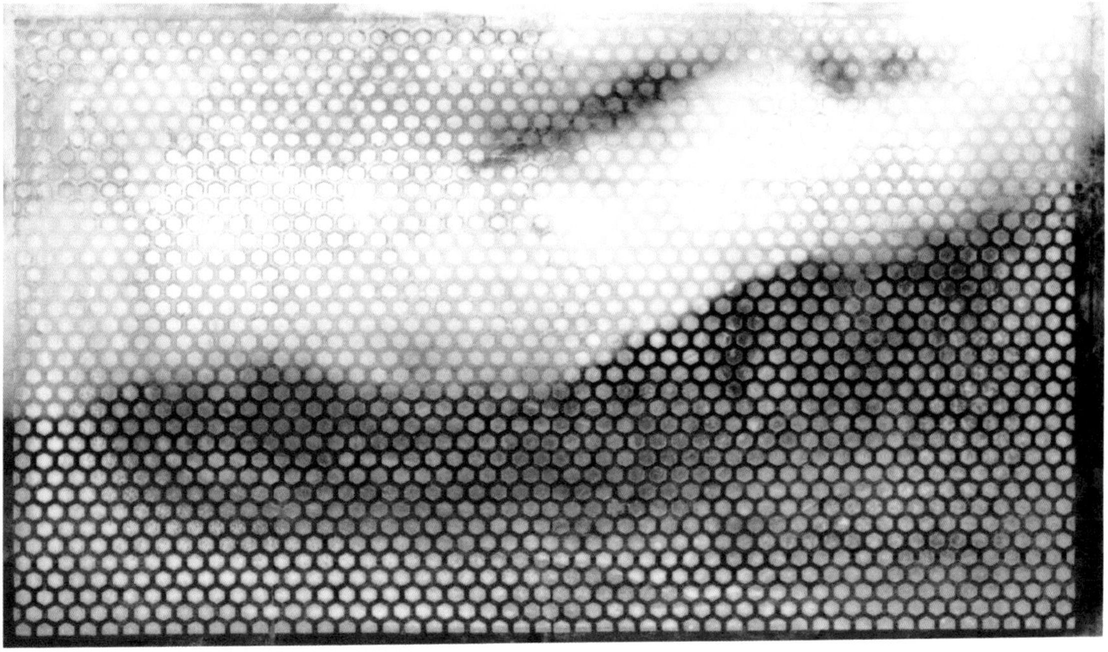

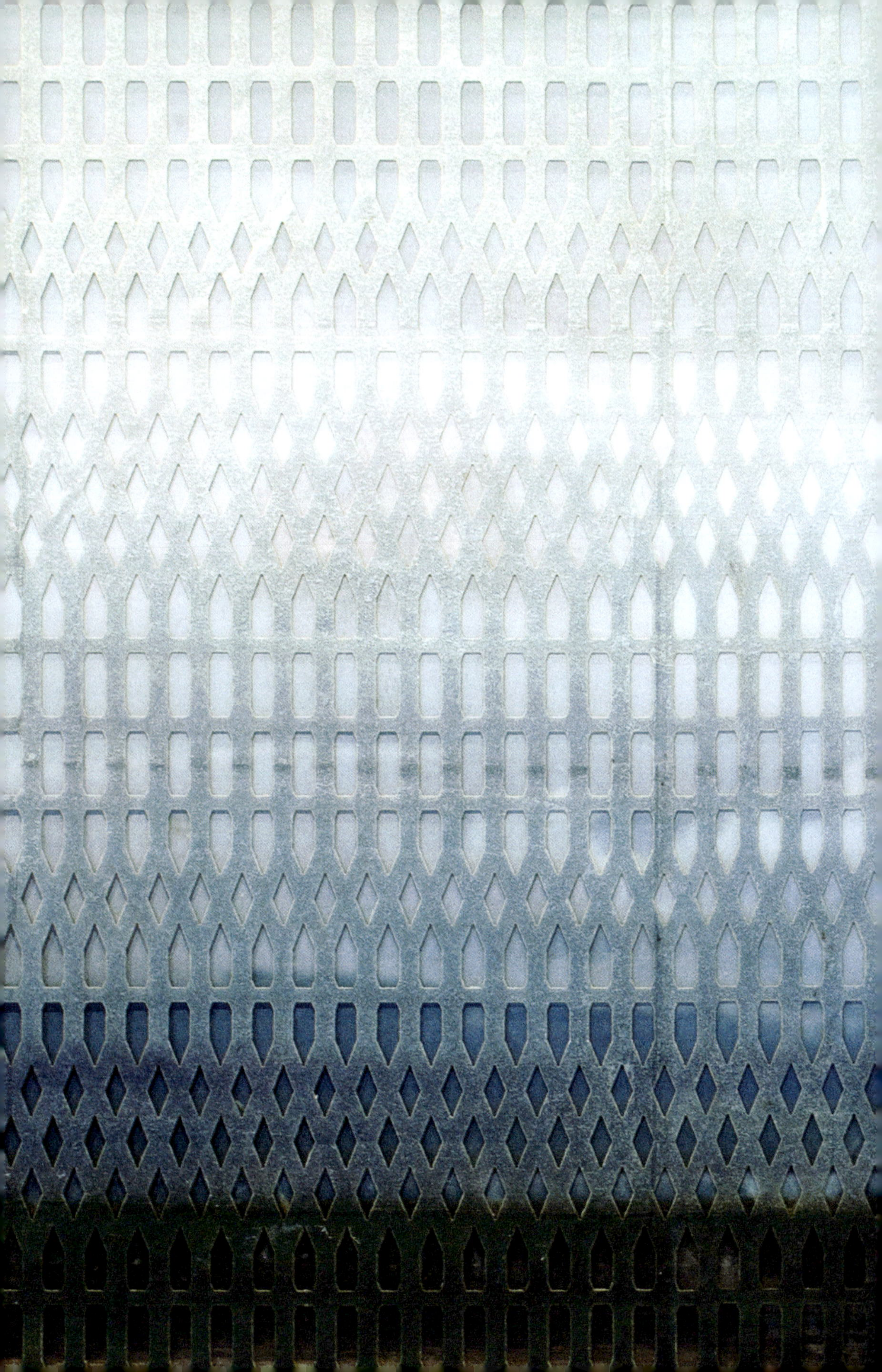

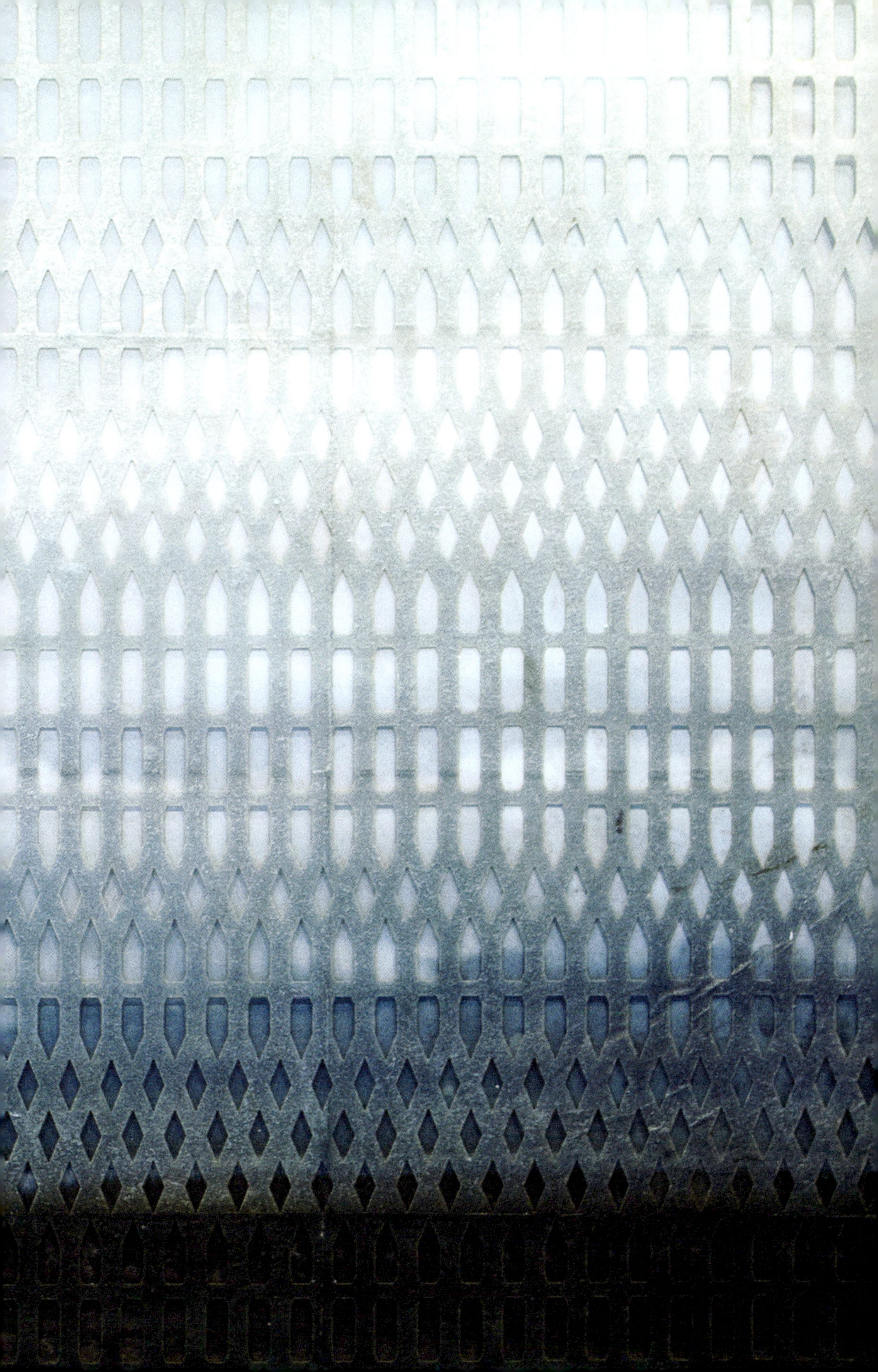

NY Limo
2012 [4']

NY Limo
2012 [4']

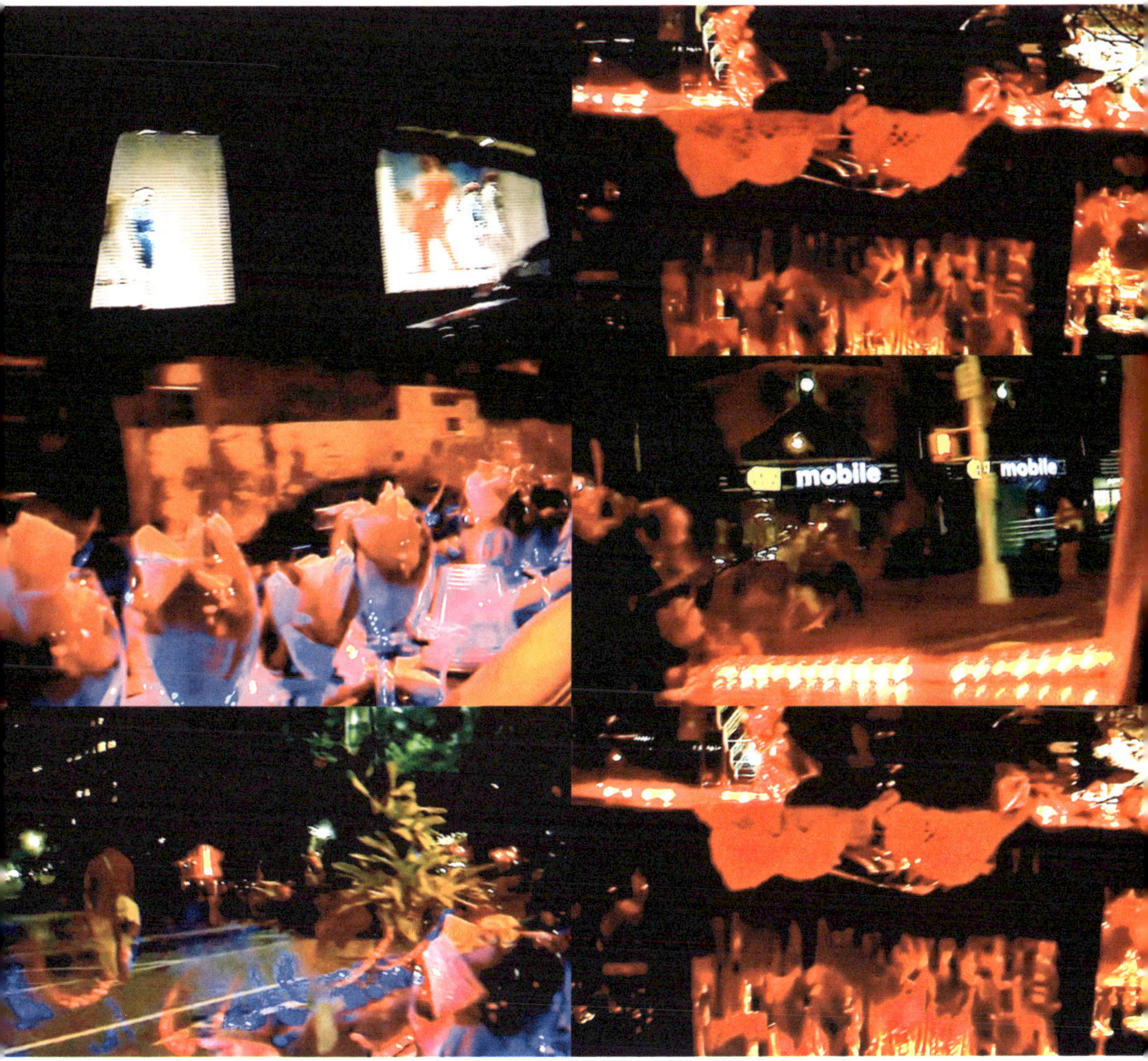
mobile
mobile

CHELSMORE

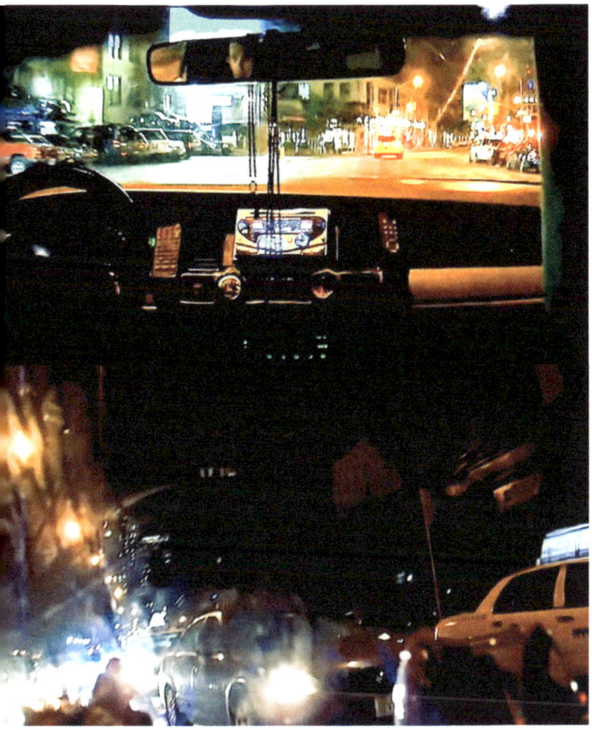

Munich
2011 [8'14"]

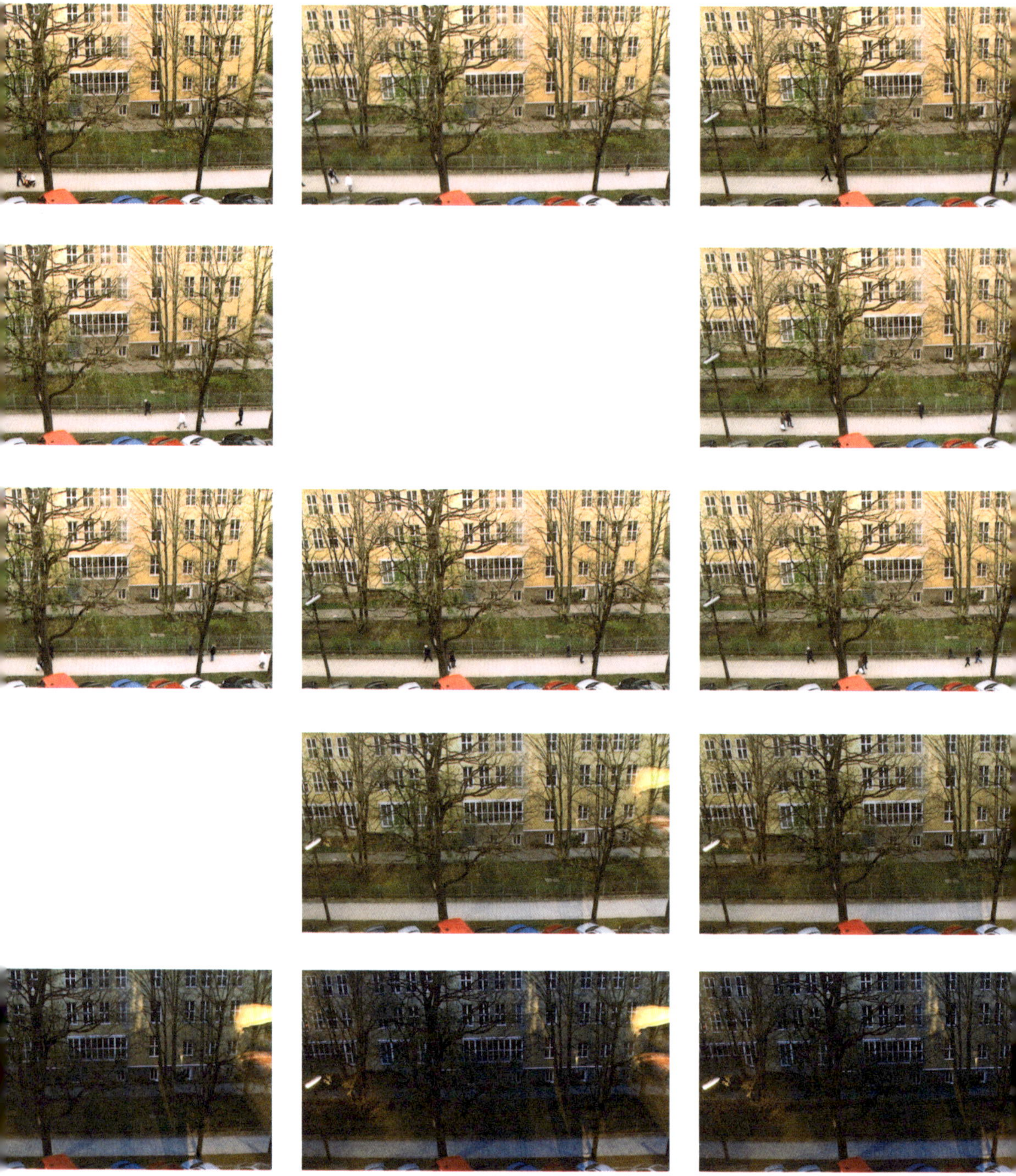

Munich
2011 [8'14"]

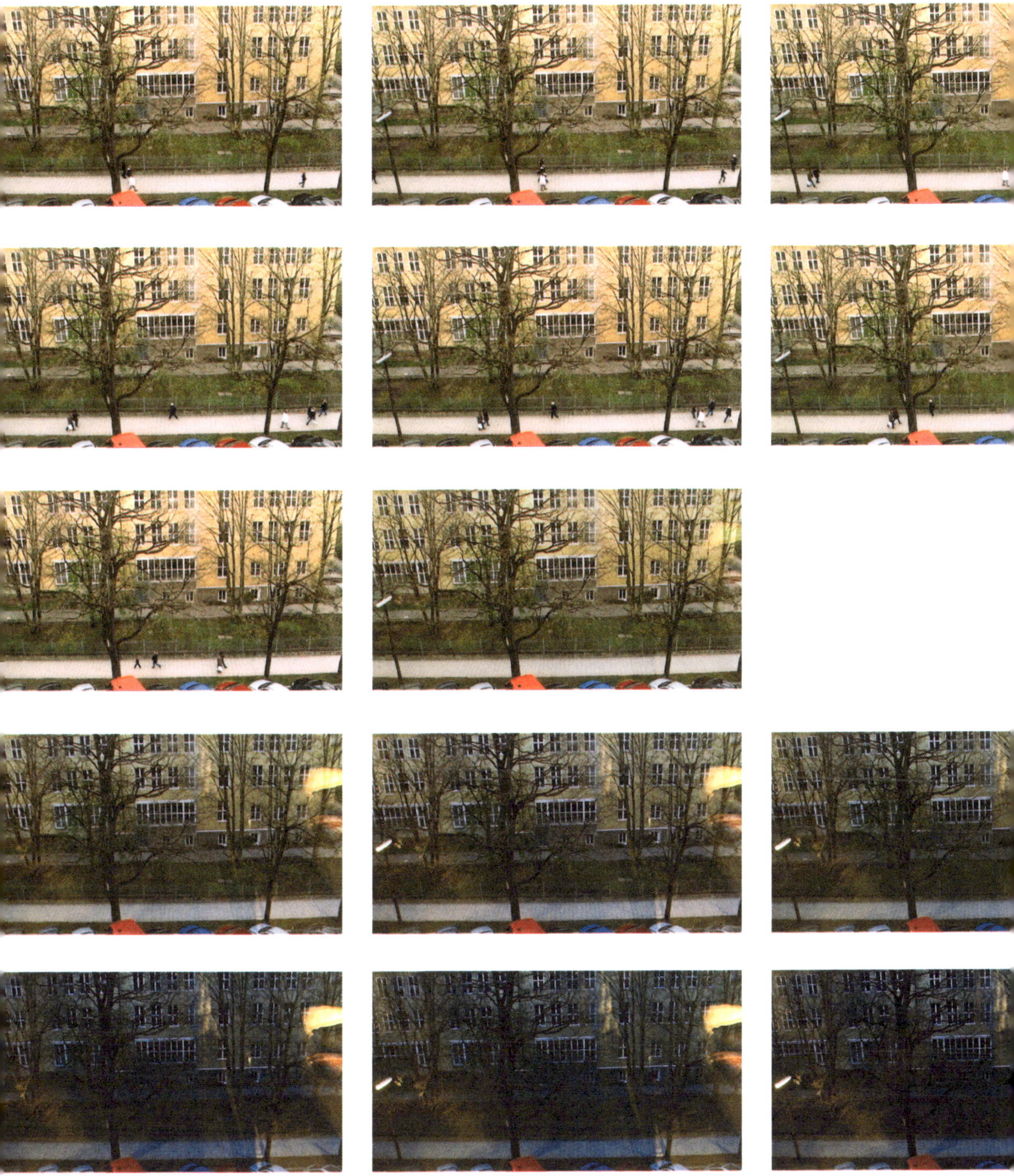

Eva Castiel: nomadismo entre memória e morte [depoimento]

Carlos Fajardo

Eva Castiel: Nomadism between Memory and Death [testimony]

Certo dia conversando sobre *Mnemosyne*, de Aby Warburg, com Eva Castiel, achei intrigante e curioso seu interesse casual pelo livro porque, embora ela não tivesse notado, ali residia uma chave de leitura – ou melhor, um mapa – para sua obra.

Os gregos antigos – assim como os judeus, conforme aprendi com a artista – cobriam os mortos com um lençol, que correspondia ao esquecimento. Depois de coberto, o morto era levado pelo rio da morte, Lethe, ao Hades. O contrário de Lethe é *alétheia*, que se pode traduzir como "verdade". Mas, efetivamente, o prefixo "a" significa "não", isto é, *alétheia* quer dizer não esquecimento. Não é exatamente a memória, mas sim o não olvidamento. Na verdade, geralmente os dois termos aparecem juntos.

Recuperar a memória implica em fazer a viagem contrária à do esquecimento, pelo rio Lethe, e chegar na margem oposta a uma fonte, a fonte da memória, Mnemosyne. Beber dessa fonte é lembrar tudo.

Eva sempre trabalha com morte, memória e esquecimento. *Estrangeiro* (2015, p. 74) é composto de imagens estranhíssimas,

One day, talking about Any Warburg's *Mnemosyne* with Eva Castiel, I found her casual interest in the book intriguing because, although she had not noticed it, there lay a key or, better yet, a map to her work.

The ancient Greeks – like the Jews, as I learned from the artist – covered the dead with a sheet, which corresponded to oblivion. Once covered, the dead were taken to Hades by Lethe, the river of death. The opposite of Lethe is *aletheia*, which can be translated as "truth". But, actually, the prefix "a" means "not", that is, *aletheia* means not forgetting. It is not exactly memory, but rather not forgetting. In fact, both terms usually appear together.

Recovering memory implies taking the journey contrary to that of oblivion, on the river Lethe, and arriving at the opposite bank, to a fountain, the fountain of memory: Mnemosyne. To drink from this fountain is to remember everything.

Castiel always works with death, memory and oblivion. *Estrangeiro* [Foreigner, 2015, p. 74] is comprised of very strange images of veils, layers that refer to death and form maps, just like a foreigner guides himself in a place that is not his. *Estrangeiro* is

com véus, e velaturas que remetem à morte e formam mapas, justamente à maneira de um estrangeiro se guiar em um lugar que não é o dele. *O estrangeiro* é cartográfico porque há deslocamento todo o tempo. As imagens nunca se definem completamente e, por isso, o estrangeiro não é só "estrangeiro", mas também o outro, é o estranho. Ou seja, Eva também trabalha com a alteridade, no sentido de o sujeito ser ele fora de si, o estranho familiar.

Suas imagens são bruxuleantes, não são exatamente para serem vistas, mas tocadas pelo olhar. Um olhar desgraçado que não vê. Como se se colasse ao olho do outro justamente para vê-lo em um procedimento de contato direto que, embora impossível, leva a outra história.

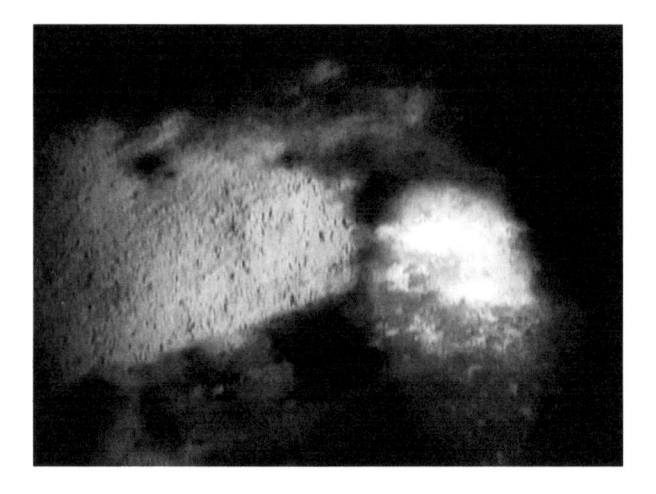

cartographic because there is constant displacement. The images are never completely defined and, therefore, the foreigner is not only "foreign", but also the other, the stranger. In other words, Castiel also works with otherness, in the sense of the subject being himself outside of himself, the familiar stranger.

Her images are flickering; they are not exactly meant to be seen, but touched by the gaze. A disgraced gaze that does not see. As if it put itself in the gaze of the other precisely to see it, which is impossible. This process of direct contact leads to another story.

In Ancient Greece, some heroes went to war, died, and their bodies were never recovered. Since there was no body, the death ritual was not complete. So the family chose something to replace the person who disappeared – a stone, for example. For three days the stone lived in the house, taking the place of the one

Na Grécia Antiga, alguns heróis iam à guerra, morriam e não tinham o corpo recuperado. Como não havia corpo, o ritual da morte não se completava. Portanto, a família elegia algo para substituir aquele que sumiu, por exemplo, uma pedra. Por três dias a pedra habitava a casa, sendo o duplo daquele que morreu. Depois disso, ela era enterrada para que, simbolicamente, o corpo pudesse ir para o Hades. Esse objeto eleito para ser o duplo, o *kolossos*, é um tipo de imagem de representação que não se preocupa com a semelhança, mas com a duplicidade, com o desfocar, e novamente, com o desterritorializar.

Em *Fronteira, uma paisagem* (2016, p. 56), por exemplo, Eva trabalha com uma "quase ideia" de Duchamp; o inframince. O artista francês não deixou uma definição exata, somente exemplos, tal como a sutil sensação do encontro entre a fumaça e a boca ao fumar.

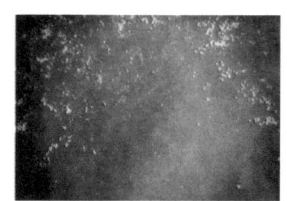

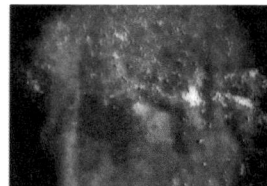

who died. After that, it was buried so that, symbolically, the body could go to Hades. This object chosen to be the duplicate, *kolossos*, is a type of representational image that does not concern itself with similarity, but with duplicity, with blurring and, again, with deterritorialization.

In *Fronteira, uma paisagem* [Borderland, 2016, p. 56], for example, Castiel works with Duchamp's "quasi-idea", the infra-mince. The French artist did not give an exact definition, just an example, like the subtle feeling when the cigarette smoke meets the mouth.

This feeling is a kind of boundary, something that is almost visible but somehow invisible. It has a taste, but whether it is bitter or acidic, sour or sweet, is unknown. It is something that is present only in its absence.

In Castiel's work, there is no beauty, aesthetics (*aisthesis*). On the contrary, there is *steresis*, the impediment of transforming an individual's capacity into action. It prevents you from tasting, from seeing its images clearly; it is absent, but it is there.

Essa sensação é uma espécie de fronteira, algo quase visível mas de certa forma invisível. Tem gosto, mas não se sabe se é amargo ou ácido, azedo ou doce. É algo que está lá apenas na sua ausência.

Na obra de Eva, não há beleza, estética (*aisthesis*). Ao contrário, há *steresis*, impedimento da transformação da potência do indivíduo em ação. Impede-se que se sinta o gosto, que se veja suas imagens nítidas. Ausente, ele está lá.

Eva trabalha com a impossibilidade de ver, de permanecer, de ser. Trata de perdas, de morte.

As imagens são difíceis de apreender. Em seu mais recente trabalho, as *Berberes* (2018, p. 40), tem-se uma outra percepção da imagem: a da "verdadeira imagem". A verdadeira imagem se

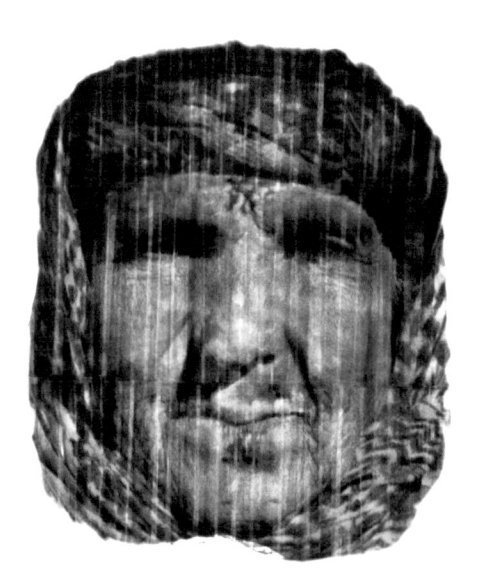

Eva works with the impossibility of seeing, of staying, of being. She deals with losses, with death.

Her images are difficult to grasp. In her most recent work, *Berberes* [*Berbers*, 2018, p. 40], there is another perception of the image, which is that of the "true image". The true image is called Veronica, vero-icon, and is associated with the figure as a mask or, better yet, as a kind of engraving that was made of a dead God. Why is it a true image? Because it is not painted, drawn or written. It is the monotype of a face, made through contact.

When someone died in Ancient Rome, a mask was made on the negative image of the deceased and later the positive. When another person from the same family died, there was a funeral in

chama Verônica, vero-ícone, e é associada à figura como uma máscara, ou melhor, uma espécie de gravura que se fez do Deus morto. E por que verdadeira imagem? Porque ela não é pintada, desenhada ou escrita. É a monotipia de um rosto. É produzida por contato.

Quando alguém morria na Roma Antiga, se fazia a máscara no negativo do defunto e depois o positivo. Quando outra pessoa da mesma família morria, havia um funeral em que todos vestiam máscaras daqueles que haviam morrido anteriormente. A ideia da máscara, a verdadeira imagem, aquela que é feita por contato, é com o que Eva trabalha nas *Berberes*.

As *Berberes* são a memória, o esquecimento, o estrangeiro, o estranhamento, o lugar do outro e de alteridades. Não existe "o mesmo", nos trabalhos de Eva, existe sempre "o outro". Diferentemente dos outros trabalhos plásticos, que possuem a ideia de "eu mesmo", de autoria e de "eu fiz", nas *Berberes* não há nenhum símbolo associado à artista, porque ela não faz a obra. Ela utiliza, rouba uma imagem.

É interessante notar, ainda, que Eva opera na identidade do outro. As berberes fazem desenhos em seus próprios rostos.

which all were dressed in masks of those who had died before. The idea of the mask, the true image, the one made through contact, is what Castiel works with in *Berberes*.

The *Berberes* are the memory, the oblivion, the foreign, the unfamiliar, the place of the other and otherness. There is no such thing as "the same", in Castiel's work, there is always "the other". Unlike other visual works, that contain the authorial idea of "on my own" and "created by me", in *Berberes* there are no symbols associated to the artist, because she does not create the work. She steals the image, uses it.

Furthermore, it is interesting to note that Eva operates within the identity of the other. The berbers draw on their own faces. They are marks, forms of identification that establish their belonging to that ethnic group. In addition to that, the presence of lambskin in this work also relates it to religion. During the communion in the Catholic church, the priest says "*Agnus Dei, qui tollis peccata mundi, miserere nobis*", or "Lamb of God who takes away the sins of the world, have mercy on us", and then the Christian receives the host, the body of Christ. *Agnus Dei* is

São marcas, formas de identificação que estabelecem o pertencimento àquela etnia. Além disso, a presença de pele de cordeiro nesse trabalho também cria uma relação com a religião. Durante a comunhão na Igreja Católica o padre diz "*Agnus Dei, qui tollis peccata mundi, miserere nobis*", isto é, "Cordeiro de Deus que tirai os pecados do mundo, tende piedade de nós" e então o cristão recebe a hóstia, o corpo de Cristo. *Agnus Dei* é a figura de Deus, o cordeiro de Deus. Usar a pele de cordeiro, um índice religioso, é também, para Eva, tratar do estranho, do outro, uma vez que a religião cristã não lhe pertence, não está incorporada, não é exatamente o que ela conhece, é o desconhecido, o estrangeiro. Ao mesmo tempo, importante lembrar, a pele também se relaciona com a Torah judaica, sua religião de formação.

É como se Eva sempre estivesse em um "entre", um não lugar. E de fato está: as *Berberes*, como que enforcadas, estão expostas e penduradas. Flutuando no ar, estão desterritorializadas. São mulheres nômades que deixaram de estar no chão, na terra, no território. Elas são imagens fantasmáticas que pertencem a nenhum ou a qualquer lugar. Ao não lugar. A terra

the figure of God, the lamb of God. For Castiel, to wear lambskin, a religious indicator, is also to deal with the strange, the other; because she does not belong to the Christian religion, it is not incorporated. It is not exactly what she is familiar with, it is the unknown, the foreign. It is also important to remember that the skin relates to the Jewish Torah, of the religion she was raised in.

It is as if Castiel were always in an "in between", in a non-place. And in fact she is: the Berberes look as if they were hanged. Displayed in the air, they are deterritorialized. They are nomadic women who have ceased to be on the ground, on the land, in the territory. They are ghostly images that belong nowhere or anywhere. To the non-place. The land is on the wall – which is not the place – or in the air. Therefore, there are no *topos*, it is a foreign work.

Everything is intertwined. Death and deterritorialization again arise with memory: the *Berberes* are made of lambskin, which in antiquity was used as a parchment in which a message was written, and the recipient, upon receiving it, would erase it to reuse

está na parede, que não é o lugar, ou está no ar. Então não há *tópos*, é um trabalho estrangeiro.

Tudo se entrelaça. A morte e a desterritorialização surgem novamente com a memória: as *Berberes* são feitas em pele de cordeiro, que na Antiguidade era utilizada como um pergaminho em que se escrevia uma mensagem e, após recebê-la, o destinatário a apagava para reutilizar o espaço. O apagamento é o contrário da memória. Apagava-se e escrevia-se uma mensagem de volta, gerando um palimpsesto. Ou seja, havia a escritura original concomitantemente à nova, como uma memória presente. Há um apagamento e um vislumbre do que está por trás.

A relação memória-esquecimento é a síntese do trabalho de Eva. A artista trata de perdas: da perda da memória e da perda de um território. A obra pode se valer do excesso, mas não com a ordem da plenitude, porque aponta justamente aquilo que é a ausência, a falta. Disso meu sobressalto curioso quando conversamos sobre o atlas. Eva processa em suas imagens o chamado *nachleben* de Aby Warburg, a sobrevida. São vivas, mas carregam em si a morte, o apagamento e o esquecimento.

the space. Erasure is the opposite of memory. It was erased and a message was written back, creating a palimpsest. In other words, the original scripture existed along with the new, like a present memory. There is an erasure and a glimpse of what lies behind.

The relationship between memory and oblivion is the synthesis of Castiel's work. The artist deals with losses: the loss of memory and the loss of territory. The work may make use of excess, but not with the order of completion, as it points precisely to that which is absent, which lacks. That was my curiosity when we talked about the atlas. In her images, Eva Castiel deals with Aby Warburg's so-called *nachleben*: the afterlife. They are alive, but they carry within them death, erasure and oblivion.

Mashup
2011 [40 × 115, 40 × 115, 60 × 82 cm]

Mashup
2011 [40 × 115, 40 × 115, 60 × 82 cm]

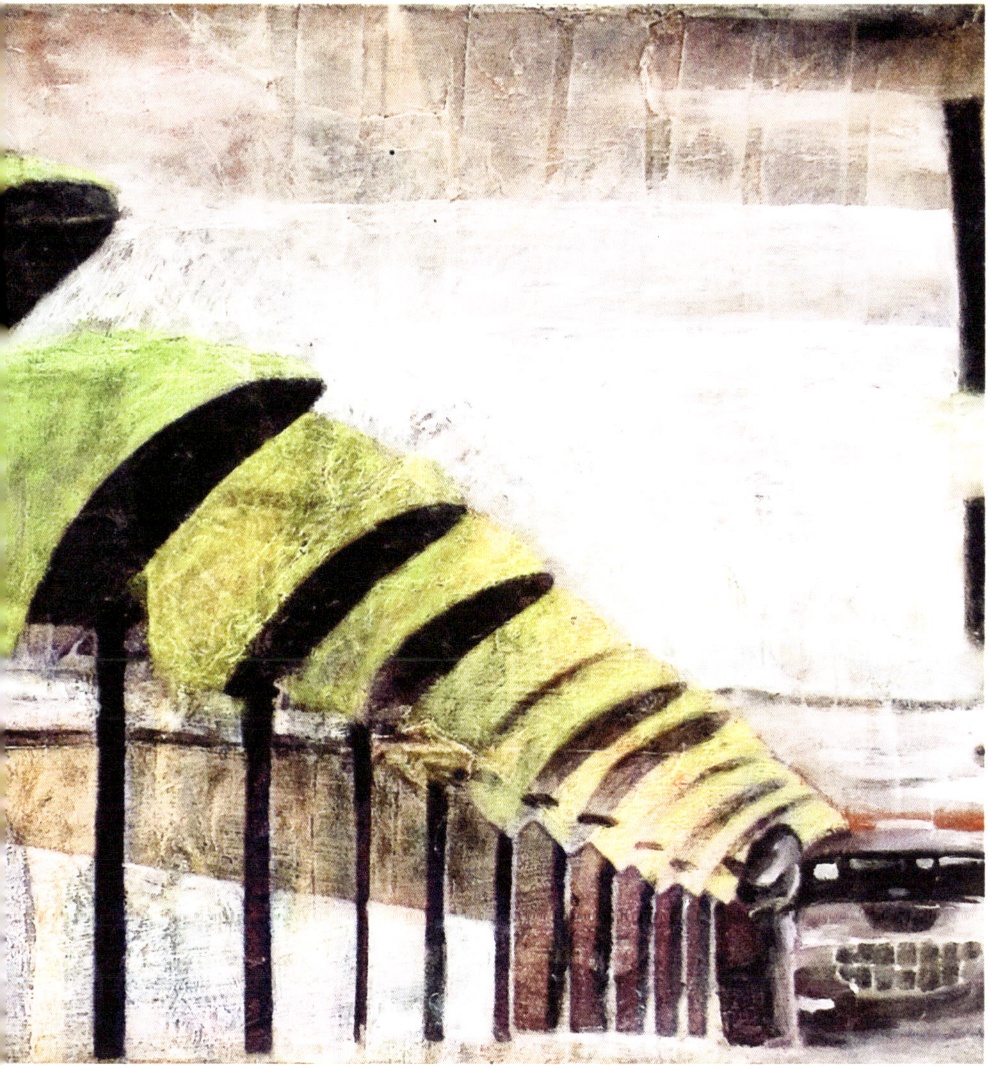

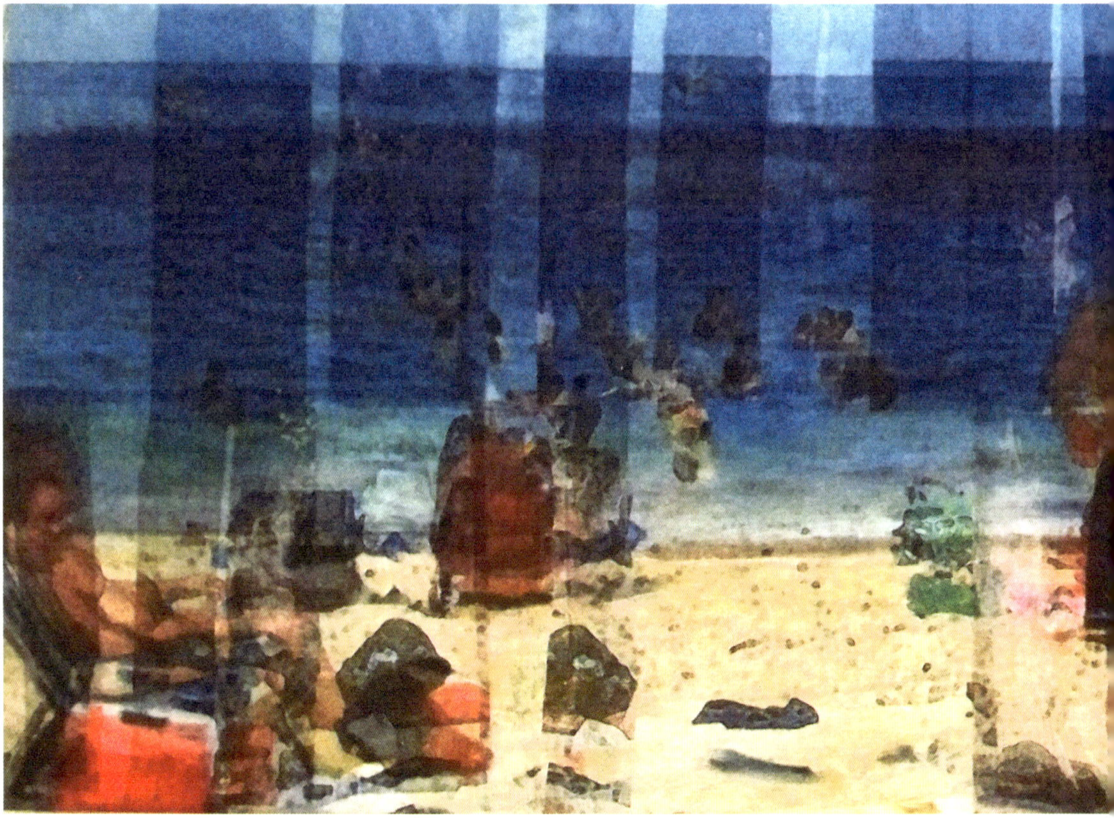

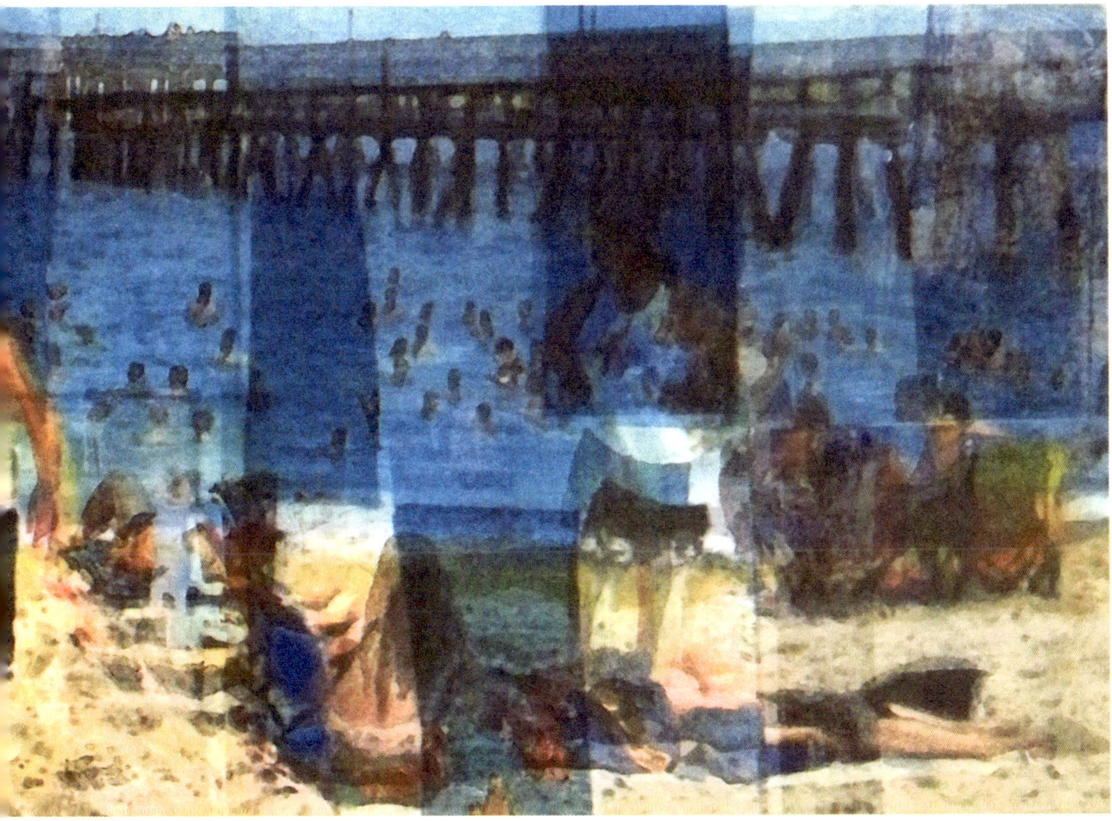

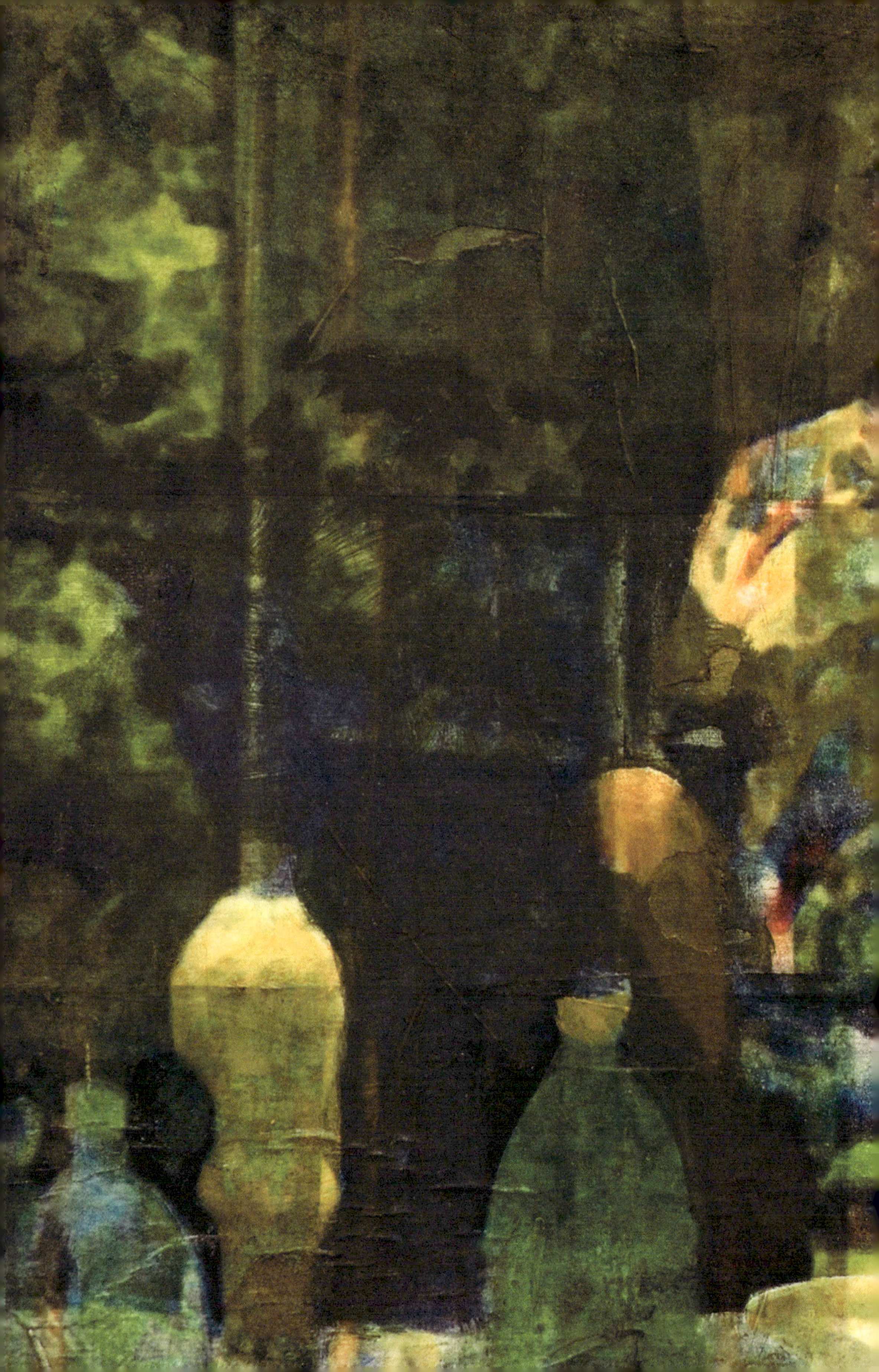

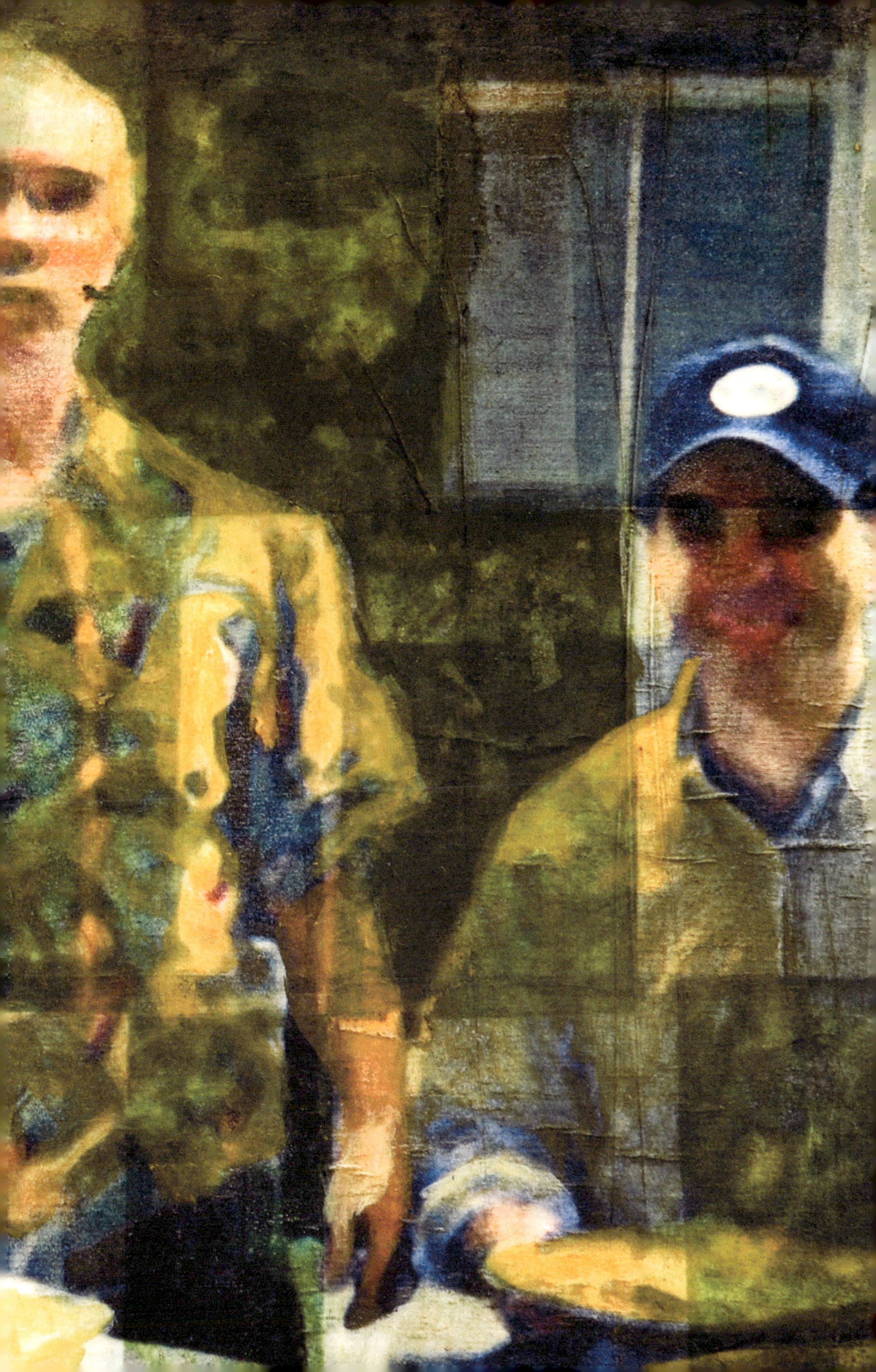

Uma mensagem sem palavras 1
2010 [3'10"]

A Message without Words 1
2010 [3'10"]

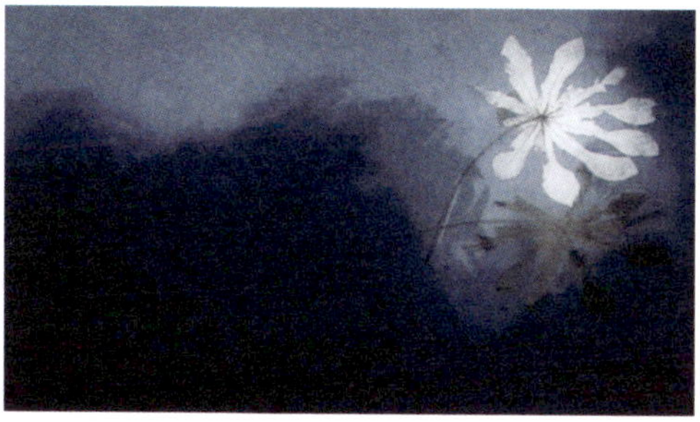

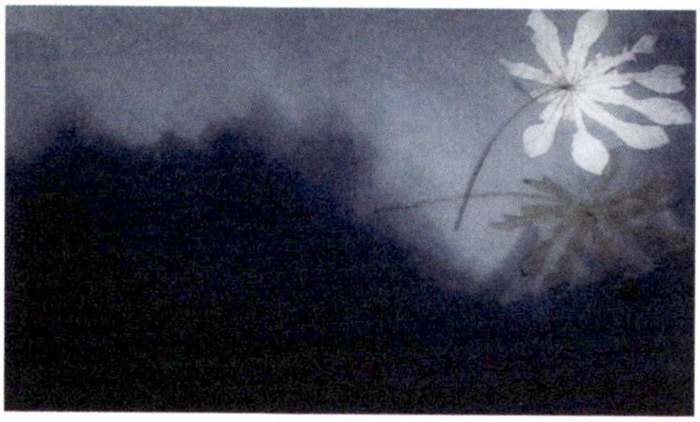

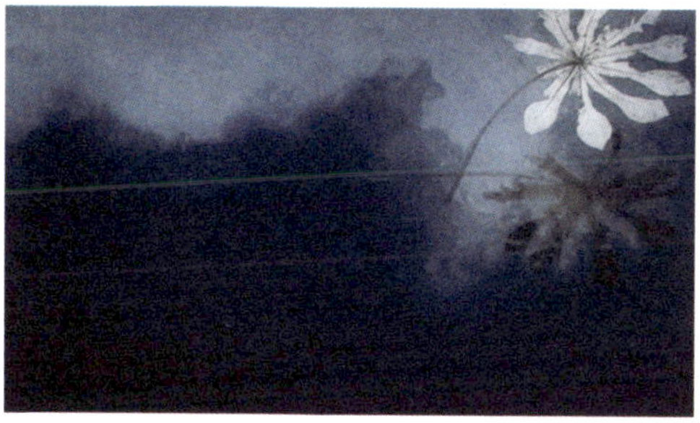

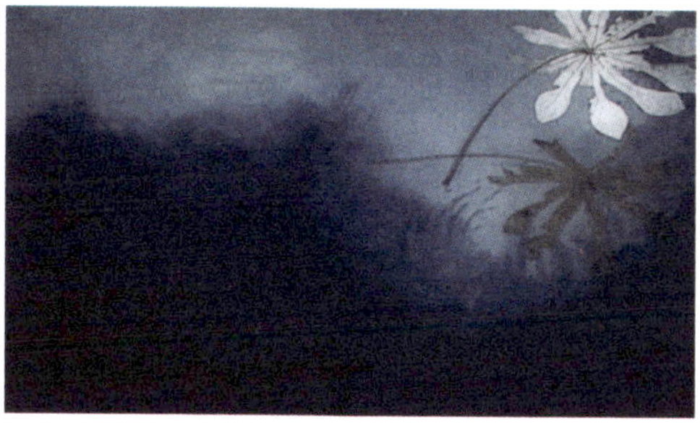

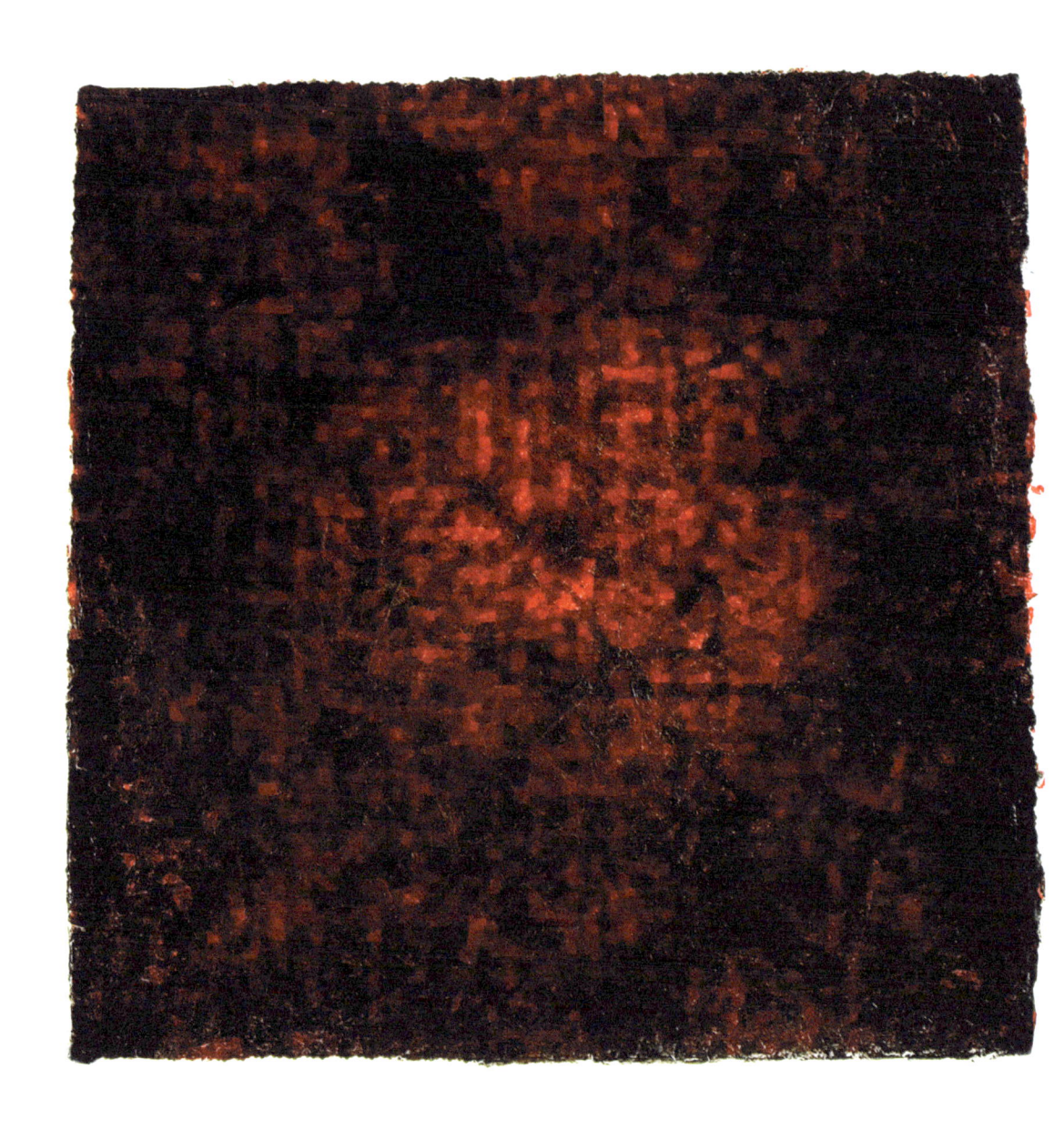

Penélope
2007 [50 × 50, 50 × 50, 100 × 100, 50 × 50, 100 × 100 cm]

Penélope
2007 [50 × 50, 50 × 50, 100 × 100, 50 × 50, 100 × 100 cm]

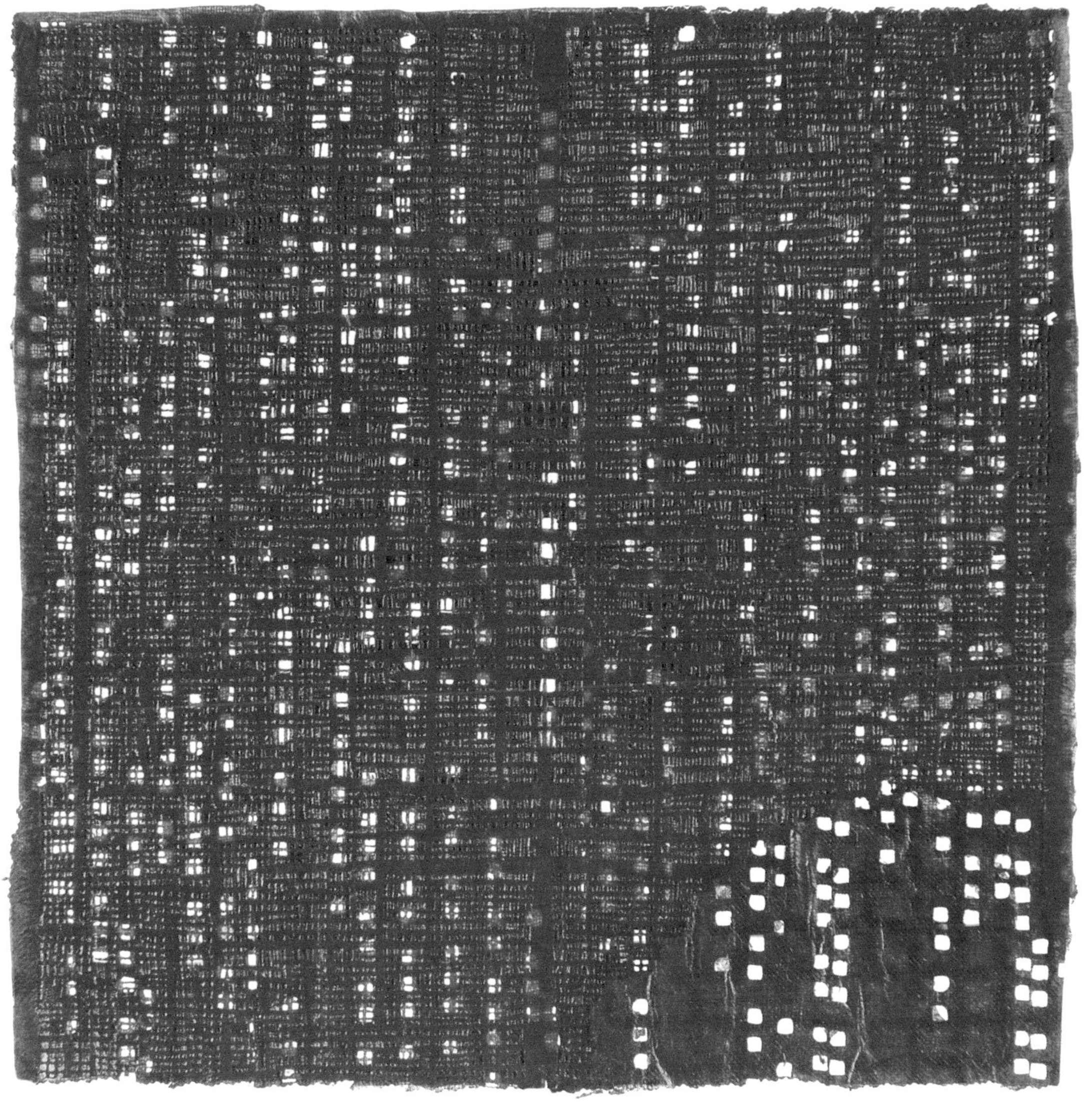

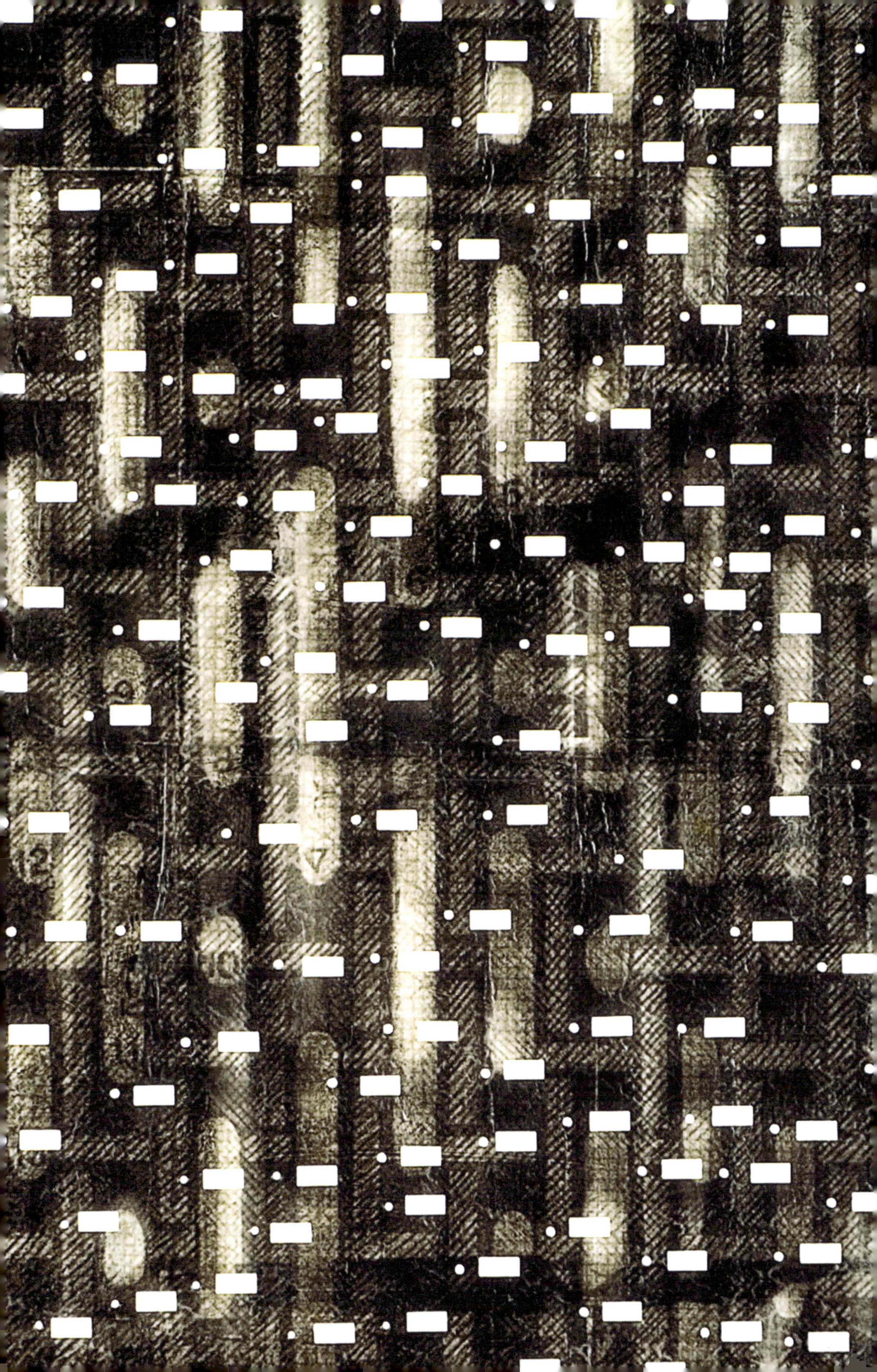

Infinita
2007 [9'9"]

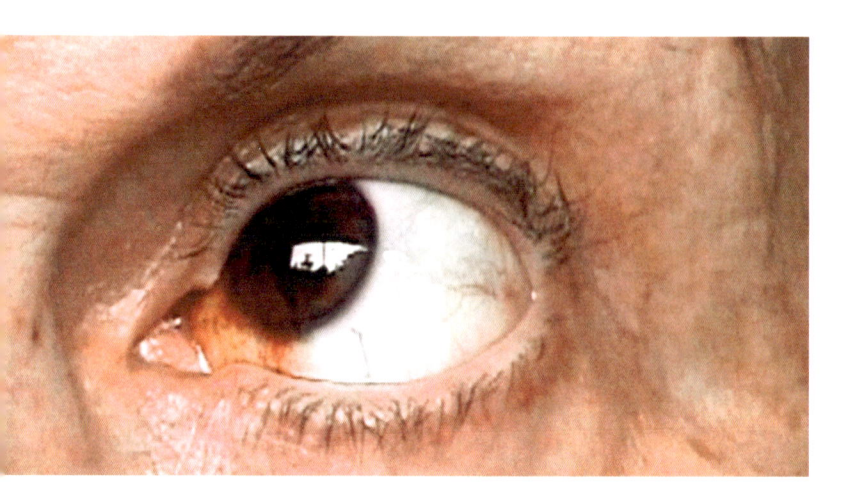

110

Infinite
2007 [9'9"]

111

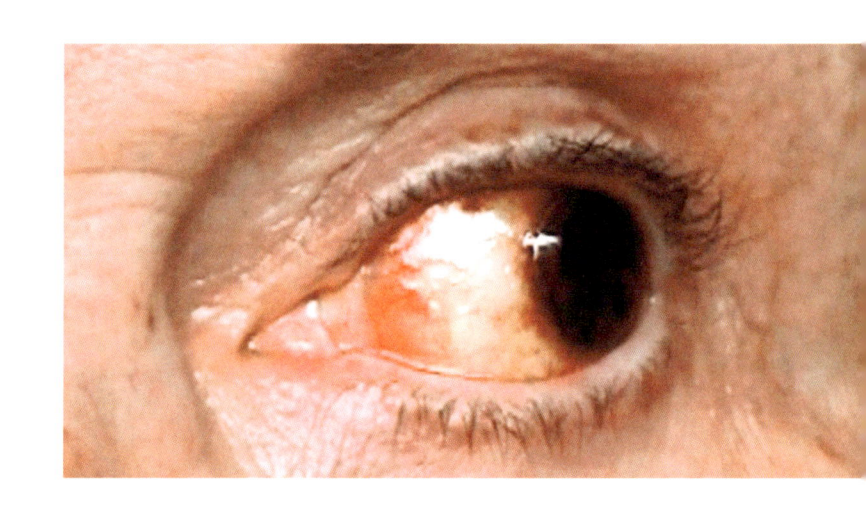

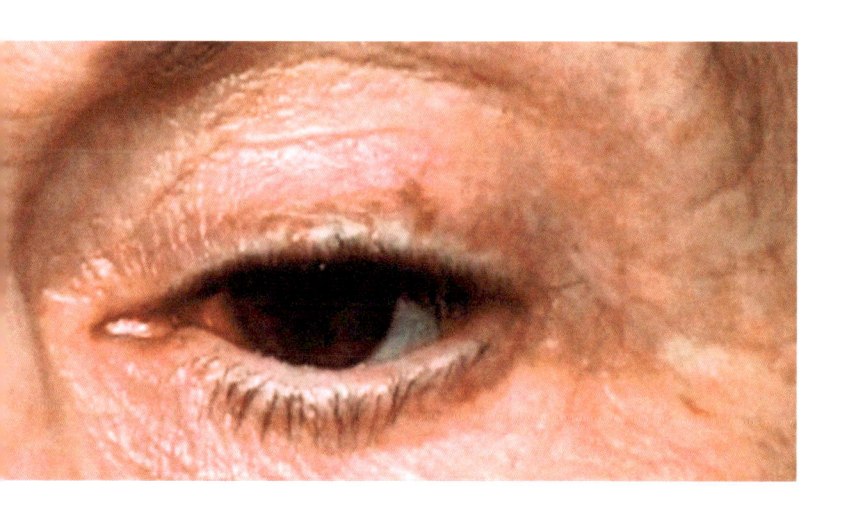

Des_dobra
2007 [5']

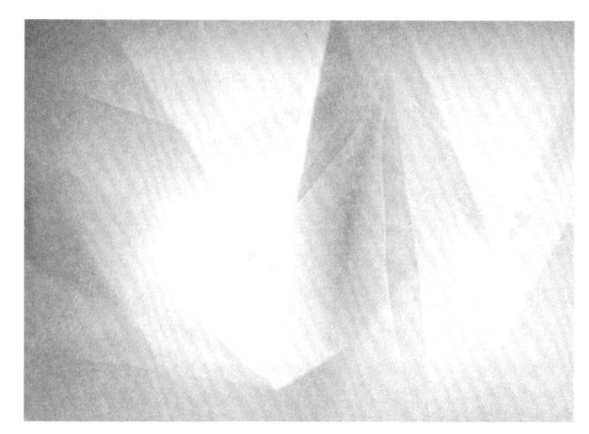

Un_fold
2007 [5']

113

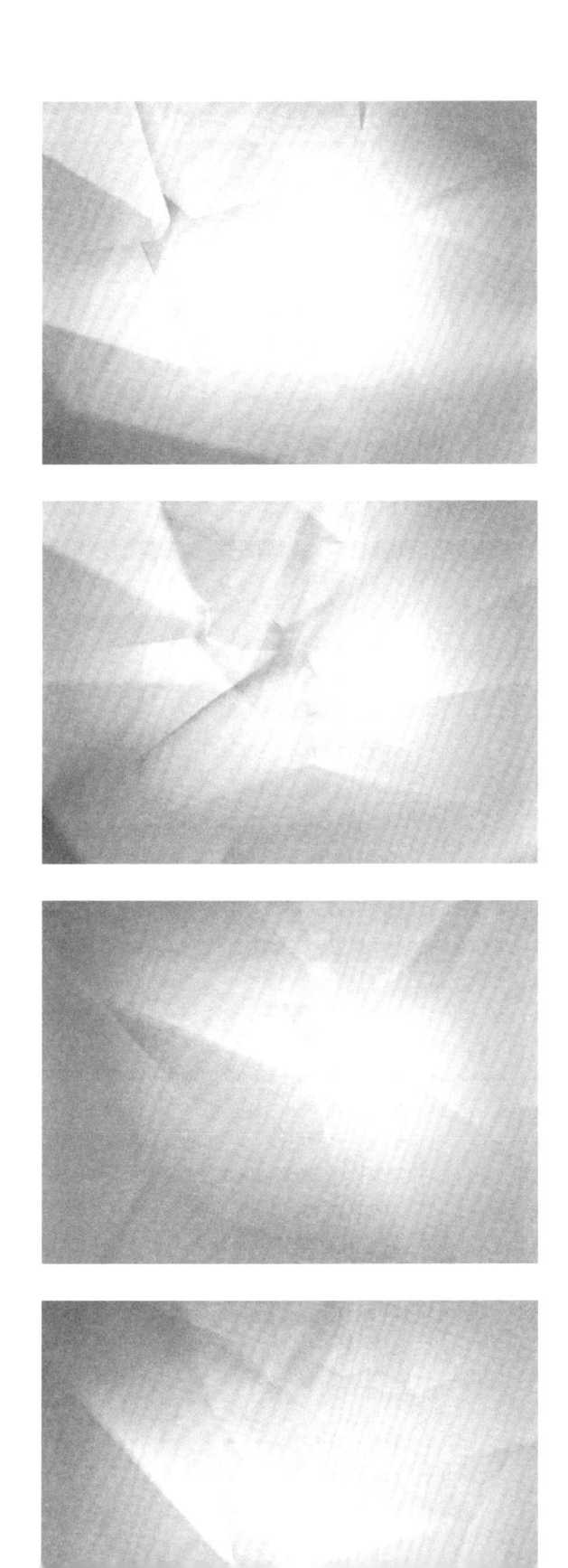

Des_carga
2006 [2'37"]

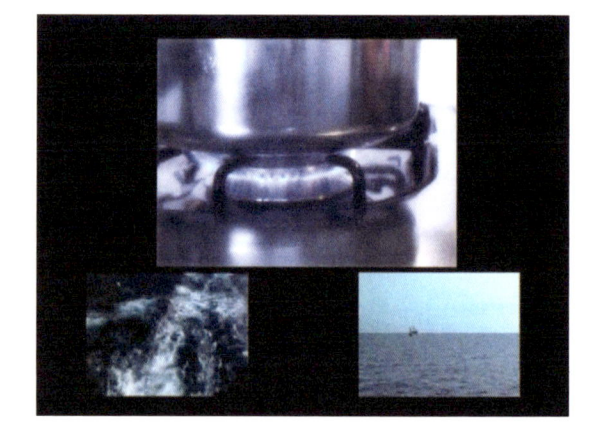

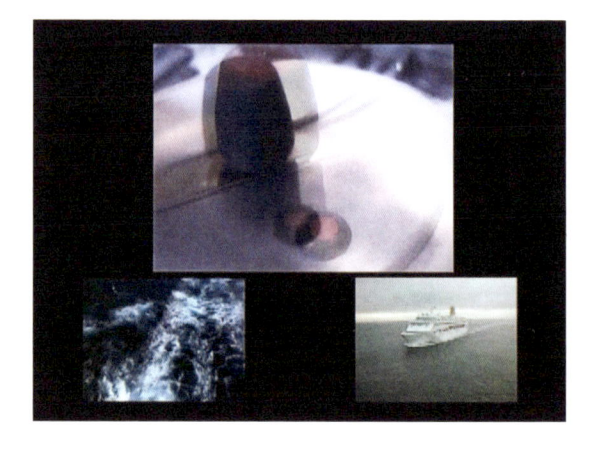

Dis_charge
2006 [2'37"]

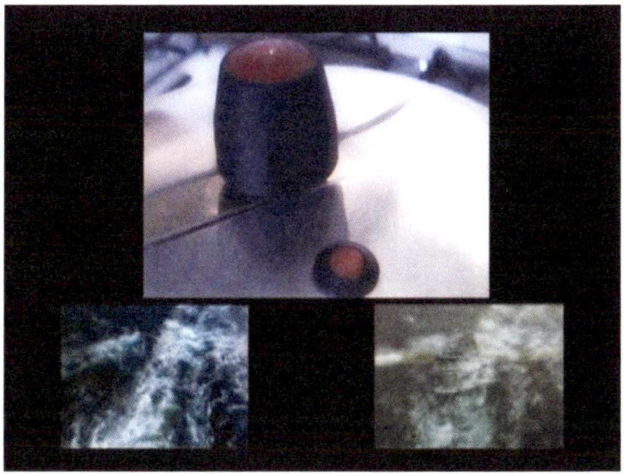
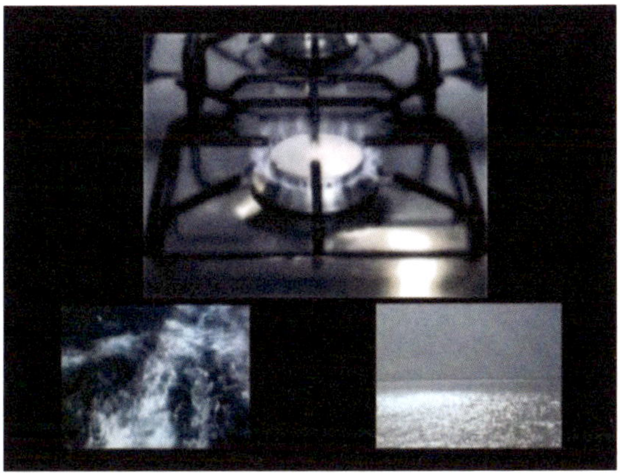
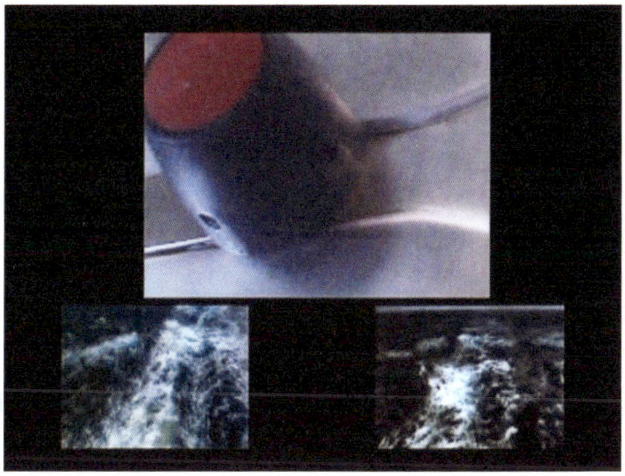
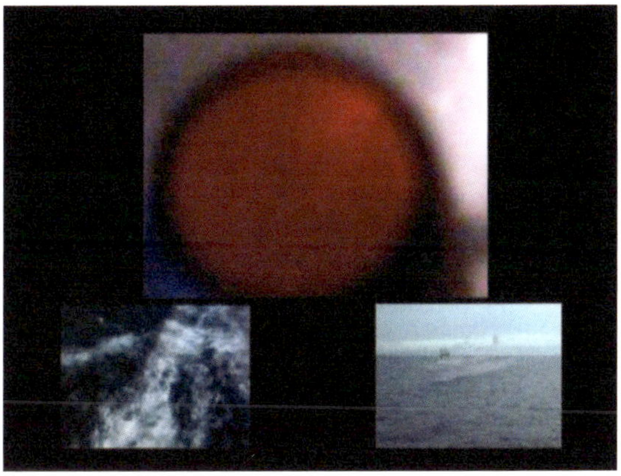
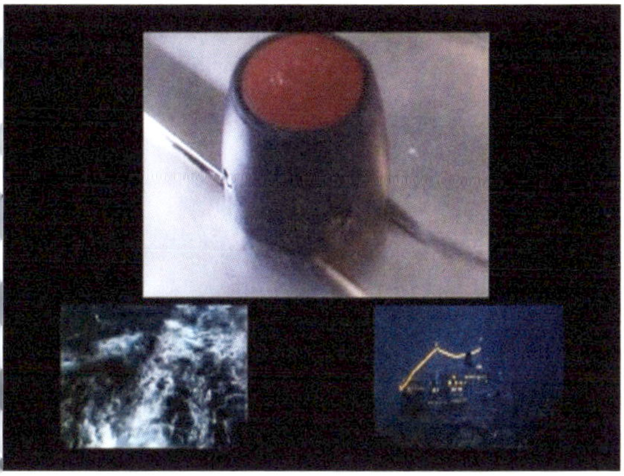
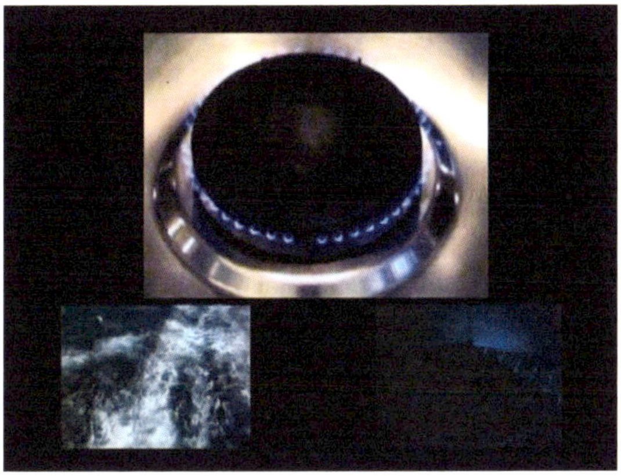

Coagulation – A Self-Portrait
2005 [2'42"]

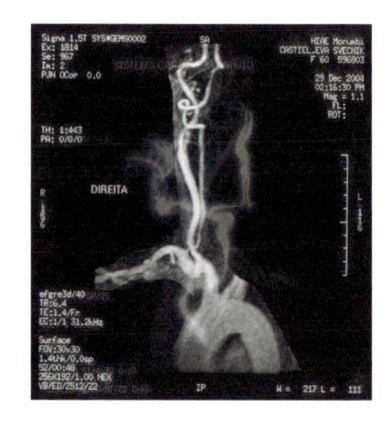

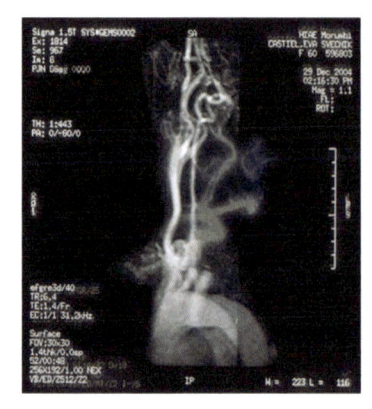

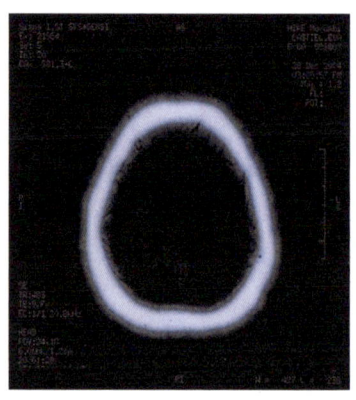

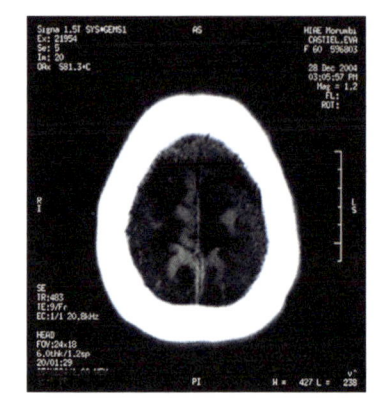

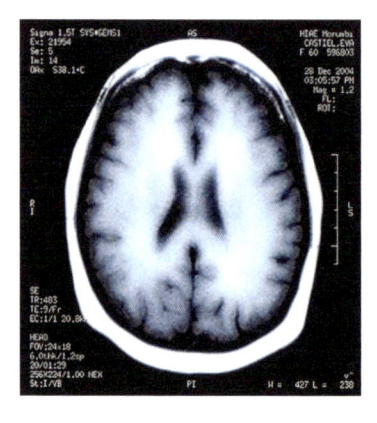

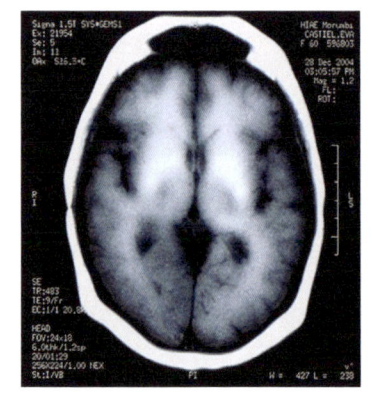

Coagulation – A Self-Portrait
2005 [2'42"]

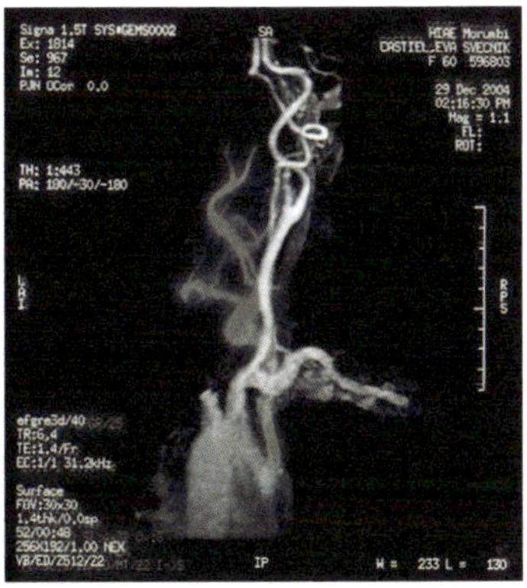
HIAE Morumbi
29 Dec 2004

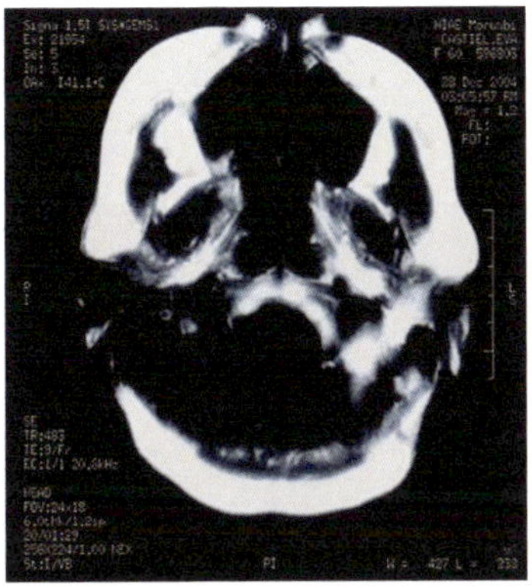

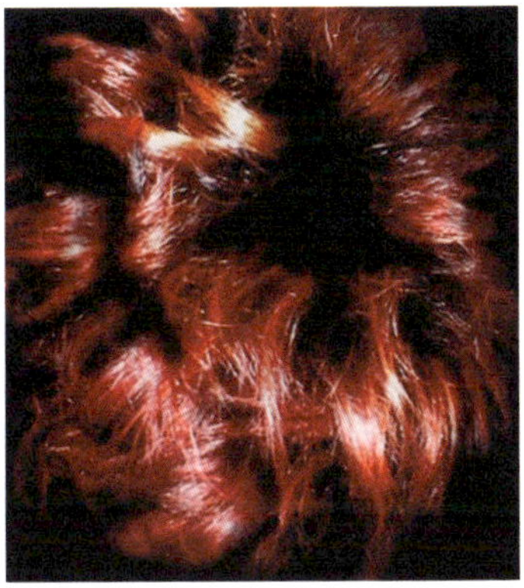

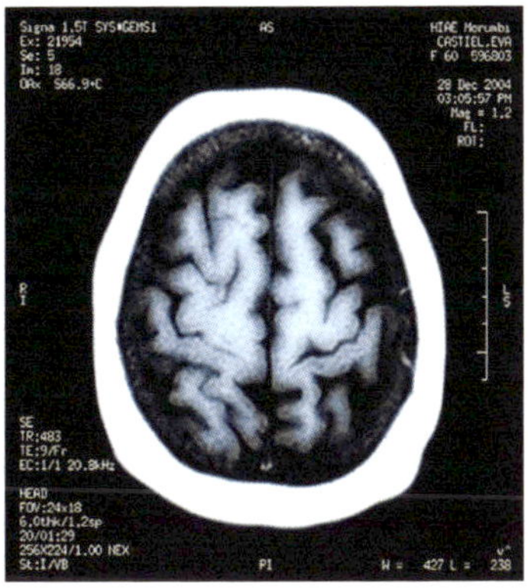
HIAE Morumbi
28 Dec 2004

6 SEGUNDA LUNES
LUNDI MONTAG MONDAY

20 SEGUNDA

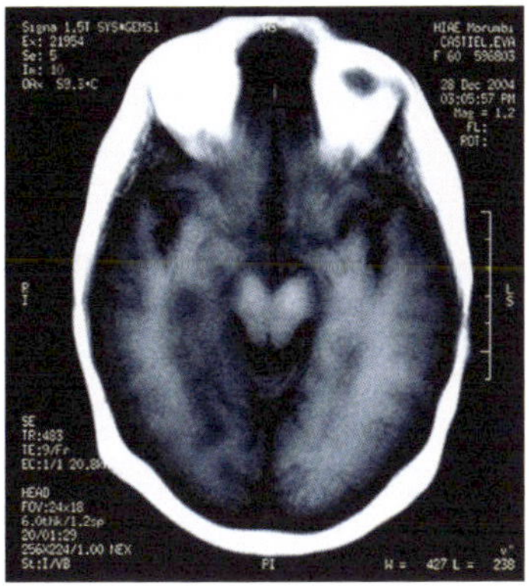
HIAE Morumbi
28 Dec 2004

28 TERÇA MARTES

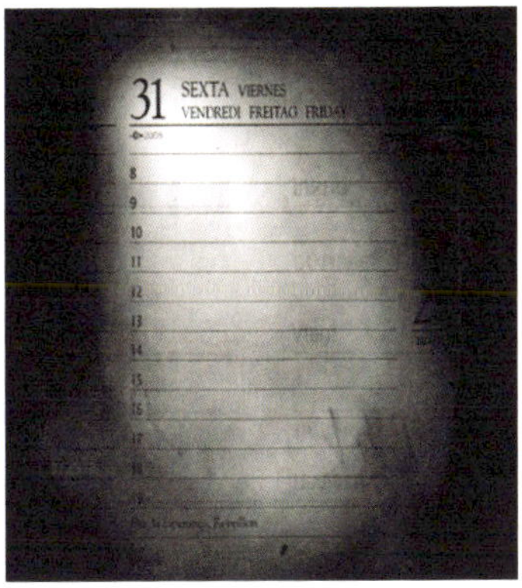
31 SEXTA VIERNES
VENDREDI FREITAG FRIDAY

Ocupação Paço das Artes
[Casa Blindada]
2005

Paço das Artes Occupation
[Casa Blindada]
2005

exp.! (011) 6749-5983/ 6748-1651

ADELAIDE-DETETIVE
Conjugal/ Empresa/ Varreduras/ Gls. Equiptos Exp.(+) de 20anos (11) 3289-9743/ 9868-8527(24 hs)

AG. ALVES
Todos os casos/Aparelhos/Ótimos preços www.agenciaalves.com.br F:6972-0090/ 7855-4011-24h.

AG. DE DETETIVES
Silvia e Lyra,confiança/sigilo:casos conjug,empr,GLS. Venda equip. 24h.Fone: 6606-5195/7298-0339

DETETIVE LUIZ
Conjugal, empresarial e outros, exp. comprovada desde 1985. Atd. 24hs. F:(11)6947-2892/ 9221-9750

ESOTERISMO

A ESPECIALISTA KELLY
Faz e desfaz qq. tipo de trab. trago a pessoa amada a seus pés, pagto após result. F: 5565-3955.

ESPÍRITA MARCIA
Faço e desfaço qq. trabalho, trago a pessoa amada na palma de sua mão. Trabalho e saúde 5535-9192.

INFORMÁTICA

ADSL SPEEDY
Compro modem adsl todas as marcas pago em dinheiro retiro no local F: 6852-0596/ 8204-8706

SCANNER P/ PLANTA
Mais copiadora Minolta 8600, R$18mil (11)6843-0427 Marcelo

NÁUTICA AERONÁUTICA

ARRAIS/ MESTRE
Exame 27/04 em S.P. 3846-0588 www.tahiticlub.com.br

PRODUTOS ELETRO-ELETRÔNICOS

APARELHO TV
Startac, op. Vivo ou Claro R$139, Vulcan, op. Vivo R$299 c/ NFe garantia 6 meses 3120-2026

TELEMENSAGENS PRESENTES CESTAS

RES-MARK
Telemensagens para todas ocasiões. Um presente que toca. F:(11)4608-6340

TELEMENSAGEM/SP
Temos msgs p/ todas ocasiões. Conforto e segurança. A partir R$ 6,00 pagto antecipado. Reação ao vivo, a combinar. 0800-7026763

TURISMO LAZER

FLUXO II
Da via sacra da luz à donzela após o banho. CASA BLINDADA.

PASSAGENS AÉREAS
P/ qualquer lugar por R$ 450 no Brasil e R$ 550 Am. do Sul por trecho (11) 6863-3402/ 7178-1862 cvsao@hotmail.com

ACOMPANHANTES

ABUSADAS SEXY
Lindíssimas ativas e passivas. Lésbicas, dominadoras. Para Ele, Ela & Casal. Local, Hotel, Motel. Ac. Cartão
R. Conde de Porto Alegre (C. Belo)
5543-8557
R. Mariano Procopio (Ipiranga)
6215-3901

ABINARA MULATA
Gostosa, p/ executivos. Local: R$100/ Hotel R$200. Speak english. 24hs (11) 9854-6431 Jardins www.abusado.com.br/abinara

ADRIANA E AMIGAS
(Equipe nota dez) loiras e morenas ativa/passiva compl liberais. Suítes climatizad total conforto segurança

Aproveite Promoção Renovação total, aind Novas instalações, eq p/ homens exigentes Cheque pré e cartões www.brooklinmassag

AISIS CLUB
1ªClasse em SP!Mas stress,Quick-Massag peutas,Gal fotos,Suíte Tv, Coffee Shop,Estac 2ª/Sáb 11/21hs. isiscl Fone: (11) 5533-1242 Em S. P. Não Há Nada

AMAZON PROMO
**(11) 5561-2200/ 55 Lindas massagistas, a seu prazer. 1º drink c giene, salas climatizad

ASSAHI
3758-0398 Promoção nhecer!Alto nível, bel loira/japon.Manob,an cart de créd www.ass

BELLA B
Ótima equipe estamo realizar seus desejos, nhecer F:5506-5936 d

BERRINI
Aproveite promoção Nossa satisfação é seu Lindas massag. amb d clim., acess. Estac. fec e seg. Ch pré /cartões www.berrinimassage

BOMBOM BROO
As indomáveis?! Sasti Estudantes e iniciante F.:(11) 5041-3700/ 55 www.bombomvip.cor

CHERRY
Discreto/sofist. Satisfa perdível, prom.horári 5041-2119/ 5044-569 lo. www.clinicacherry

CLINICA AMAZIN
Aproveitando o suces ção. Agora qq dias até ga este anúncio à dinh R$80 na mass. 5182-5 www.clinicaamazing.

CLÍNICA CALANI
Ligue para conhecer o

28
Mãe preta

Símbolo da maternidade

Nº 1011
É morro, é morto, tem tiro, tem bala

Na casa tem cachorro, tem vida, minha mãe dorme na sala!

Nº 74
COLOQUEI NA MINHA RUA, QUE É TÃO PEQUENA E NUNCA APARECEU NUM MAPA (NÃO QUE EU TENHA VISTO)

11/6/05
ISABELA

Nº 76
Coloquei uma estátua fúnebre de Brecheret no cemitério da Quarta Parada.

nº 41 - Donzela após
o Banho
Transferi p/ a pista
do aeroporto de Congo-
nhas. Quem sabe,
assim, estimulando
o fim do aeroporto lá.

Não gosto desse
obelisco (58) joguei 2
ele no Rio Tietê

nº 37.
José de Anchieta!
Coloquei esta numa perfeita
na Via Anchieta, onde
ele sempre esteve.
              09/06/05

nº 20
Bem vindo à Cidade de
Osasco, onde você entra inteiro
e sai igual à estátua ao lado
do terminal, sem pernas, braços e
cabeça.
                    Thais

Meu nome é ninguém, Hotel Lorde
[Casa Blindada]
2004

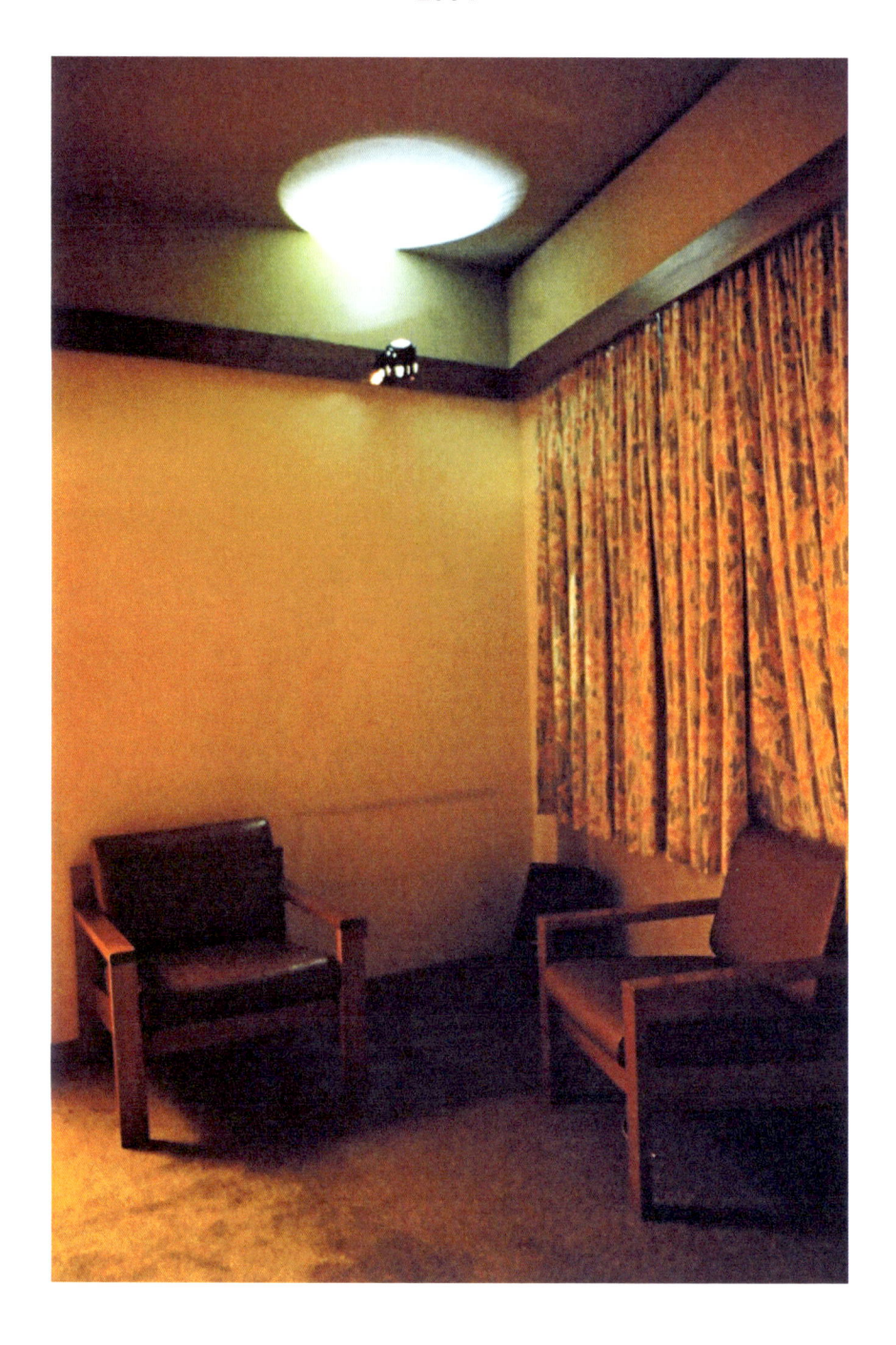

My Name is Nobody, Lorde Hotel
[Casa Blindada]
2004

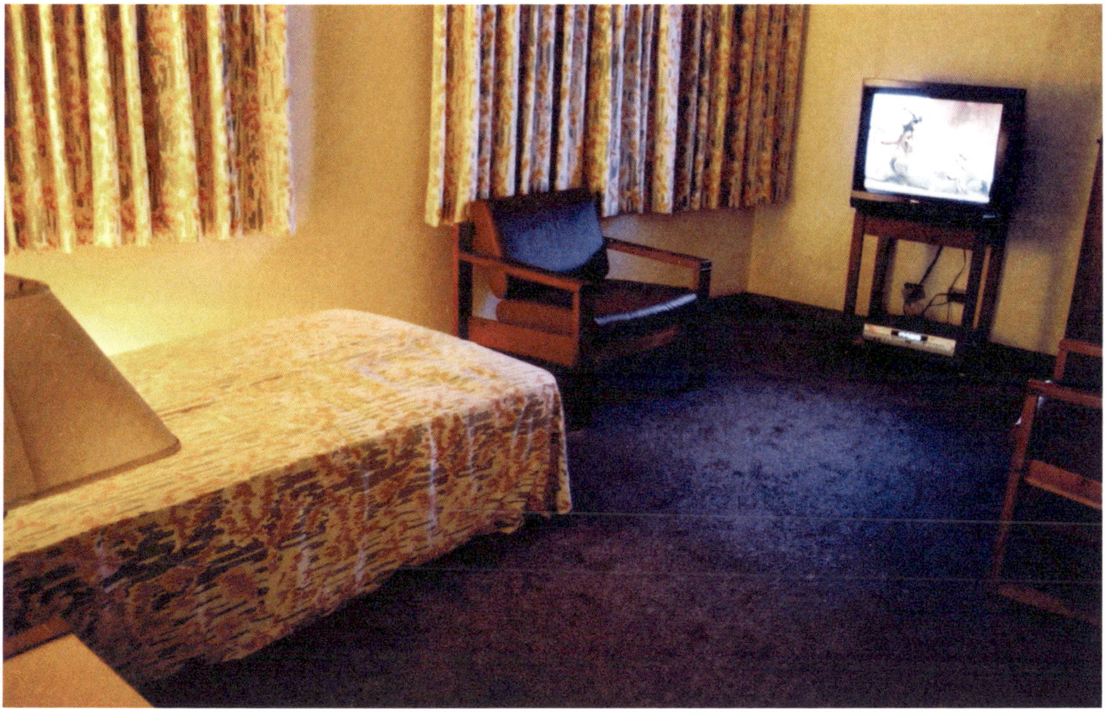

Mil mesas
2004 [80 × 80 cm cada]

A Thousand Tables
2004 [80 × 80 cm each]

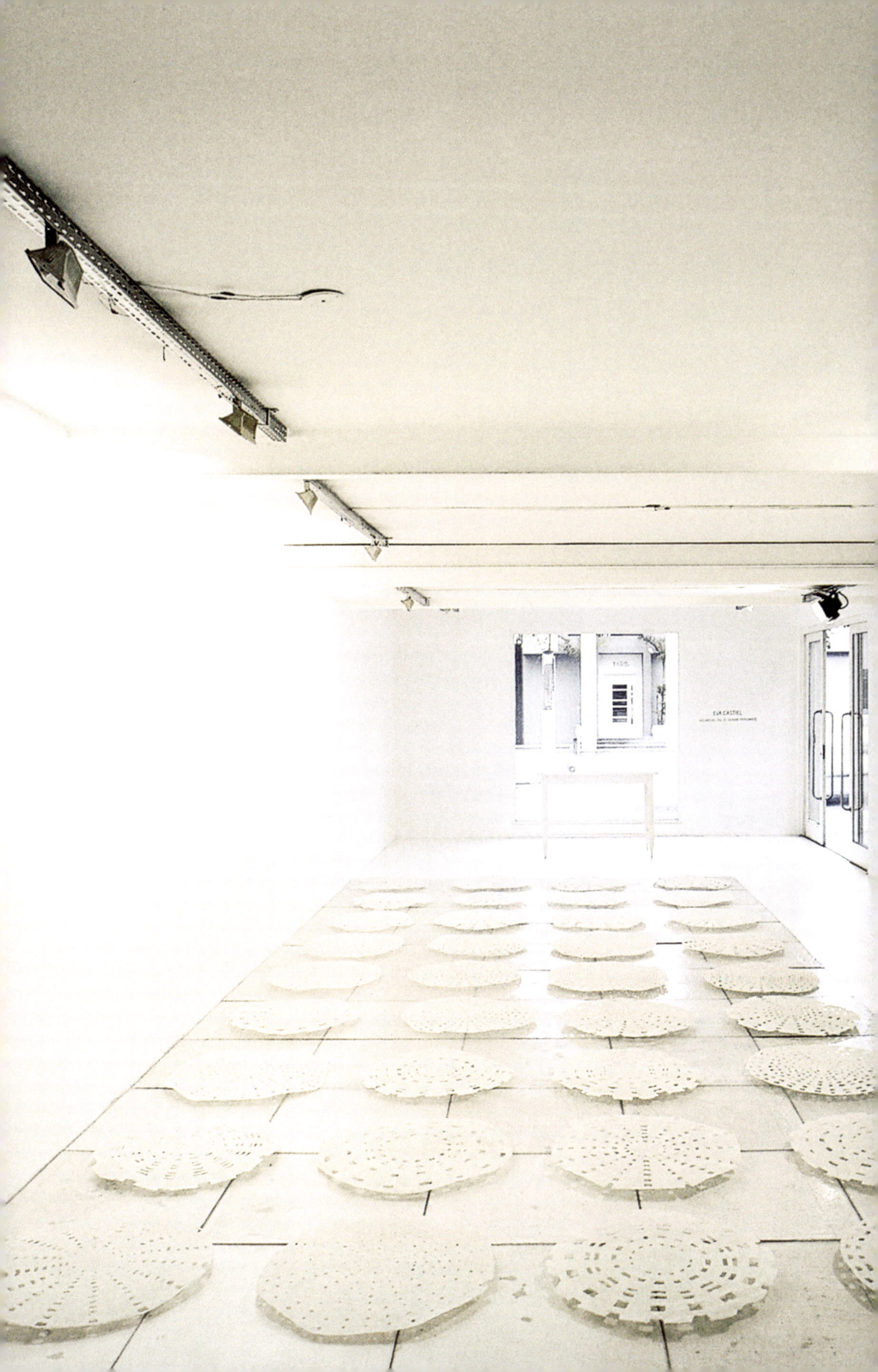
EVA CASTIEL

Páginas avulsas
2002 [40 × 35 cm cada]

Odd Pages
2002 [40 × 35 cm each]

127

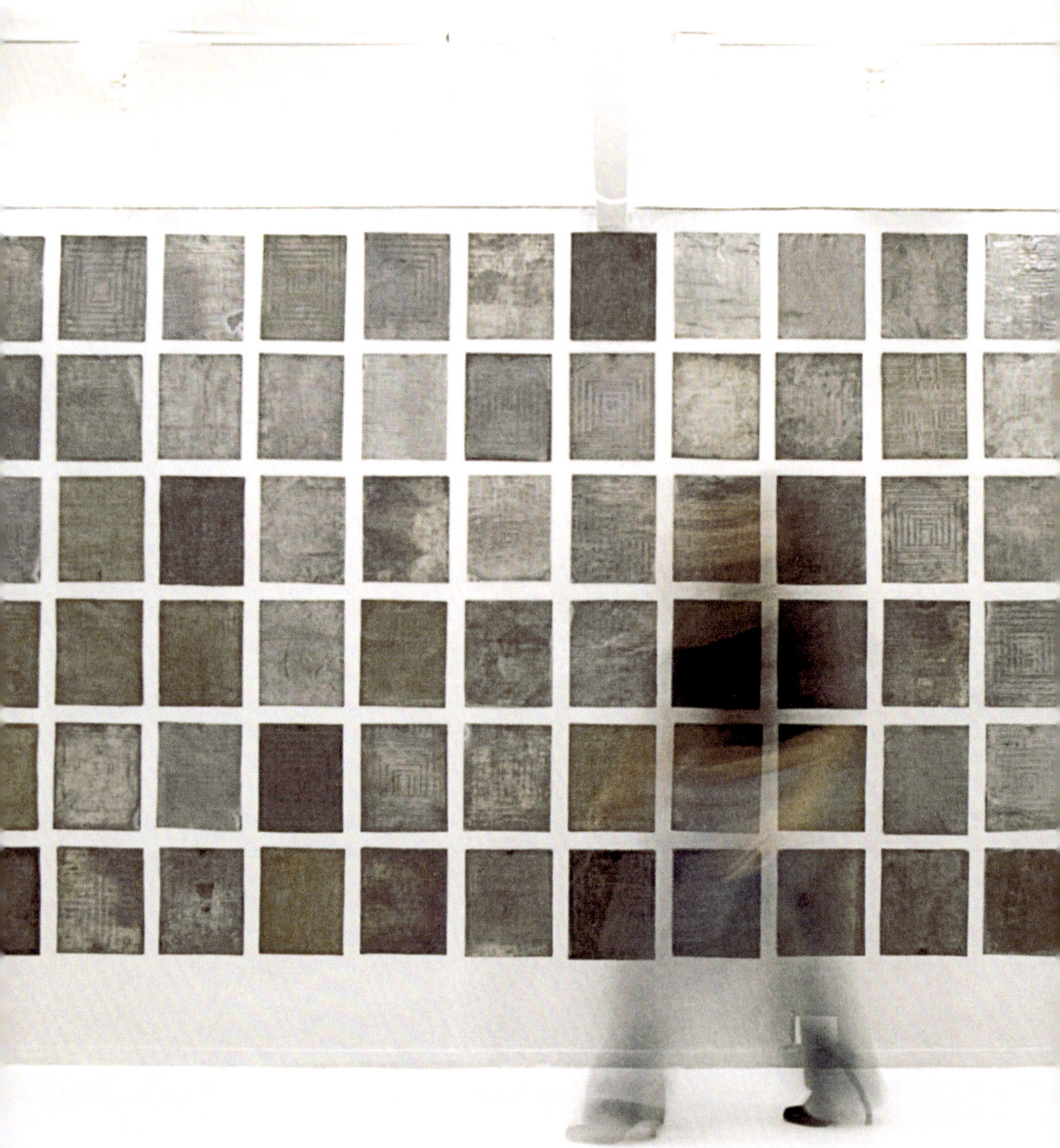

129

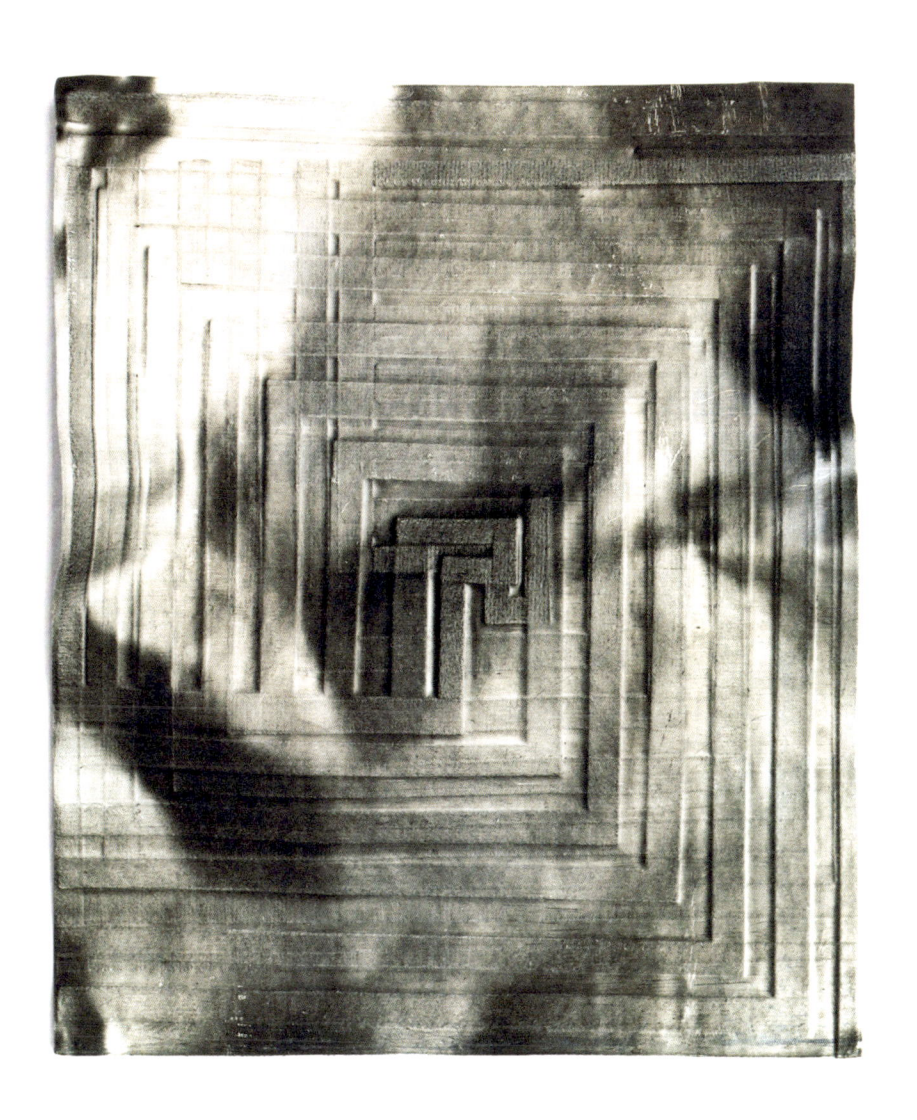

Pelo fio do labirinto: transitividade e intermeios

Branca de Oliveira

By the Thread of the Labyrinth: Transitivity and Intermedia

Escrever sobre uma obra artística é, antes de tudo, um ato de criação, e diz mais respeito a cartografar regiões ainda por vir[1] do que a desvelar os meandros de um território existente, de limites definidos e fixos. Trata-se de criar uma zona à medida que ela é frequentada. É preciso arquitetar um labirinto e desenhar percursos movediços, atravessando encruzilhadas e percorrendo irresistivelmente os caminhos enquanto são traçados, numa viagem estranha e aporética.

Por ser essa uma operação de natureza reflexiva e investigativa, ela acaba revelando mais a parte não artística da obra – aquilo que a antecipa ou dela devém – do que o desterro que se poderia experimentar diante dela: especula-se sobre seus sentidos procurando refazer o seu percurso e medir os obstáculos que teria enfrentado, coisa que nenhum espírito artístico jamais se demorou em calcular.

---

[1] Gilles Delleuze & Félix Guatari. *Mil mesetas: capitalismo y esquizofrenia*. Valença, Pre-Textos, 1988.

Writing about an artistic work is, above all, an act of creation, and is more concerned with mapping regions that are still to come[1] than in revealing the intricacies of an existing territory; of defined, permanent boundaries. It is about creating a zone as it is visited. It is necessary to design a labyrinth and trace moving paths, crossing intersections and compellingly following the paths as they are drawn, in a strange, aporetic journey.

Because this task is of a reflexive and investigative nature, it reveals more of the non-artistic aspects of the work – what anticipates or derives from it – than the exile that could be experienced before it; it speculates on its meanings, seeking to retrace its steps and to calculate the obstacles that would have come up, something that no artistic spirit has ever taken long to calculate.

Therefore, when analyzing a work of art, we think about what the artist was thinking, but we are only able to think of things that come from within ourselves. And, from a personal perspective,

---

[1] Gilles Delleuze & Félix Guatari. *Mil mesetas: capitalismo y esquizofrenia*. Valencia: Pre-Textos, 1988.

Ao analisar uma obra artística, portanto, pensamos o que o artista pensou, mas só encontramos um pensamento que já vem de nós. E, numa perspectiva pessoana, cogitamos o que o artista pensa enquanto ele sente ao criar. Quais formas de pensamento, quais processos de conhecimento escoltam a sensibilidade desse modo de ser do artista? Que vocação visceral e irrefreável comanda seu corpo para transformar tudo numa forma de arte e, com isso, introduzir no mundo uma diferença? Diante dessas questões, só poderíamos compreender a obra de arte, no plano analítico, a partir de um percurso inverso, retornando a suas fontes, a seus registros e a sua estruturação.

Mas disso surge um paradoxo. Pois acaso não seria aquilo que excede a comunicação justamente o essencial da atividade criadora do pensamento, ele mesmo artista? Por ser tomado como misterioso, inenarrável, inapreensível, inclassificável, irredutível e incensurável, o *pensamento-artista* não pode ser comunicado ou transmitido, só pode ser vivido numa relação imediata com aquilo que o encarna. Esse pensamento não pode ser apreendido por outro meio que não o imediato, transformando,

we consider what the artist may be thinking about and feeling as he or she creates. What ways of thinking and processes of knowledge guide the sensibility of this way of being of the artist? What visceral and unstoppable vocation commands his or her body to transform everything into an art form, thereby introducing a difference in the world? In the face of these questions, we can only understand the work of art, on an analytical level, from an inverse approach, going back to its origins, records and structure.

But a paradox arises from this. Wouldn't that which exceeds communication – the essence of the creative activity of thinking – be the artist itself? Because it is seen as mysterious, unspeakable, inapprehensible, unclassifiable, irreducible and unobjectionable, the *artist-thought* cannot be communicated or transmitted, it can only be lived in an immediate relationship with that which embodies it. This thought cannot be grasped by any means other than the immediate, thus transforming into artist/co-creator as well the one who experiences it. It is from this perspective that I write about the artist-thinking of Eva Castiel: brought about at the immediate encounter with her work.

assim também, em artista/coautor aquele que o experimenta. É dessa perspectiva que escrevo aqui sobre o pensamento-artista de Eva Castiel: gerada no encontro imediato com sua obra.

O rastrear do pensamento que orienta as operações poéticas dos trabalhos artísticos de Castiel tornou-se uma investigação das marcas que esses deixaram em meu próprio corpo. Seria impossível empreender a travessia desse pensamento sem se deixar penetrar pelos mesmos ares polinizadores que o produziram, e sem se desfazer na composição do entorno de tudo o que essa ventilação esparge.

—

Os experimentos de Eva Castiel, desenvolvidos em operações poéticas híbridas, nascem no embate da artista com o enclausuramento. Não é necessário refazer o inventário de suas apropriações e desterritorializações para aderirmos ao devir nômade de todo o processo, cujo sentido primordial é percorrer rotas de fuga para escapar às paisagens identitárias, aos limites raciona-

Tracing the thinking that guides the poetic operations of Castiel's artworks has become an investigation of the impressions they have left on my own body. It would be impossible to embark on the journey of this thought process without allowing ourselves to be permeated by the same pollinating airs that produced it, and without undoing ourselves in the composition of the surrounding of all that this ventilation spreads.

—

Eva Castiel's experiments, developed in hybrid poetic operations, arise from the artist's confrontation with confinement. It is not necessary to redo the inventory of her appropriations and deterritorializations to adhere to the nomadic becoming of the entire process, whose primordial purpose is to take escape routes to get away from identitarian landscapes, rationalist boundaries, barriers of absolute truths, mountains of paralyzing clichés, forests of conclusive opinions, the fixed forms that aim to cover up the imprecision of vital processes. But it is necessary to expose ourselves without barriers

listas, às barreiras de verdades absolutas, às montanhas de clichês paralisantes, às florestas de opiniões definitivas, às formas fixas que buscam encobrir a imprecisão dos processos vitais. Mas é forçoso nos expormos sem barreiras às armadilhas afetivas que nos preparam os acontecimentos estéticos de que trato neste texto – *Mashup* (2011, p. 96), *Autômato* (2015, p. 68), *Penélope* (2007, p. 104), *Mil mesas* (2004, p. 124), *Territórios sensíveis* (2017, p. 46), *Mensagem sem palavras 1* (2010, p. 102), *Des_dobra* (2007, p. 112) e *Berberes* (2018, p. 40) – e também deixarmo-nos ser dragados pelos redemoinhos intensivos do espectro plástico que os compõem. É ainda essencial introduzirmo-nos em sua multiplicidade constitutiva, metamorfoseando a nossa, isto é, deixarmo-nos abduzir pelas visibilidades fabuladas nos trabalhos, cedendo à magia de que são portadoras.

Nesse sentido, seremos obrigados a estender nosso conhecimento e imaginação em direção às propriedades dominantes no composto sensível da forma poética de Eva Castiel. Uma delas é a experiência de que o "processual" é o próprio acontecimento estético. Assim, é preciso habitar as extensões obscuras

to the affective traps that prepare us for the aesthetic events that I discuss in this text – *Mashup* [2011, p. 96], *Autômato* [*Automaton*, 2015, p. 68], *Penélope* [2007, p. 104], *Mil mesas* [*A Thousand Tables*, 2004, p. 124], *Territórios sensíveis* [*Sensitive Territories*, 2017, p. 46], *Mensagem sem palavras 1* [*A Message without Words 1*, 2010, p. 102], *Des_dobra* [*Un_fold*, 2007, p. 112] and *Berberes* [*Berbers*, 2018, p. 40] – and also allow ourselves to be dredged by the intensive whirlwinds of the visual spectrum that compose them. It is essential still to introduce ourselves into its constitutive multiplicity, metamorphosing our own, that is, letting ourselves be abducted by the visibilities embodied in the works, yielding to the magic which they carry.

In this sense, we will be forced to extend our knowledge and imagination toward the dominant properties in the sensitive composite of Eva Castiel's poetic form. One of them is the experience in which the "procedural" is the aesthetic occurrence itself. Thus, it is necessary to inhabit the obscure and transparent extensions that are superimposed in intermittent passages without establishing boundaries, with the effort of the percepts and affects of which we are capable of.

e transparentes superpostas em passagens intermitentes sem delimitar fronteiras, com o esforço dos perceptos e afetos de que formos capazes.

    Os efeitos provocados pelo conjunto da obra não são consequências simples das condições de sua produção, porque somente em contatos recorrentes é possível ter consciência da experiência a que ela nos levou. Ao contrário do que vivemos habitualmente – o tempo espacializado e compreendido como sucessão histórica –, a visão que tais experimentos poéticos nos oferece está baseada em outras determinações. Numa espécie de reversão desse sentimento ordinário, a artista apresenta, num espaço plano, a simultaneidade de partes separadas de uma imagem, fundidas sucessivamente em camadas translúcidas, em alguns casos de parafina e em outros de resina. São

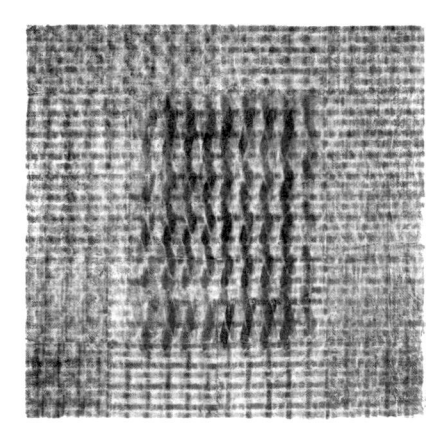

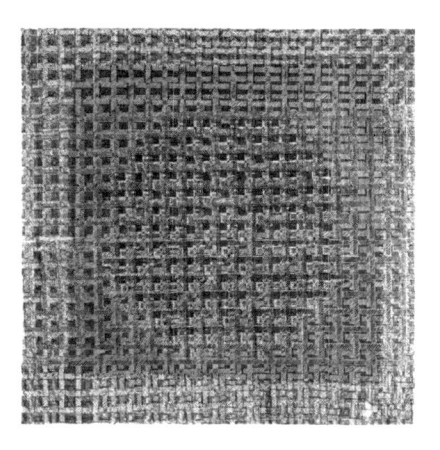

    The effects caused by the entirety of the work are not simple consequences of the conditions of its production, as it is only through recurring contact that we are made aware of the experience to which it has led us. Contrary to what we are used to experiencing – spatialized time understood as historic succession – the perspective that these poetic experiments offer us is based on other determinations. In a kind of reversal of this common feeling, the artist presents, in a flat space, the simultaneity of separate parts of an image, successively fused together in translucent layers of paraffin and resin. They are like fragments of skin that comprise themselves in a duration whose original unity can no longer be restored. In these cases, the successivity (of time) is contained in the immovable and diaphanous thickness of space, which is simultaneous and configures itself as incomplete – since it is the image of a process.

como fragmentos de peles que se compõem numa duração, cuja unidade original não pode mais ser restituída. Nesses casos, a sucessividade (do tempo) está contida na espessura imóvel e diáfana do espaço, que é simultâneo e se configura como uma incompletude – visto ser imagem de processo.

O que esses experimentos poéticos de Eva Castiel nos fazem ver é a invisível passagem do tempo. Nos provocam a pensar, pela visão, a invisibilidade ordinária dos processos vitais: a forma fixa do que não é eterno.

> Tudo que se move e muda está no tempo, mas o tempo ele mesmo não muda, não se move e tampouco é eterno. Ele é a forma de tudo o que muda e se move, mas é uma forma imutável e que não muda. Não uma forma eterna, mas justamente a forma daquilo que não é eterno, a forma imutável da mudança e do movimento.

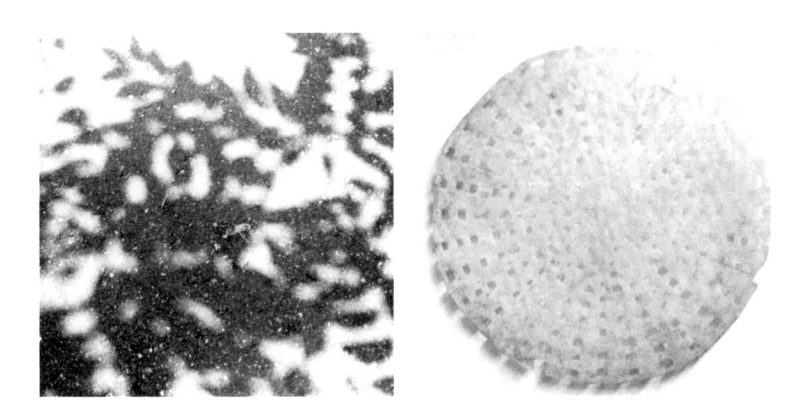

What these poetic experiments by Eva Castiel help us see is the invisible passing of time. They lead us to think, through sight, of the ordinary invisibility of vital processes: the fixed form of that which is not eternal.

> Everything that moves and changes it is in time, but time itself does not change and moves, but is is na immutable form that does not change – *not* an eternal form, but precisely the form of what is not eternal, the immutable formo f change and movement. Such na autonomous form seems to point to a profound mystery: it requires a new definition of time (and space).[2]

---

2 Giles Deleuze. *Critical and Clinical*. Translated by Daniel W. Smith and Michael A. Greco. London/New York: Verso, 1998, p. 29.

Uma tal forma autônoma parece designar um profundo mistério: ela reclama uma nova definição do tempo (e do espaço).²

Diante de tais trabalhos, por exemplo *Mashup* vemos a duração, sentimos com a vista o diacrônico (obra formada com imagens realizadas desde o século XIX até os dias de hoje), experimentamos com a visão o simultâneo – vemos num instante o processual que se estende no tempo. Juntamos num momento os nossos estados percipientes das coisas. Tal experiência faz vir à superfície o que está na base do conjunto da obra toda: o paradigma estético processual. O ser em processo não tem outro fim ou utilidade que não seja o processar, o transformar – modo de ser gerado por aquilo que ele já é.

2   Gilles Deleuze. *Crítica e clínica*. São Paulo: Editora 34, 1997, p. 38.

In works like *Mashup*, for example, we see the duration, we sense the diachronic through sight (a work comprised of images created from the nineteenth century onward), we experience simultaneity through sight – we see the procedure that extends in time in an instant. We join our percipient states of things in an instant. This experience brings to the surface what is at the basis of the entire work: the aesthetic process paradigm. The being in process has no other end or utility than the process, transformation – the mode of being generated by what it already is.

Castiel's work problematizes life in a society for which the power of consumption and the profiting are measures of quality and success. The values protected by the economic key are guaranteed by the utilitarian function of productions – everything must be useful. The artist's creative process, on the other hand, is not utilitarian and is neither optimized nor guaranteed. What we see here is that everything is an experimentation, in which

A obra de Castiel problematiza a vida em uma sociedade para a qual a potência de consumo e obtenção de lucro são medidas de qualidade e sucesso. Os valores resguardados pela chave econômica são garantidos pela função utilitária das produções – tudo precisa ser útil. Ao contrário disso, o processo criativo da artista não é utilitário e também nada tem de otimizável ou garantido. O que se pode aí entrever é que tudo acontece numa experimentação, em que tentativas e erros são recursos fundantes; que o risco de fracassos está explícito e as remontagens e recolagens sobrevêm de falhas, destroços e restos das sucessivas fases operacionais. Portanto, estar sujeito ao azar e ser continuamente exposto ao desastre, tendo a possibilidade de não se consumar, são os traços característicos de sua metodologia. Durante essa empreitada, a qualquer momento a expectativa de sucesso pode ser frustrada e toda a energia gasta nas etapas de produção até ali pode ser perdida. Aí, o desfazer-se e desandar do processo dizem mais respeito à qualidade positiva do excesso necessário do que da economia desperdiçada. Dessa gênese, a obra, quando acabada, traz con-

trial and error is a fundamental aspect; that the risk of failure is explicit and the reassemblies are due to flaws, debris and the rest of the operational phases. Therefore, being subject to chance and being continually exposed to disaster, having the possibility of not consummating, are the characteristic traits of her methodology. During this endeavor, the expectation of success may lead to frustration at any moment and all the energy spent in the production stages up to that point may be lost. Then, the undoing and regressing of the process says more about the positive quality of the necessary excess than of the wasted economy. From this genesis, the work, when finished, has preserved in its face its constitutive fragility. And it always ends by a close call. It is thanks to a combination of ingenuity and precision, but also of chance, that it sustains itself. It carries and presents the indelible mark of that original uncertainty, of a beginning that could have failed.

The striking excess, in the process of constitution of Castiel's work, refutes the idea of creation as a single, objective, simple, round, one-sided act; introducing into it nonsense and future, ruin and failure, incompleteness and precariousness. As can be

servada no rosto a sua fragilidade constitutiva. E é sempre por um triz que ela se finaliza. É graças a um misto de engenhosidade e precisão, mas também de acaso, que ela se sustenta. Leva e apresenta a marca inapagável daquela incerteza originária, de um início que poderia ter falido.

O excesso marcante, no processo de constituição da obra de Castiel, refuta a ideia de criação como um ato único, objetivo, simples, redondo, inteiriço, introduzindo nele o despropósito e o devir, a ruína e o fracasso, o inacabamento e a precariedade. Segundo se pôde constatar pelo acompanhamento presencial da evolução dos trabalhos, a desmedida e o excesso tem início já na grande quantidade de horas despendidas em pesquisas de pré-produção: fotografias preparatórias; reunião de fragmentos oriundos de diversas fontes para estudos de potenciais técnicas e substratos relativos à concretização dos experimentos; levantamento bibliográfico relativo ao escopo da investigação; frequência a palestras, conferências, seminários e cursos ministrados sobre o conteúdo referencial; realização de viagens para a investigação *in loco* do contexto problemático

seen from the up-close monitoring of the works' evolution, the excess begins in the amount of hours spent on pre-production research: preparatory photographs; bringing together fragments from various sources for the study of potential techniques and substrates related to the accomplishment of the experiments; bibliographic survey on the scope of research; attendance at lectures, conferences, seminars and courses on referential content; trips for in loco investigation of the problematic context to produce records directly captured from the real research object – ranging from travels to distant geographical regions, where nomadic peoples of diverse origins and cultures live, to visiting exhibitions, festivals and participating in conferences; talks and polyphonic dialogs of methodological nature with specialists and, finally, the composition of two planes: that of conceptual experimentation and that of poetic experimentation.

While the first plane is retained in the dimensions of the interior, under the depths of interiority – less finished, more dispersed, it splits paths, multiplies them, interposes passages and also withdrawals, i.e., it accumulates meanings –, the second plane, through

para produzir registros captados diretamente do objeto real da pesquisa – empreendendo desde deslocamentos por regiões geográficas distantes, onde vivem povos nômades de origens e culturas diversas, até a visitação de exposições, festivais e participação em encontros; conversações e interlocuções polifônicas de natureza metodológica com especialistas e, por fim, composição de dois planos: o da experimentação conceitual e o da experimentação poética.

Enquanto o primeiro plano se retém nas dimensões do interno, sob a profundeza da interioridade – menos acabado, mais disperso, ele bifurca caminhos, multiplica-os, interpõe passagens e também desistências, ou seja, amontoa sentidos –, o segundo plano, por meio da exposição das obras finalizadas

the exhibition of finished works, opens up fully to the space, under the light of exteriority. Thus, the excessiveness continues to characterize the act of creation. All this investment of energy overflows on all sides and in all directions, and is expressed materially in the amplification of certain qualitative sensory elements. Through the use of procedures that are typical of digital programs for the treatment and manipulation of images, the artist seeks to increase and exceed certain parametric standards in the poetic experience, whether it be in relation to color scale, light, dimensional proportion or degrees of sharpness and definition of shapes.

All of her research on sensation is visible in the work, which always shows excess as a quality. The poetic potentiality of the researched images is almost always maintained by the condition

se abre plenamente ao espaço, sob a luz da exterioridade. Assim, o excessivo continua a caracterizar o ato de criação. Todo esse investimento da energia transborda por todos os lados e em todos os sentidos, e se expressa materialmente na amplificação de determinados elementos qualitativos sensoriais. Mediante o emprego de procedimentos típicos dos programas de tratamento e manipulação digital de imagens a artista busca, na experiência poética, adensar e exceder certos padrões paramétricos, seja com relação à escala de cor, ao nível da luz, à proporção dimensional ou aos graus de nitidez e definição das formas.

Toda sua pesquisa de sensação fica visível no trabalho, mostrando sempre o excessivo como qualidade. A potencialidade poética das imagens pesquisadas sustenta-se, ainda, quase sempre pela condição de serem saturadas e com aberturas de vazios, fissuras que fazem passar o ar pelo pergaminho e parafina, oxigenando tudo ao seu redor.

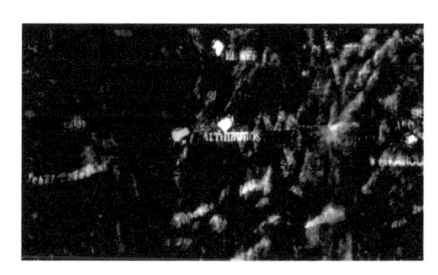

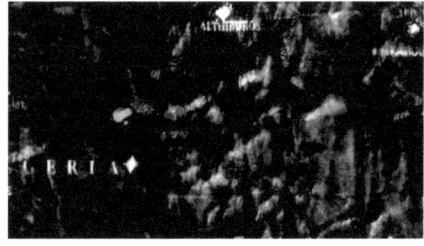

of being saturated and with the opening of voids; fissures that let the air pass through the parchment and paraffin, oxygenating everything around them.

The work, repeatedly shredded and recovered from its ruins, presents a set of poetic operations that does not do away with the referential character, but merely makes it ambiguous, strange and problematic. The whole work has a referent, while each part of it also has its own. This means recognizing the essentially multi-dimensional and fragmentary character of passages and interruptions (which are nothing but deviations to new transitivity). Shifting from one to the other multiplies the interpretations, perspectives and worlds, encompassing them in each other with their unique problems.

It is in the referential field that the mode of articulation between the images used by Castiel operates the play on meanings. It is a matter of reverberating meanings that are incompossible

A obra, reiteradamente retalhada e recolada a partir de suas ruínas, apresenta um conjunto de operações poéticas que não faz desaparecer o caráter referencial, apenas torna-o ambíguo, estranho e problemático. A obra inteira tem um referente, ao passo que cada parte dela também possui, em especial, o seu. Isso significa reconhecer-lhe o caráter essencialmente multidimensional e fragmentário, de passagens e interrupções (que não passam de desvios para novas transitividades). O trânsito de uma para outra multiplica leituras, perspectivas, mundos, engloba-os uns nos outros, com seus problemas singulares.

É no campo referencial que o modo de articulação entre as imagens usadas por Eva opera o jogo de significações. Trata-se de fazer reverberar sentidos que são incompossíveis no plano do real, todavia estratégicos no plano poético: à medida em que se afirma a semelhança das figuras com o contexto da proble-

on the plane of the real, yet strategic in the poetic plane: while the similarity of the figures to the context of the problematic is affirmed, by means of explicit citation, the difference between the referent and the image is diluted. Contrarily, the difference is also affirmed in the reassembly of the imagery scenario and this, in turn, dissolves the similarity with the referent. The game of opposites is ensured by the coexistence of ambivalent and incongruous meanings. The figural has a preponderant role in this operation, bringing to the images the characteristic of an implicit recognition of their referents, that is to be problematized.

The operation has deconstruction as one of its resources: the figure is broken down, aiming to undo the familiar and seeking to make the unfamiliar known.

The procedure causes the recognized to turn against itself. The repetitive figuration becomes a cliché, and in the form of

mática, por meio de citação explícita, dilui-se a diferença entre o referente e a imagem. Por outro lado, a diferença também é afirmada na remontagem do cenário imagético e isso, por sua vez, dissolve a semelhança com o referente. O jogo de contrários é assegurado pela coexistência de sentidos ambivalentes e incongruentes. O figural tem papel preponderante nessa operação, porque traz para as imagens a característica de um reconhecimento implícito de seus referentes, que se quer problematizar.

A operação tem como recurso a desconstrução: desmancha-se a figura, procurando desfazer o familiar, buscando tornar "estranho" o conhecido.

O procedimento faz o reconhecido voltar-se contra si mesmo. A figuração repetitiva se torna clichê, e na forma de

cliché is the membrane that covers everything with an "already meaning," transforming all true experience into communication.

The figurative in the artist's experiments is what consummates the poetic process. Due to its allegorical character, the figure calls for a set of hidden meanings. It is cut from very different referential universes and defines, in each case, the citation that it will subvert: it cites the world as it is and, simultaneously, cites it as it is represented, to then disassemble it. That is to say Eva Castiel appropriates images from diverse cultural contexts – books, newspapers, magazines, documentaries, photographs – and

cliché é a membrana que recobre tudo com um "já sentido", transformando toda verdadeira experiência em comunicação.

O figurativo nos experimentos da artista é o que consuma o processo poético. Por seu caráter alegórico, a figura convoca para um jogo de sentidos ocultos. Ela vem recortada de universos referenciais muito distintos e define, em cada caso, a citação que irá subverter: cita o mundo tal como ele é e, simultaneamente, o cita tal como é representado, para desmontá-lo em seguida. Isto é, Eva Castiel apropria-se de imagens de diversos contextos culturais – livros, jornais, revistas, documentários, fotografias – e as usa como alegorias de mundos cristalizados, contra os quais opõe experiências fragmentárias para que, enquanto participantes do acontecimento estético, consigamos perder nossas formas, os contornos fixos e possamos sentir a dúvida de sermos capturados no sonho alheio.

A palavra alegoria é formada por *allos,* que significa outro, e *agorenei*, falar – dizer o outro. "Dizer o outro" é projetar a potência metafórica das figuras sobre a metonímica, o eixo

uses them as allegories of crystallized worlds, against which she opposes fragmentary experiences so that, as participants in the aesthetic occurrence, we can lose our shapes, our static contours and feel the uncertainty of being captured in another's dream.

The word allegory is formed by *allos*, meaning other, and *agorenei*, to speak – to say the other. "To say the other" is to project the metaphorical power of the figures on the metonymics; the paradigmatic axis on the syntagmatic. The allegory connects elements that change without ceasing. Unlike the symbol, which unifies, the allegory divides without ever completing itself, it is a diabolical power switch that expands meanings. In its complexification dwells transmutability; becoming. It is a revealing phenomenon of the diabolical type, which functions by splitting meanings in multiple directions. *Diabolos* means something that points to two or more distinct things, which do not coincide, and causes a divergence; it is the opposite of symbol, which designates things that coincide in one, i.e., meaning and signifier share a common meaning. And to generate divergences is nothing more than to use diabolos instead of symbols – to defend or express differences, to multiply meanings.

paradigmático sobre o sintagmático. A alegoria põe em conexão elementos que se alteram sem cessar. Ao contrário do símbolo, que unifica, a alegoria divide sem jamais se completar, é um disjuntor diabólico que expande sentidos. Em sua complexificação mora a transmutabilidade, o devir. É um fenômeno expressivo do tipo diabólico, que joga dividindo os sentidos em múltiplas direções. *Diábolos* significa algo que aponta para duas ou mais coisas distintas, que não coincide e provoca divergência, ao contrário de símbolo, que designa coisas que coincidem em uma só, ou seja, significado e significante se dizem em um só sentido. E gerar divergências nada mais é que usar diábolos em vez de símbolos, é defender ou expressar diferenças, multiplicar sentidos.

A artista desorganiza e desestrutura as imagens originais das quais se apropria; contudo, é no campo conceitual do referente que ela o faz. Nessa dinâmica, o referente é problematizado enquanto objeto de seu pensamento. O citar aí coincide com o deslocar, torna o reconhecido desconhecido. Trocar o familiar pelo estranho e transformar o estranho em ordinário, desmanchar a identidade de algo usurpando-lhe

The artist disorganizes and deconstructs the original images that she appropriates; however, she does so in the conceptual field of the referent. In this dynamic, the referent is problematized as an object of her thought process. The reference, in this case, coincides with a shift: it makes the familiar unfamiliar. Switching the familiar for the unfamiliar and transforming the unfamiliar into ordinary, dismantling the identity of something by usurping its characters and destiny, while at the same time putting it into motion. Exciting, provoking, making the other appear from the original in destruction. The allegorical reference shows the inadequacy between the context of the referent and that of the current image. The reference, in the case of the allegory, never re-presents an original; it is a return, but, rather than the same, of the different. It is a repetition that, without being a coincidence, places itself outside the logic of identity.

Castiel's work carries a set of references from different cultural segments. They are matters whose nature and origin have nothing in common; but when they are broken, dispersed, decharacterized, cut out and then sewn together, the pieces of one into the other, merging the facts referred to in each other, uniting the different times of

caracteres e o destino, ao mesmo tempo que coincide com o colocar em movimento. Excitar, provocar, fazer comparecer o outro do original em destruição.

Alegórica, a citação torna explícita a inadequação entre o contexto do referente e o da imagem atual. A citação, no caso da alegoria, jamais reapresenta um original, ela é retorno, mas não do mesmo, do diferente. É repetição que, sem ser coincidência, se coloca fora da lógica da identidade.

A obra de Castiel carrega um conjunto de citações de diferentes segmentos culturais. São matérias cujas naturezas e origens nada têm em comum, mas ao serem quebradas, dispersadas, descaracterizadas, recortadas e depois costuradas, os pedaços de umas nas outras, fundidos os fatos referidos uns nos outros, unidos os tempos diversos dos acontecimentos, resultam, não na soma heterogênea de partes, mas na invenção de novas existências ou perspectivas em processo, nunca totalizados.

Em *Mensagem sem palavras 1* ou ainda em *Des_dobra*, tudo é composto precisamente para imprimir uma sensação de

events, they do not result in the heterogeneous sum of parts, but in the invention of new existences or perspectives that are in course, never finished.

In *Mensagem sem palavras 1* or *Des_dobra*, everything is composed precisely to impart a sense of impermanence of form, that is, to configure a process in which no form can resist for long. The constant movement from one organizational plane to another, of deterritorialization, in which one is extracted from the other, produces a sense of virtuality – when a form is not yet ready, it is already coming undone, and other underlying forms are being engendered into new layers; it is the sense of limit which does not stop arising, potentially infinite. All experimentation is for creating sensations by means of figures that do not represent, but rather reveal new beings of sensation. And we travelers, who are participants in this disjunctive synthesis that are the figures/problems, surpass ourselves, launching ourselves at their constituent multiplicities.

All of the experiments require the use of multiple copies of the same figure/matrix, and, at the end, each composition follows a

impermanência da forma, isto é, para configurar um processo em que nenhuma forma possa resistir por muito tempo. O constante movimento de passagem de um plano de organização a um outro, de desterritorialização, em que um se extrai do outro, produz uma sensação própria de virtualidade – quando ainda não está pronta uma forma, já está se desfazendo, e outras subjacentes vão se engendrando em novas camadas; é a sensação de limite ao qual não se para de chegar, potencialmente infinito. Toda a experimentação é para compor sensações por meio de figuras que não representam, antes revelam novos seres de sensação. E nós, viajantes partícipes dessa síntese disjuntiva que são as figuras/problemas, ultrapassamo-nos, lançando-nos às suas multiplicidades constitutivas.

Todos os experimentos requerem a utilização de várias cópias de uma mesma figura/matriz, e, ao final, cada composição segue uma organização específica que mantém o mesmo sentimento de *sem fim* de toda a obra. Para atingir esse ponto, há um trabalho imenso que busca conjurar toda forma e dissimular todos os contornos. Desfigurar as figuras em empilhamentos

specific organization that maintains the same feeling of *endlessness* of every work. To reach this point, there is an immense work that seeks to conjure every form and to conceal all contours. To disfigure the figures in successive stacks and subsequent deformations means to work for the structural decomposition of the forms, aiming to make it so that the very becoming appears in the aesthetic experience.

This is because forms are the invariable and characteristic physical appearance of things, the crystallized configuration of beings. They are the overall, fixed and external aspect. Form, put another way, is the mold, the stable way in which things appear or unfold – an arrangement of interconnected elements to operate as a finite system, structure, or set. And the often repeated forms become stereotyped expressive units, easily used by the sender and easy understood by the receiver, consisting of common places and catchphrases. Therefore form is that which opposes becoming.

The experiments that make up Eva Castiel's poetic series are the result of the probing of the "unconditioned sensibility" of the attempt to remove the "already-felt" ordinary sensations. The

sucessivos e deformações subsequentes significa trabalhar para a decomposição estrutural das formas, procurando fazer com que o próprio devir transpareça na experiência estética.

Isso porque as formas são a aparência física invariável e característica das coisas, a configuração cristalizada dos seres. São o aspecto geral, fixo e exterior. A forma, dito de outro modo, é o molde, a maneira estável pela qual as coisas se apresentam ou se desenrolam – arranjo de elementos interligados para operar como um sistema, estrutura ou conjunto finito. E as formas muitas vezes repetidas transformam-se em unidades expressivas estereotipadas, de fácil emprego pelo emissor e fácil compreensão pelo receptor, consistindo em lugares-comuns e chavões. Portanto a forma é aquilo que se opõe ao devir.

Os experimentos que constituem as séries poéticas de Eva Castiel são frutos de uma sondagem do "sensível incondicionado", da tentativa de uma desimpregnação das sensações ordinárias e "já-sentidas". As obras são fabulações visuais construídas como limiares de passagem para tentar fazer "sen-

works are a visual fantastication built as a threshold of passage to try to "once again feel the same affection as that of the pure affection that perhaps thinks, but certainly does not write."[3]

It is at this point that we understand the importance and necessity of Castiel's "visionary" or "seer" experimentation.

But how do we extract, from a "civilization of clichés," sensations capable of expressing forces that would free our subjectivity from individualism, from the sieve of productivity and from a policy whose immediacy flattens the temporal dimension and subordinates our existence to purposes such as progress, expertise or money? It is at the center of the artistic experimentation involved here to "parsimony" the cliches through which this world numbs, represses and controls us. This is the same as reproducing the figurative model "against the grain" – [4] in an "untimely way" of Nietzsche of transcribing future images, fighting with the cliché-image, in the present, against the cliché-image, in

---

[3] Jacques Rancière. "Is there a Deleuzian Aesthetics?" In *Qui Parle*, v. 14, n. 2, pp. 1-14.

[4] Walter Benjamin. *Illuminations*. New York: Harcourt Brace & World, 1968, p. 257.

tir novamente o mesmo afeto que o desse puro sensível que talvez pense, mas que certamente não escreve".³

É neste ponto que entendemos a importância e a necessidade da experimentação "visionária" ou "vidente" de Eva.

Mas como extrair de uma "civilização do clichê" sensações capazes de exprimir forças que liberariam nossa subjetividade do individualismo, do crivo da produtividade e de uma política cuja imediatez achata a dimensão temporal e subordina nossa existência a finalidades como o progresso, a competência ou o dinheiro? Está no centro da experimentação artística aqui implicada "paramorfosear" os clichês através dos quais este mundo, anestesiando-nos, nos reprime e controla. Isto é o mesmo que reproduzir "a contrapelo"⁴ o modelo figurativo para – à maneira "intempestiva" de Nietzsche transcriar imagens por vir, lutando

---

3   Jacques Rancière. "Existe uma estética deleuzeana?" In. Eric Alliez (org.). *Gilles Deleuze: uma vida filosófica*. São Paulo: Editora 34, 2000, p. 514.
4   Walter Benjamin. *Obras escolhidas: magia e técnica, arte e política*. São Paulo: Brasiliense, 1996.

---

favor of imagining other possible worlds. The artist thus forges her poetic stratagem to unframe our standard perception, so as to, in the countercurrent, virtualize our sensibility and update our simpathia (affection).

> The works are like maps made of faint lights to experience labyrinthine ways of escaping common sense. And, of course, "it would be useless to draw maps if there were no travelers to use them".⁵

Each of the series mentioned here, in its expressive singularity, invites us to enter its meanders, creating our own labyrinth.

---

5   Boaventura de Souza Santos. *Para um novo senso comum: a ciência, o direito e a política na transição paradigmática. A crítica da razão indolente: contra o desperdício da experiência*, vol. 1. São Paulo: Cortez, 2005, p. 224

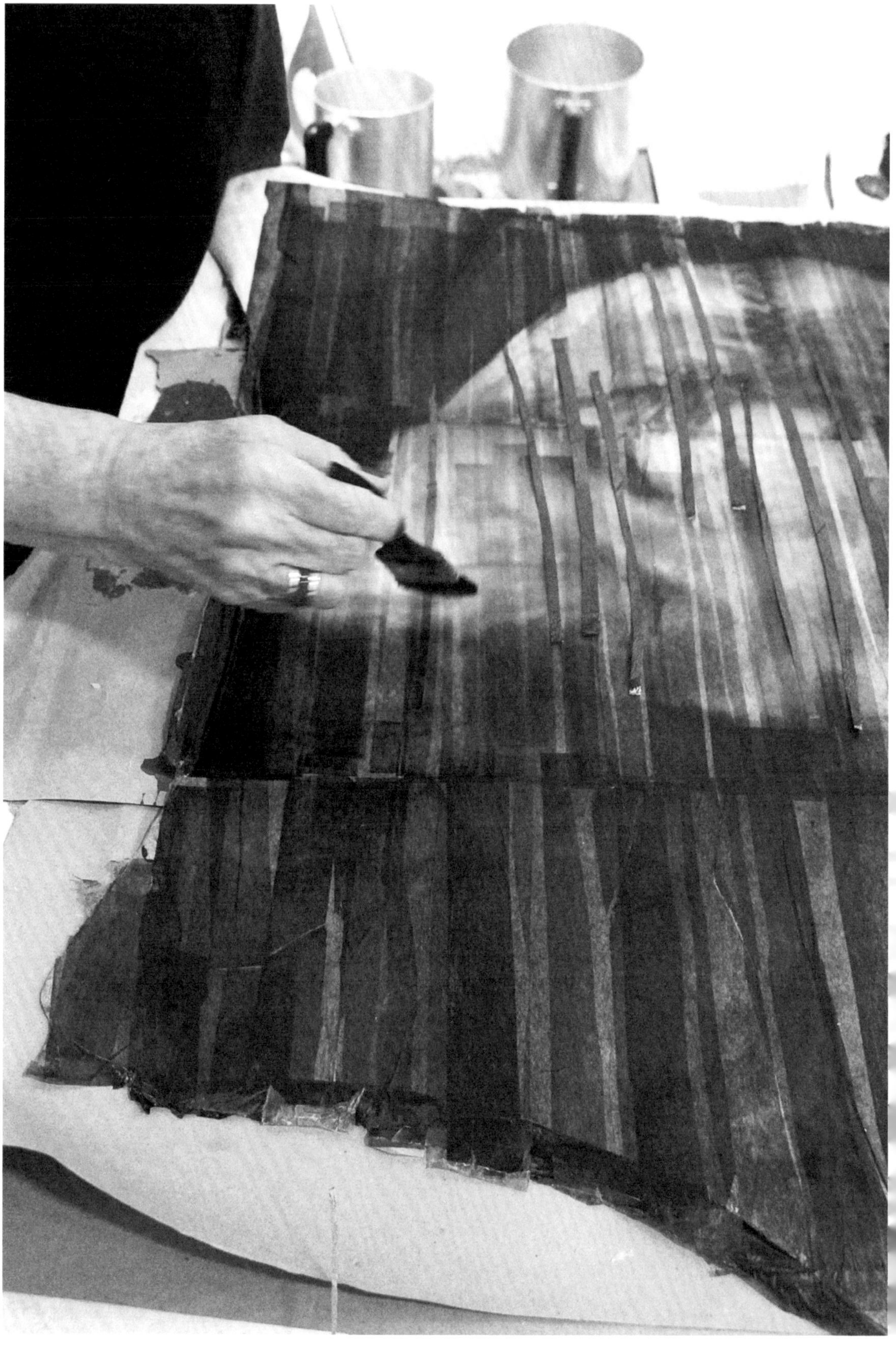

com a imagem-clichê, no presente, contra a imagem-clichê, a favor das visões de outros mundos possíveis. A artista forja, assim, seu estratagema poético para desenquadrar nossa percepção estandardizada, para, na contracorrente, virtualizar nossa sensibilidade e atualizar nossa *simpathia* (afectibilidade).

> Os trabalhos são como mapas feitos de luzes tênues para experimentar caminhos labirínticos de fuga ao senso comum. E, certamente, "de nada valeria desenhar mapas se não houvesse viajantes para os percorrer".[5]

Assim, cada uma das séries aqui citadas, em sua singularidade expressiva, convida-nos a entrar em seus meandros, criando, solitariamente, nosso próprio labirinto.

---

5 Boaventura de Souza Santos. *Para um novo senso comum: a ciência, o direito e a política na transição paradigmática. A crítica da razão indolente: contra o desperdício da experiência*, vol. 1. São Paulo: Cortez, 2005, p. 224.

Impenetráveis
[Casa Blindada]
2002

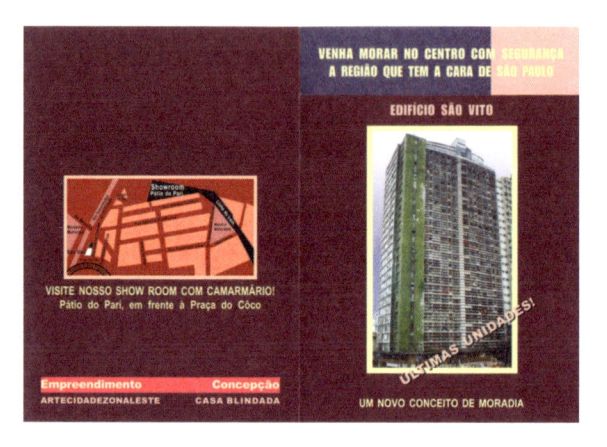

152

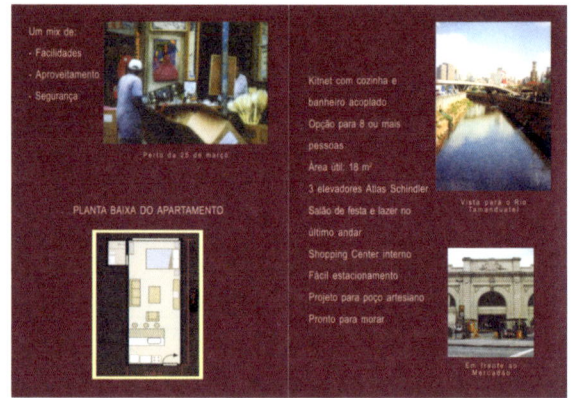

Impenetrable
[Casa Blindada]
2002

VENHA MORAR NO
EDIFÍCIO SÃO VITO
ÚLTIMAS UNIDADES
CAMARMÁRIO!
um novo conceito de moradia
Concepção
Casa Blindada
Empreendimento
Artecidade

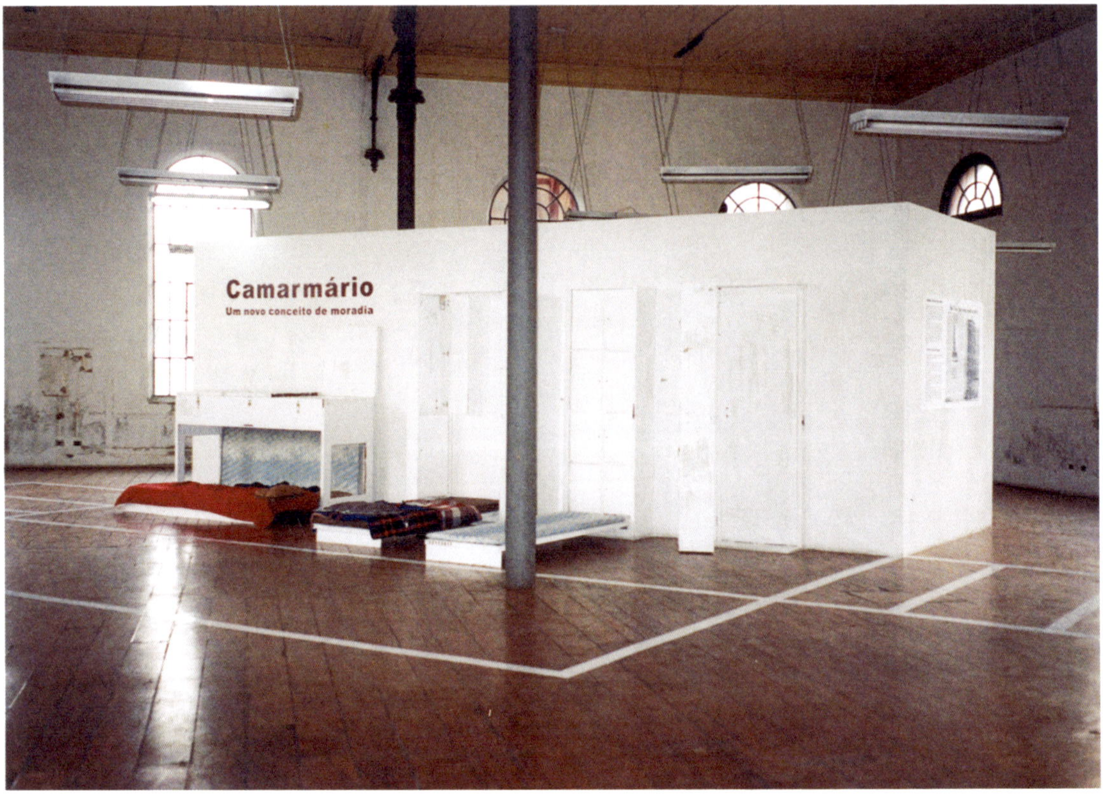
Camarmário
Um novo conceito de moradia

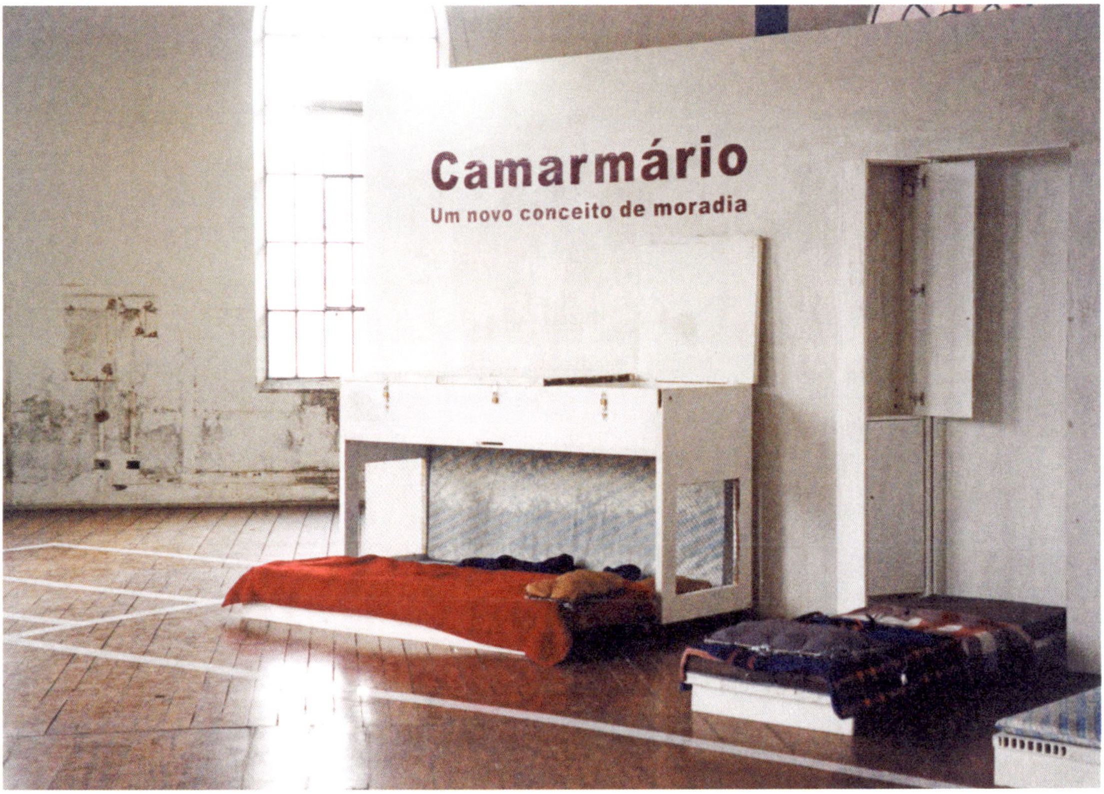
Camarmário
Um novo conceito de moradia

Procura-se Leopoldo F.
[Casa Blindada]
2002

Looking for Leopoldo F.
[Casa Blindada]
2002

AFIA-SE

PROCURA-SE

LEOPOLDO F.

GRUPO CASA BLINDADA

Esta banca tem Valor.

GUIA VAL
TODA SEG
BA

158

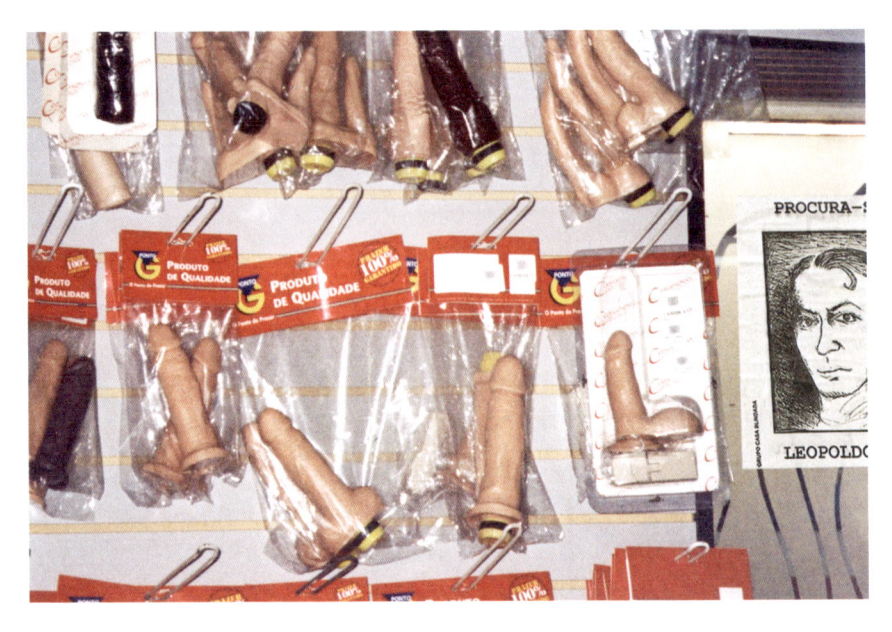

MALA DIRETA
R$ 40,00
O MILHEIRO
PESSOA FÍSICA

PROCURA-SE

LEOPOLDO F.

Arte pública e intervenção

Jurandy Valença

Public Art and Intervention

No fim da década de 1990 e começo dos anos 2000, em meio ao movimento antiglobalização, com tensões políticas e culturais à flor da pele, muitos artistas começaram a ocupar as ruas – em vez dos espaços institucionais –, privilegiando ações mais próximas do público. Essa mudança de atitude foi nomeada por um neologismo que, embora ainda instável do ponto de vista conceitual, ao momento se fez claro: *artivismo*. Tratava-se de ampliar os espaços de atuação, intervenção e comunicação artística, retirando as obras da exclusividade dos museus e galerias, espaços de prestígio, de reconhecimento e de legitimação, levando-a para os espaços públicos, onde havia mais possibilidades de fricções do que de ficções. A narrativa então era outra: o dito *artivismo* não era apenas arte política, como há muito já faziam inúmeros artistas ao longo dos séculos, mas

> um compromisso de engajamento direto com as forças de uma produção não mediada pelos mecanismos oficiais de represen-

In the late 1990s and early 2000s, in the midst of the anti-globalization movement, with political and cultural tensions in the limelight, many artists began to occupy the streets – instead of institutional spaces –, favoring actions that were closer to the public. This change of attitude was coined by a neologism that, although still unstable from the conceptual point of view, at the time was clear: artivism. It was about broadening the spaces for artistic creation, intervention and communication, removing works from the exclusivity of museums and galleries – spaces of prestige, recognition and legitimacy – and bringing them out to the public, where there were greater possibilities for frictions rather than fictions. This time, the narrative was different: artivism was not just political art, which had already been done by numerous artists over the centuries, but:

> a commitment of direct engagement with the forces of a production not mediated by the official mechanisms of representation.

tação. Esta não mediação também compreende a construção de circuitos coletivos de troca e compartilhamento [...].[1]

Diante desse panorama, diversos *artivistas* se uniram, organizando-se em coletivos como o Casa Blindada. Após se conhecerem no curso livre ministrado por Carlos Fajardo em seu ateliê, o grupo de artistas paulistanos formado por André Balbi, Christina Apovian, Christianne Alvarenga, Fanny Feigenson, Graciela Rodriguez, Sheila Gasko Dryzun, Sheila Mann Hara e Eva Castiel passou a ocupar um espaço em Pinheiros, na rua Dr. Virgílio de Carvalho Pinto, onde tempos depois Balbi, junto com a galerista Izabel Pinheiro, criariam o Espaço Virgílio, destinado a exposições, *workshops*, *showroom* de materiais e, atualmente, a uma galeria de arte.

O nome do coletivo surgiu em 2000, quando da ocasião da mostra homônima. Realizada em uma casa abandonada na

---

[1] André Mesquita. *Insurgências poéticas: arte ativista e ação coletiva.* São Paulo: Fapesp/Anablumme, 2011, p. 17.

This non-mediation also includes the construction of collective circuits for exchange and sharing [...].[1]

In the face of this panorama, several artivists came together and organized themselves in collectives like Casa Blindada. After meeting each other at the open course taught by Carlos Fajardo in his studio, the group of artists from São Paulo formed by André Balbi, Christina Apovian, Christianne Alvarenga, Fanny Feigenson, Graciela Rodriguez, Sheila Gasko Dryzun, Sheila Mann Hara and Eva Castiel occupied a space in the neighborhood of Pinheiros, on Dr. Virgílio de Carvalho Pinto street, where some time after Balbi, along with gallery owner Izabel Pinheiro, created Espaço Virgílio, which functioned as a space for exhibitions and workshops, as a showroom for materials and, presently, as an art gallery.

The name of the collective was established in 2000, on the occasion of the eponymous exhibition. Held at an abandoned

---

[1] André Mesquita. *Insurgências poéticas: arte ativista e ação coletiva.* São Paulo: Fapesp / Anablumme, 2011, p. 17.

década de 1930 na avenida Rebouças, a intervenção – ocupação – *A Casa Blindada* dava a cada um dos sete artistas envolvidos um cômodo para se apropriar. Após inúmeras trocas no espaço em Pinheiros, a ideia era discutir a contradição entre a segurança [blindagem] e a violência urbana nas grandes metrópoles contemporâneas.

Eva Castiel, que havia iniciado sua formação em artes no fim da década de 1970, sob orientação de nomes como Ana Maria Barros, Carmela Gross e o próprio Fajardo, encontrou ali um território fértil para o desenvolvimento de seu trabalho. Na ocasião, Eva apresentou a instalação *Gessado* (2000, p. 204), com 2.600 toalhas enroladas em uma parede e uma mesa prateada, que tanto parecia ser de autópsia ou de interrogatório,

house during the 1930s, on Rebouças avenue, the intervention occupation – *A Casa Blindada* [*The Armored House*] gave each of the seven artists involved a room for them to appropriate. After numerous exchanges in the space in Pinheiros, the idea was to discuss the contradiction between safety [armored] and urban violence in large contemporary metropolises.

Eva Castiel, who had started her art education in the late 1970s, under the guidance of names like Ana Maria Barros, Carmela Gross and Fajardo himself, found fertile ground for the development of her work. On that occasion, Castiel presented the installation *Gessado* [*Plastered*, 2000, p. 204], with 2,600 rolled-up towels on a wall and a silver table, which appeared to be either an autopsy or an interrogation, in a white, extremely well-lit room.

em uma sala branca extremamente iluminada com luz branca. A obra monocromática emanava uma assepsia e um desassossego estéril e deixava o visitante desconfortável naquela sala que nada tinha de intimidade.

Pintora no início de sua trajetória, Eva agora buscava novas formas de expressão, afirmando que a pintura já não dava conta de expressar suas vontades artísticas. Nesse processo de busca por uma nova linguagem, artistas estrangeiros foram essenciais. Em suas estadias em Nova York nos anos 1990, Eva conversava com eles, expondo suas ideias, tratando de filosofia, estética e arte de maneira sensível, de modo que essas relações lhe proporcionassem coragem e potencializassem sua obra. Assim, no decorrer dos anos, Eva incorporou outras mídias a sua

The monochromatic work emanated a sterile asepsis and uneasiness that made visitors uncomfortable in that room that lacked any kind of intimacy.

A painter at the beginning of her career, Castiel was now seeking new forms of expression, claiming that painting no longer allowed her to express her artistic desires. Foreign artists were essential in this process of searching for a new language. During her stays in New York in the 1990s, Castiel discussed and shared her ideas with them, dealing with philosophy, aesthetics, and art in a sensitive way, so that these relationships gave her courage and potentialized her work. Thus, over the years, Castiel incorporated other media into her production, such as video and installations because they enabled her to express her restless thoughts.

produção, como o vídeo e as instalações, pois possibilitavam concretizar seus pensamentos irrequietos.

Dois anos depois da primeira instalação do Casa, o grupo também participou da antológica edição do projeto *Arte/Cidade*, com curadoria de Nelson Brissac, reunindo pela primeira vez artistas estrangeiros como Krzysztof Wodiczko, Vito Acconci e Dennis Adams com os brasileiros Nelson Felix, Cildo Meireles, Ana Maria Tavares, Carlos Fajardo e a dupla Maurício Dias e Walter Riedweg. O projeto sob o tema "Intervenções em grandes cidades", contou também com a participação de Rem Koolhaas, que propôs a instalação de um elevador Siemens no edifício São Vito, mais conhecido como Treme-Treme. Os moradores do edifício, no entanto, protestaram contra a intervenção, alegando que isso os faria pagar aluguel mais caro ou ser expulsos do prédio. A síndica negou e o Casa Blindada foi ao local. Durante meses frequentaram o condomínio a fim de realizar uma intervenção. Em um território sem fruição, restava aos artistas observarem.

Ao notar que nas quitinetes do São Vito camas eram alugadas por hora – as chamadas "camas quentes" – o Casa Blin-

Two years after the first installation by Casa, the group also participated in the anthological edition of the project *Arte/Cidade* [*Art/City*], curated by Nelson Brissac, bringing together for the first time foreign artists like Krzysztof Wodiczko, Vito Acconci and Dennis Adams with Brazilian artists Nelson Felix, Cildo Meireles, Ana Maria Tavares, Carlos Fajardo and artist duo Maurício Dias and Walter Riedweg. Working under the theme of "Interventions in big cities", the project also included the participation of Rem Koolhaas, who proposed the installation of a Siemens elevator in the São Vito building, better known as Treme-Treme or tremble-tremble. The building's residents, however, protested against the intervention, saying that this would force them to pay higher rent or be kicked out of the building. The building administrator said no and Casa Blindada went to the location. They spent months visiting the building to try do an intervention. Having no luck, they had no other option but to observe.

When they noticed that in the São Vito bedsits, beds were rented out at an hourly rate – the so-called "camas quentes" or hot beds –, Casa Blindada presented *Impenetráveis* [*Impenetrable*,

dada apresentou *Impenetráveis* (2002, p. 152): no Pátio do Pari, na zona leste da cidade, construíram um "apartamento modelo" com as dimensões da planta do São Vito. Nele, havia somente a "camarmário". A cama abria e fechava. O travesseiro era um cofre. O trabalho expressava a completa falta de pertences dos moradores e frequentadores do prédio: eram apenas corpos que transitavam por um local precário. A única propriedade que possuíam era o próprio corpo. Em complemento a ela, no interior do Pátio, um enorme cartaz de venda na fachada anunciava a instalação como o melhor empreendimento do bairro. As melhores vantagens da cama estavam expostas, pondo em suspensão uma situação tragicômica e, com ela, o questionamento sobre os empreendimentos imobiliários na cidade.

Em 2004, o Casa Blindada faz sua terceira ocupação: dessa vez no Lord Palace Hotel, localizado na rua das Palmeiras, no bairro Santa Cecília, que em outros tempos havia sido um endereço luxuoso, mas estava abandonado e decadente. Com o mesmo princípio do primeiro trabalho, aquele de dedicar cada quarto a um artista, a mostra contava com diversas intervenções e insta-

2002, p. 152] at Pari courtyard, on the city's east side, where they built a "model apartment" with the dimensions of the São Vito floor plan. There was only a "closet-bed" in it, which opened and closed. The pillow was a safe. The work showed the complete lack of belongings of the residents and visitors of the building: they were just bodies that traveled through a precarious place. The only property they possessed was their own body. In addition to that, inside the Patio, a huge poster on the façade advertised the construction as the best undertaking in the neighborhood. The bed's best qualities were listed, bringing to light a tragicomic situation which questioned the real estate developments in the city.

In 2004, Casa Blindada carried out its third occupation: this time at the Lord Palace Hotel, on Palmeiras street in the Santa Cecília neighborhood, which had once been a luxury hotel, but was now abandoned and dilapidated. With the same idea as the first work, that of dedicating each room to an artist, the exhibition counted on several interventions and installations in each room of the hotel, gathering around 25 artists and three curators – Cauê Alves, Juliana Monachesi and Paula Alzugaray.

lações em cada aposento do hotel, reunindo cerca de 25 artistas e três curadores – Cauê Alves, Juliana Monachesi e Paula Alzugaray.

O quarto ocupado por Eva Castiel trazia uma televisão, que exibia o filme de faroeste *Meu nome é ninguém* [2004, p. 122] protagonizado por Henry Fonda. Segundo a artista, tal como o hotel, o faroeste era uma espécie de não lugar. Sem fixação e permanência, o faroeste é funcional e transitório, e não guarda em si resíduo histórico. Sobre a instalação, Eva afirmou que o grupo queria

> discutir a questão da passagem, da moradia provisória e da impessoalidade. O hotel é o lugar onde as pessoas estão em trânsito, e o transitório é a subjetividade moderna.[2]

2   Fabio Farah. "A arte para quem está de passagem". *Istoé Gente*, 2004.

The room occupied by Eva Castiel had a television, which played the Western movie *My Name is Nobody* (2004, p. 122) starring Henry Fonda. According to the artist, much like the hotel, the Wild West was a kind of non-place. Without settlement and permanence, the Wild West is functional and transitory, and has no historic residue in itself. Regarding the installation, Castiel stated that the group wanted to

> discuss the issue of passage, temporary housing and impersonality. Hotels are places where people are in transit, and transience is the modern subjectivity.[2]

2   Fabio Farah. "A arte para quem está de passagem". *Istoé Gente*, 2004.

Além dos trabalhos realizados no espaço, o Casa Blindada alargou os limites do hotel com a obra *Fluxo* (2004). Nela, o coletivo disponibilizava uma van que, de duas em duas horas, fazia o trajeto do hotel à Bienal de Arte de São Paulo, que ocorria simultaneamente à mostra, levando e trazendo o público de um local ao outro. Assim, a escolha de locais de trânsito representava a questão do não lugar, lugares de passagem, da não permanência, dos fluxos, tema que já se revelava recorrente na obra de Eva Castiel, tratado pelo grupo também em *Zona Crux* (2001, p. 184)

Durante seis meses, o Casa investigou e trabalhou no antigo prédio da Secretaria de Estado da Cultura, que depois de anos sem uso foi ocupado pelo mmc (Movimento de Moradias do Centro). Os integrantes do grupo mapearam o nome de todos os moradores, bem como seus locais de origem e fluxos trilhados, dando origem à obra *Zona Crux*. Apresentada no Paço das Artes para o evento *Rede de tensão*, a obra tratava das

In addition to the works carried out in the space, Casa Blindada expanded the hotel's limits with the work *Fluxo* (2004). In it, the group provided a van that drove visitors to and from the Bienal de São Paulo, which was taking place at the same time, every other hour. Thus, the choice of locations represented the issue of non-place – places of passage, non-permanence and flux –, a theme that was already recurrent in Eva Castiel's work, and which was also dealt with by the group in *Zona Crux* [*Crux Zone*, 2001, p. 184].

For six months, Casa researched and worked in the old building of the Secretary of State for Culture, which after years of disuse was occupied by the mmc (Movimento de Moradias do Centro or Downtown Housing Movement). The members of Casa Blindada mapped out the names of all the residents, as well as their places of origin and their previous locations, giving rise to the work *Zona Crux*. Exhibited at Paço das Artes for the event *Rede de tensão* [*Electrical grid*], the work dealt with cultural changes in São Paulo caused by the introduction of cultural elements from other states and incorporated this new aspect of

mudanças culturais em São Paulo causadas pela introdução de elementos culturais de outros estados, e mesclava este novo aspecto da cidade – a imigração – aos temas anteriormente discutidos: trânsito, fluxo, identidade e subjetividade.

Assim, o Casa Blindada e sua articulação de intervenções urbanas espaciais, trazia à tona problemas sociais e processos de transformação que esses espaços estavam vivendo. Por meio da arte pública, a metrópole ganhava a possibilidade de produzir micropolíticas, num processo contínuo de vivência antropológica, apropriação do espaço público, de construção e crítica social e de novas formas de resistência. Além disso, essa prática possibilitava discutir a cidade e as dimensões sociais e plásticas do tecido urbano, criando uma nova cartografia estética e geográfica, mapeando outros territórios, muito mais subjetivos.

the city – immigration – to the previously discussed themes of: transit, flux, identity and subjectivity.

Thus, Casa Blindada and its articulation of spatial urban interventions, brought to light the social problems and transformation processes that these spaces were experiencing. Through public art, the metropolis was gaining the possibility of producing micropolitics, in a continuous process of anthropological experience, appropriation of public space, social construction and criticism and new forms of resistance. This practice also made it possible to discuss the city and the social and visual dimensions of the urban fabric, creating a new aesthetic and geographical cartography, mapping other, much more subjective, territories.

A Oeste o Muro [Berlim]
2002

To the West the Wall [Berlin]
2002

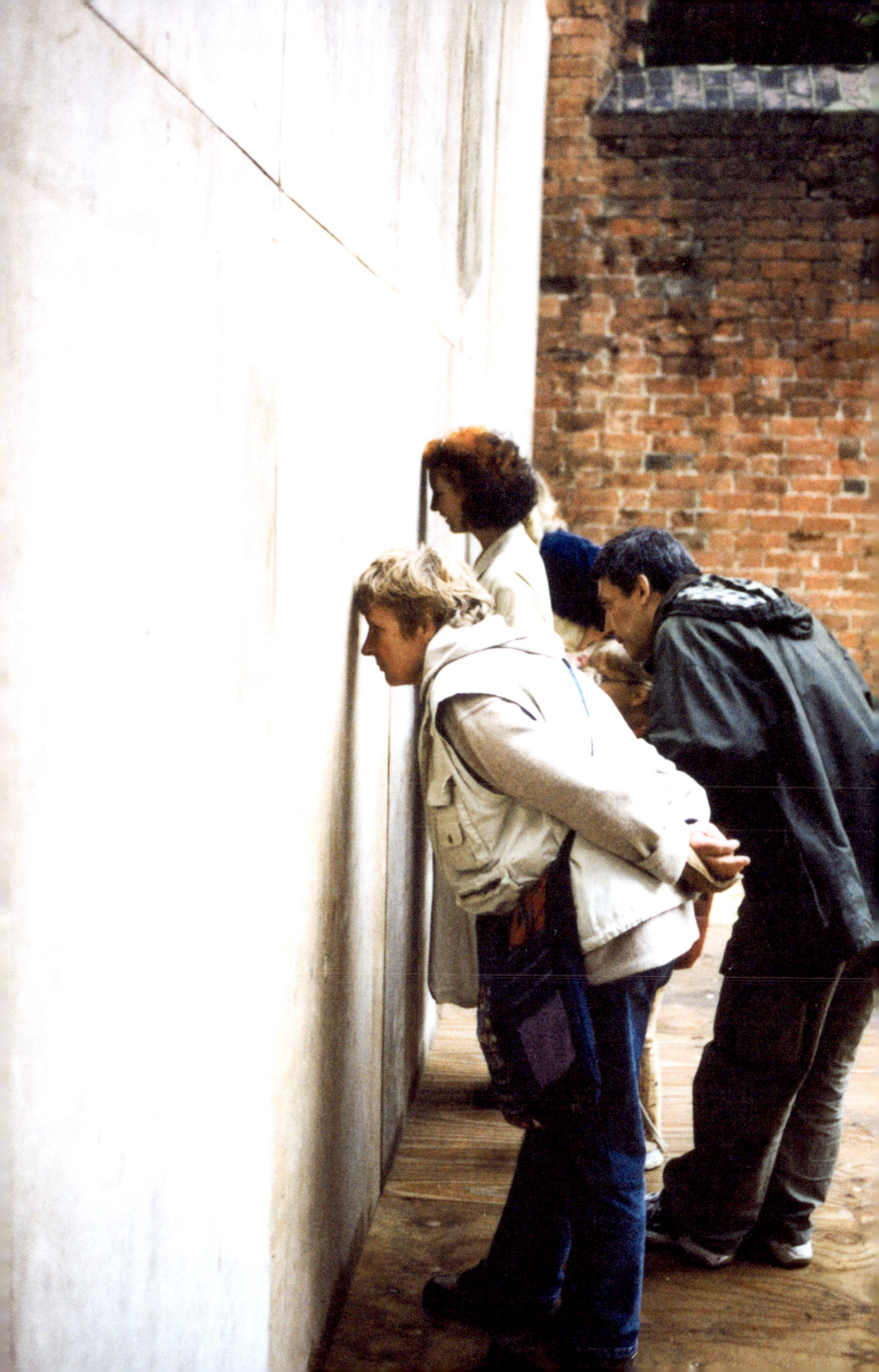

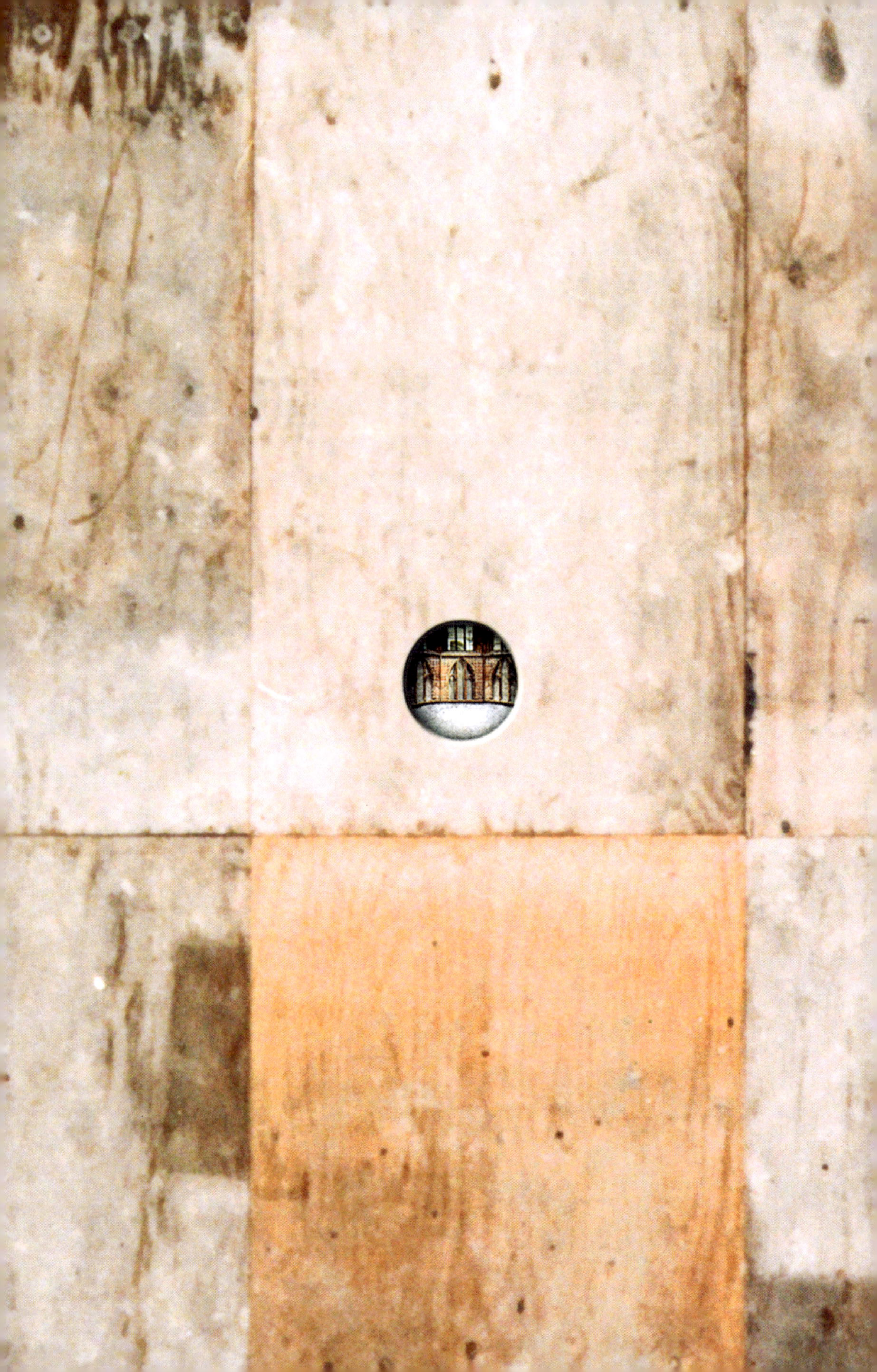

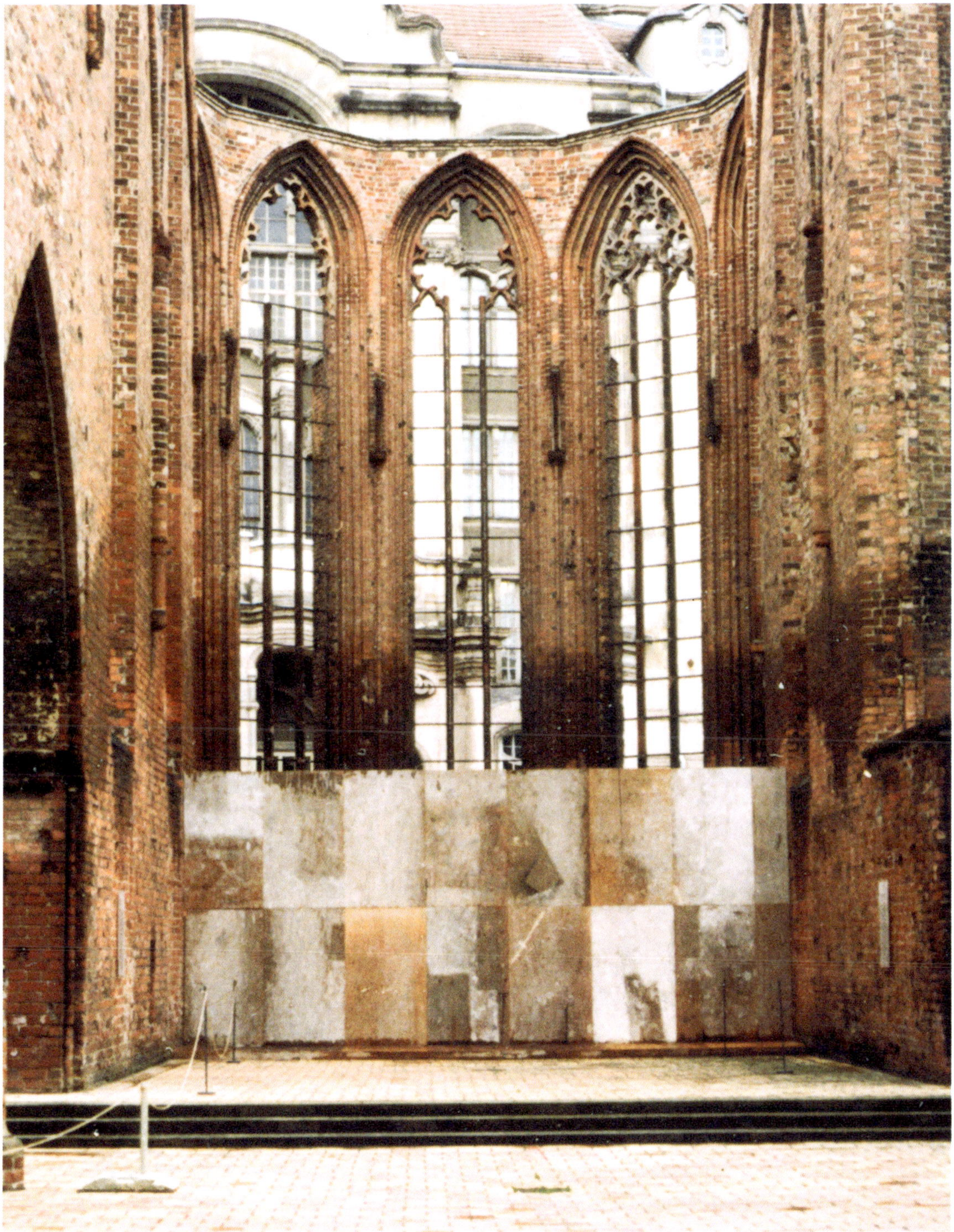

Deslocamento
2001 [40 × 35 cm]

Displacement
2001 [40 × 35 cm]

175

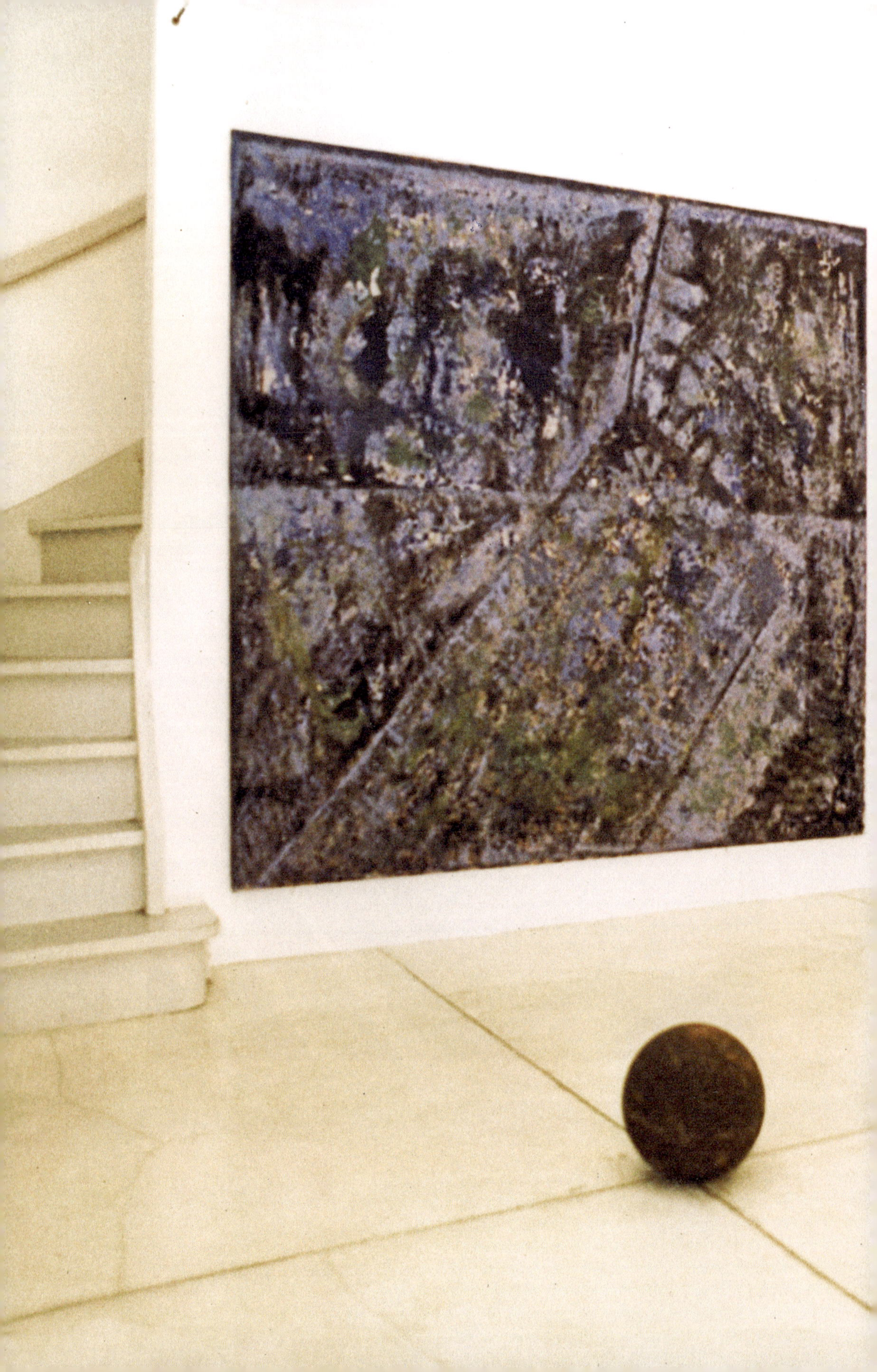

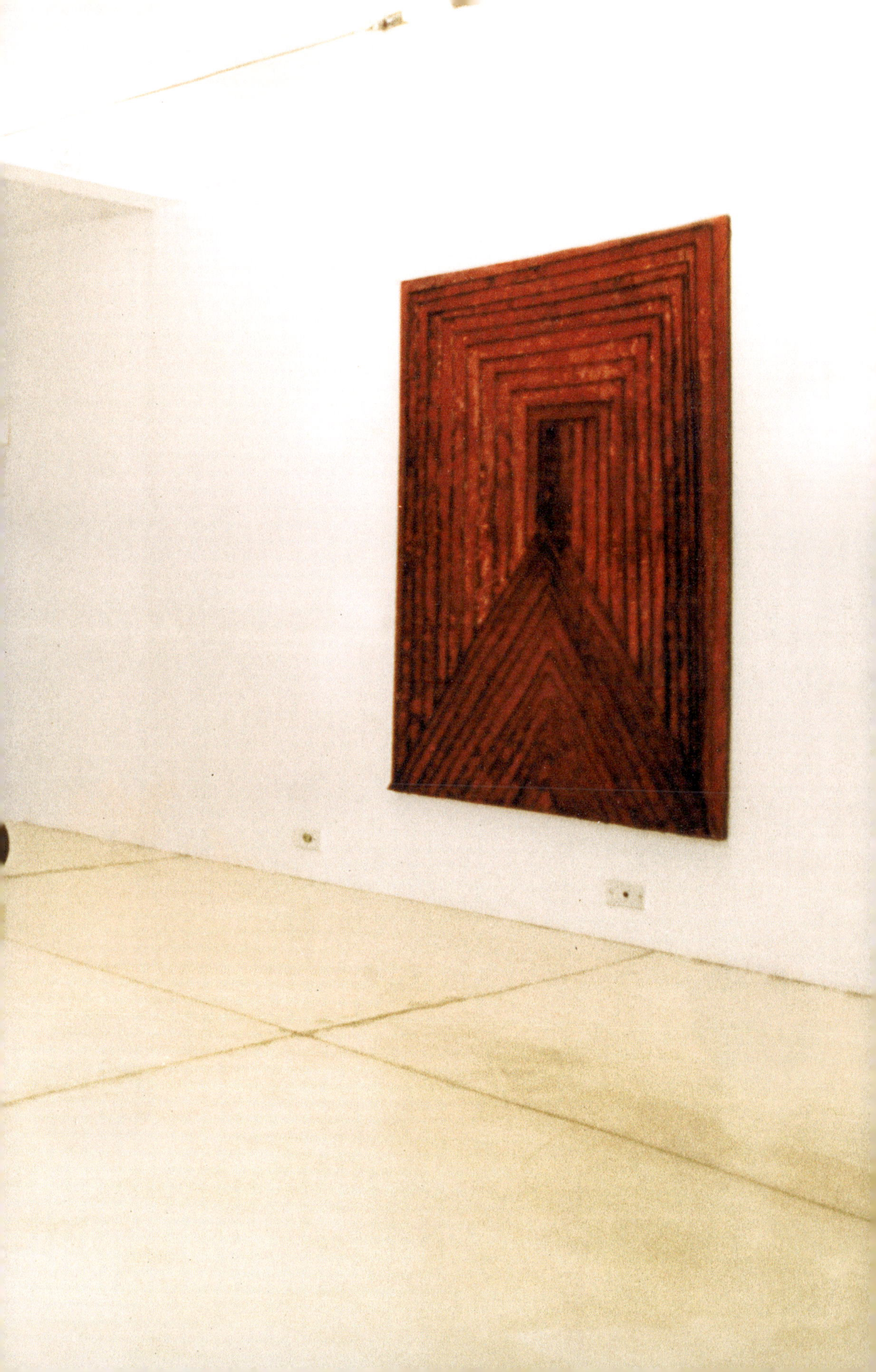

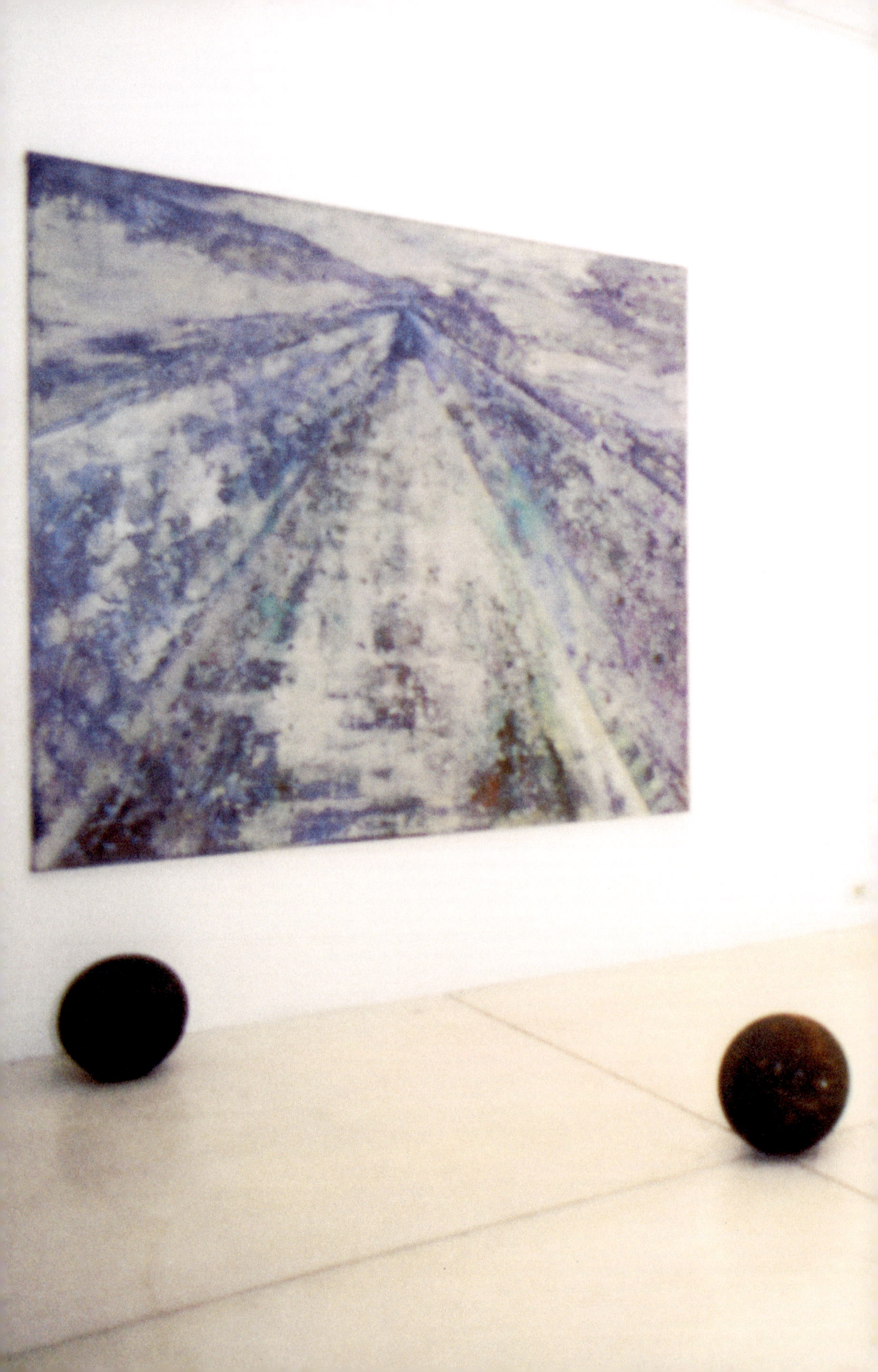

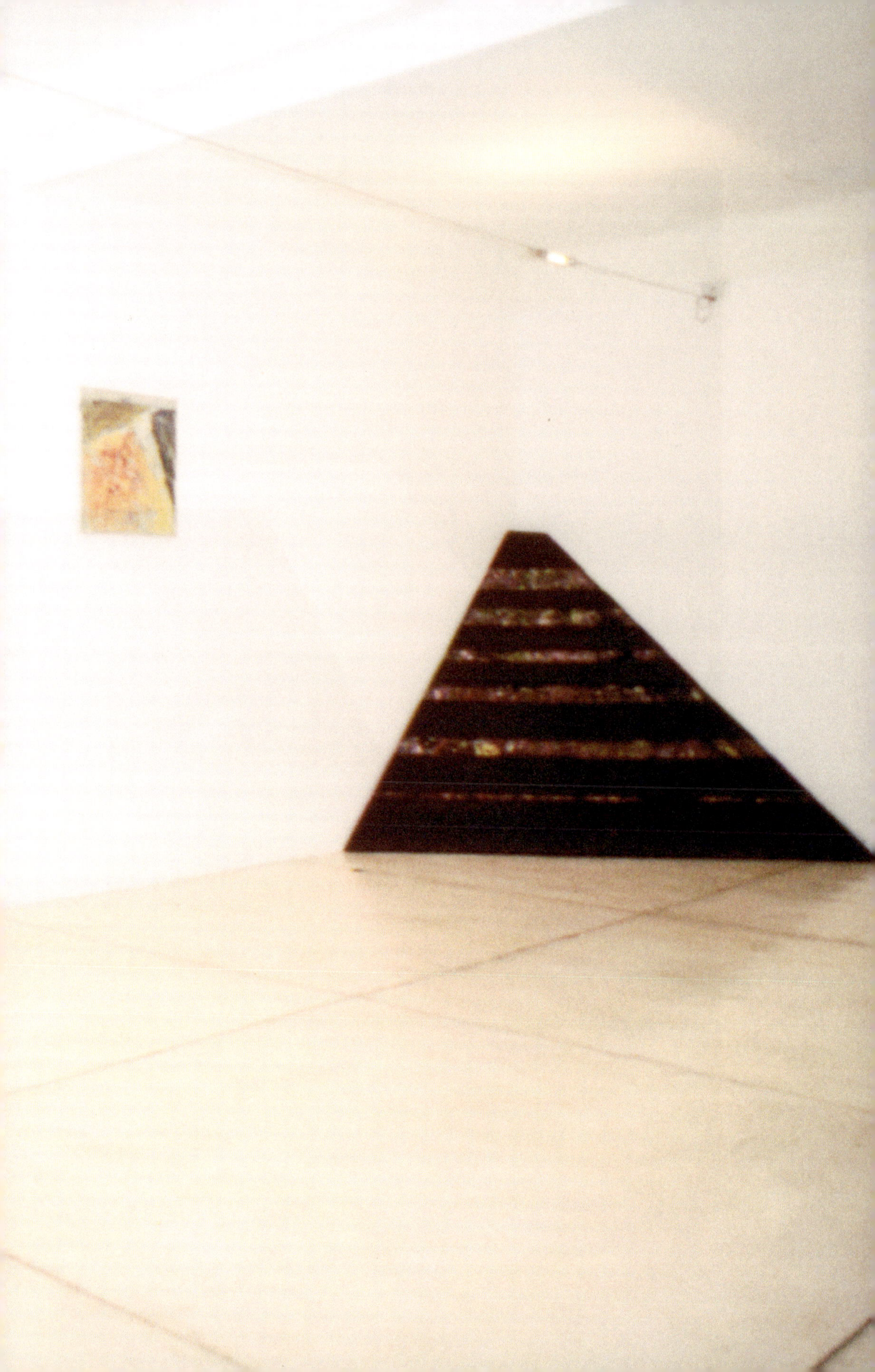

Limites
2001

Limits
2001

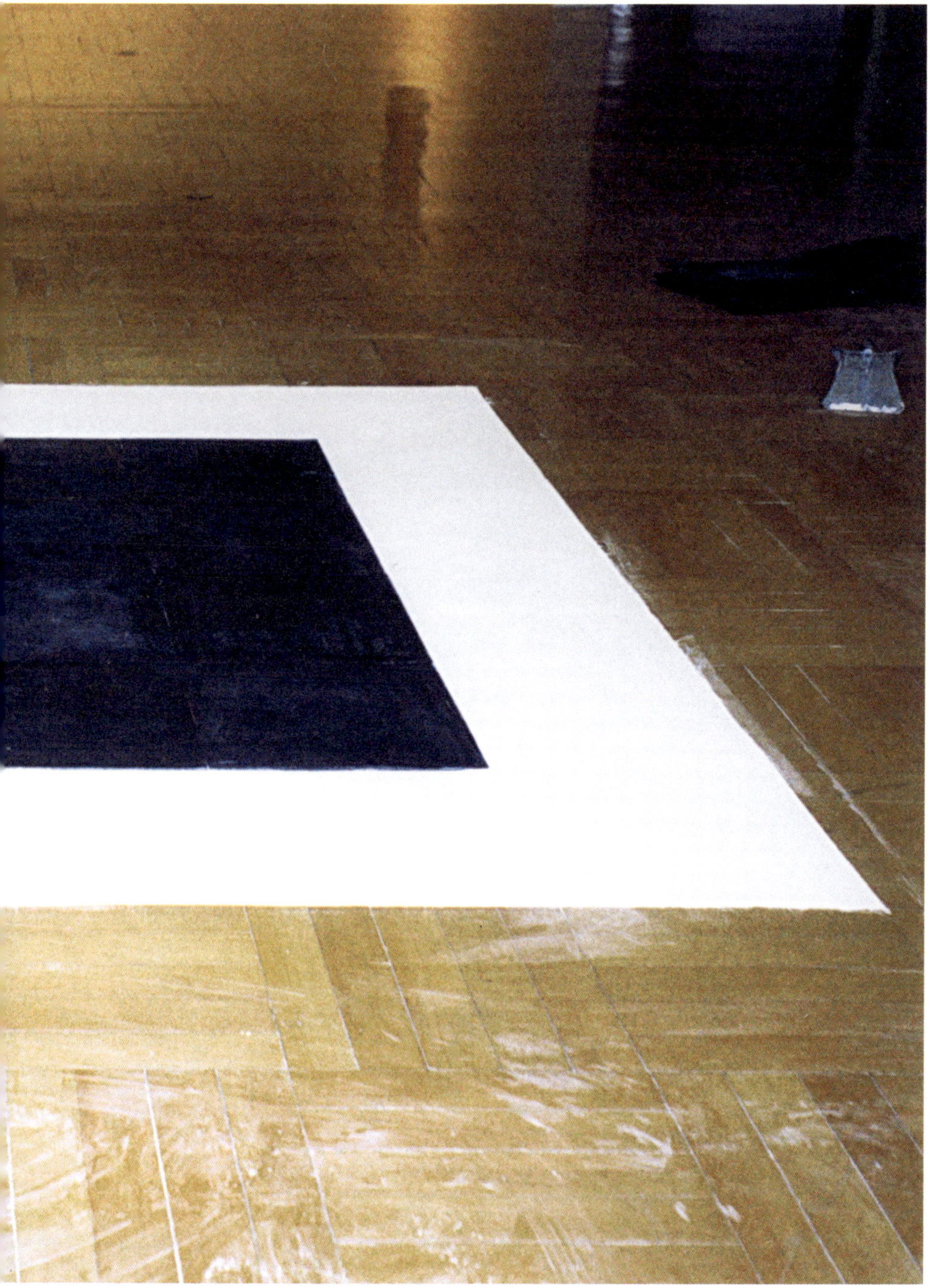

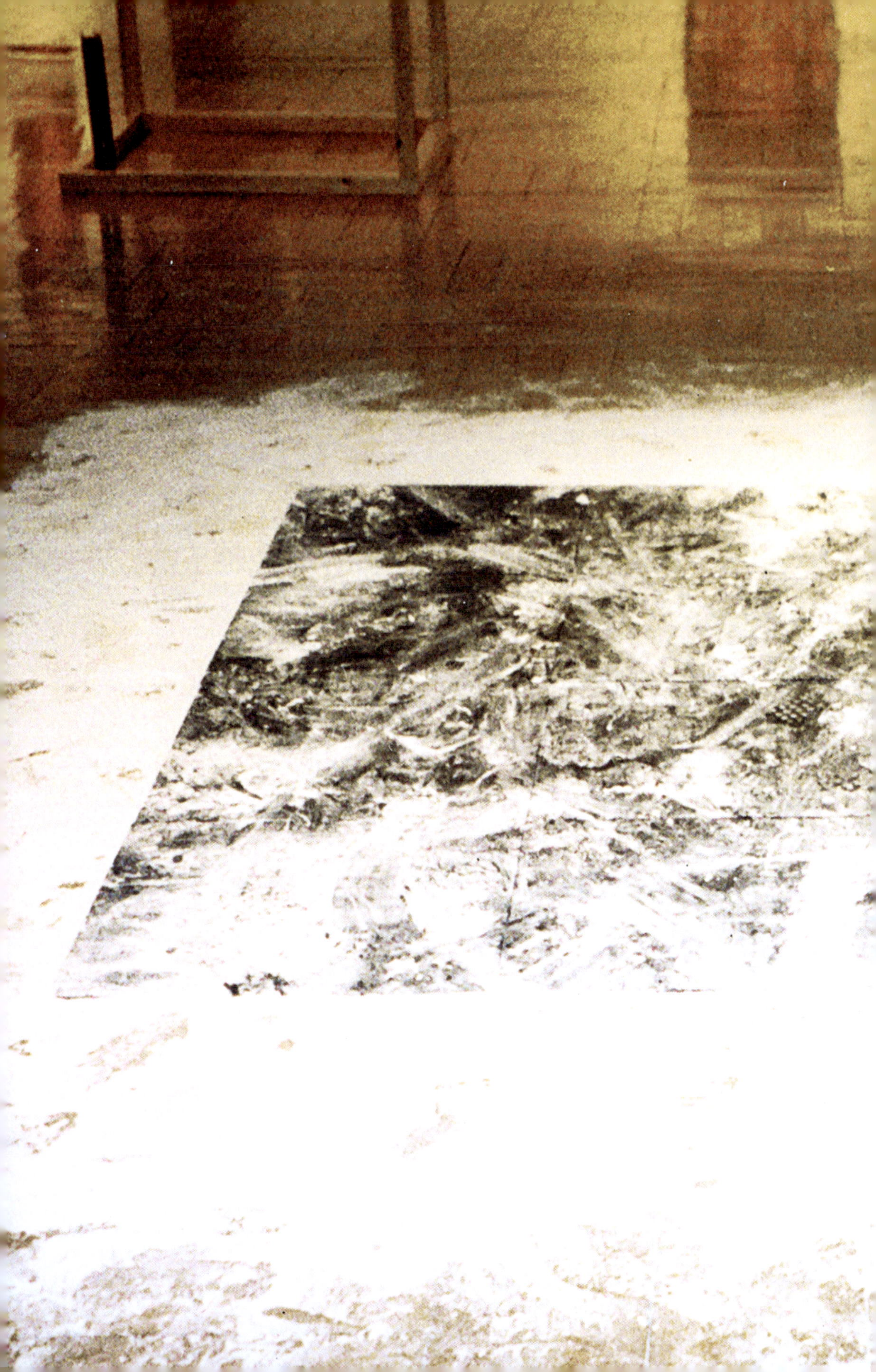

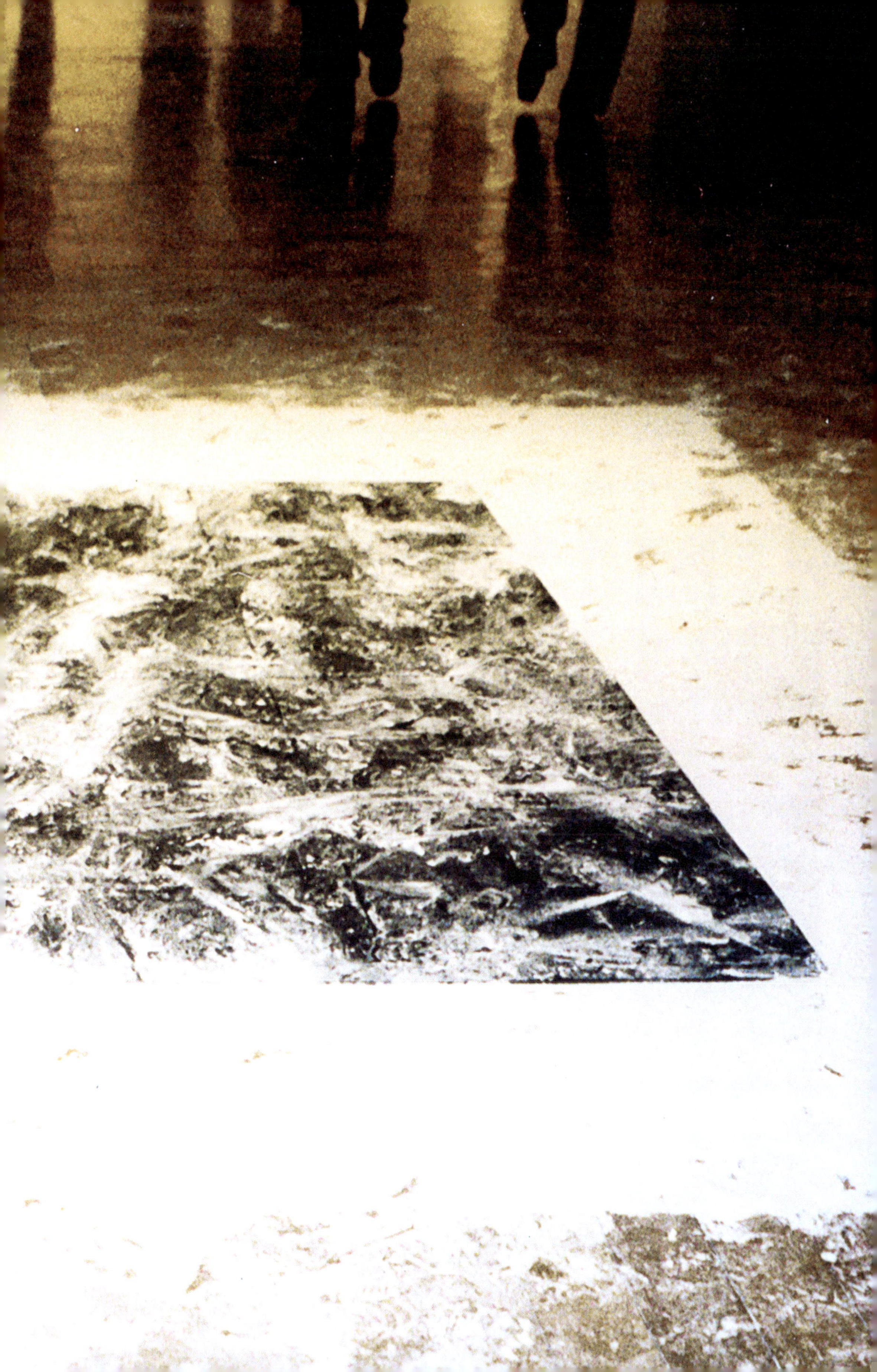

Zona Crux
[Casa Blindada]
2001

Crux Zone
[Casa Blindada]
2001

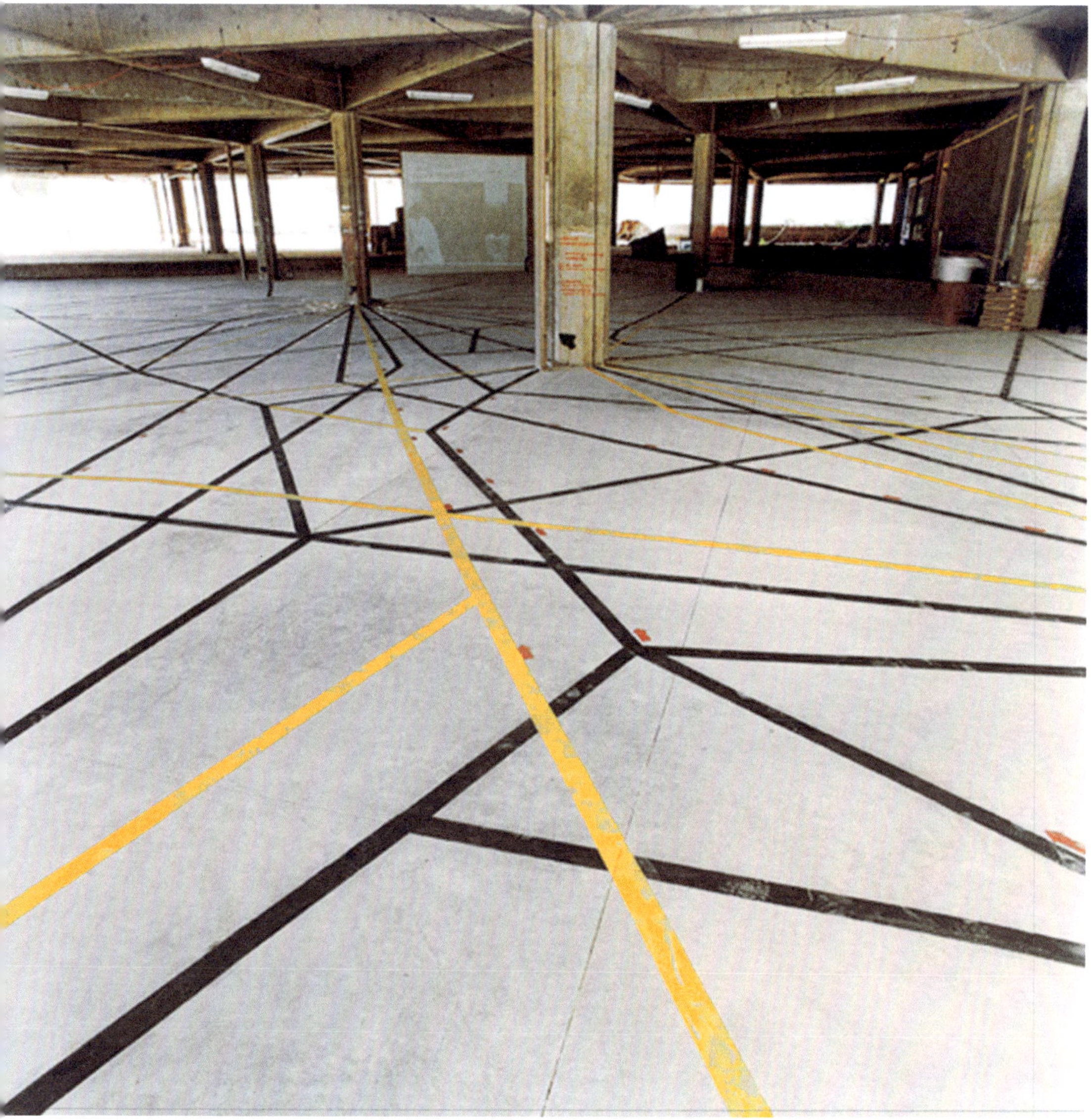

- SÃO PAULO
- MOGI DAS CRUZES
  INDAIA MARI R. DOS SANTOS
  JOSÉ DONIZE en S SANTOS
- SÃO PEDRO DO TURVO
  ARGARIDA P INOT ODE LIVE
  ARTA ALVES RIBEIRO
  PAULO FERRE VILA SILVA
- GUAR LHO S
  RON LDO DROMES BAR
- SANTO
  TATIAN DE AREIRA B TE

FABIO ARNALDO DE SOUZA
JOEL GOMES DE SOUZA

JOSÉ DALJAMA · VASCONCELO

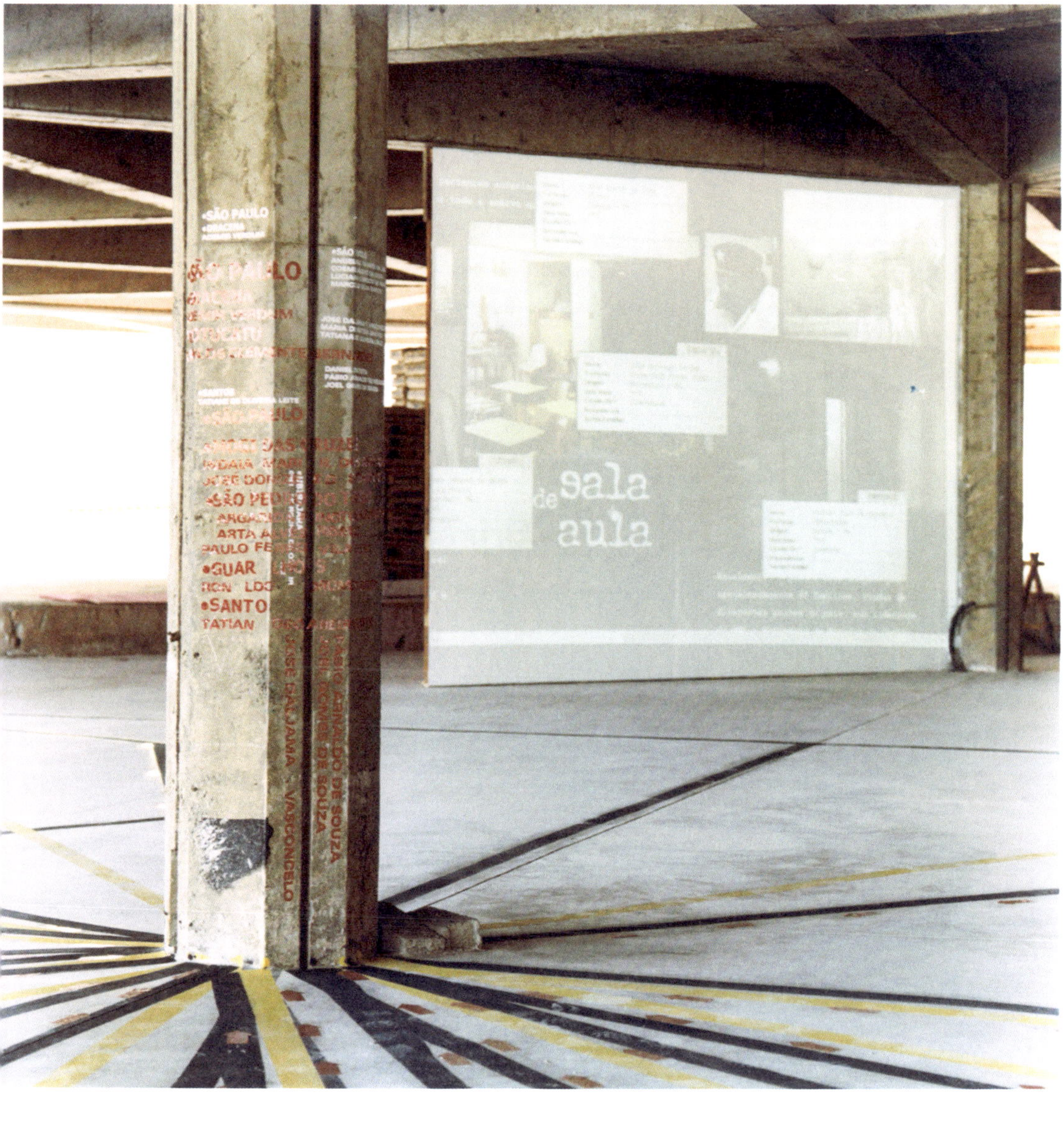
sala
de
aula

Casa Blindada no projeto *Arte/Cidade Zona Leste*

Nelson Brissac

Casa Blindada in the Project *Arte/Cidade Zona Leste*

O grupo Casa Blindada foi um dos mais instigantes experimentos artísticos do início dos anos 2000. Criador em diferentes linguagens e suportes estéticos, o coletivo marcou pelo caráter experimental e a originalidade de suas práticas.

Ocupando espaços não convencionais, como uma casa abandonada na avenida Rebouças, vedada por tapumes e placas de aço – daí o nome do grupo –, convertida num labirinto inteiramente selado, o Casa Blindada investigou materiais e soluções arquitetônicas e de design que correspondiam às situações urbanas emergentes. Já então o grupo destacava o aumento da violência urbana e a tendência dos cidadãos a se refugiarem atrás de grades, o que gera uma cidade fortificada que se defende de seus próprios habitantes suprimindo toda possibilidade de convivência social, de espaço público.

Em 2002, no projeto *Arte/Cidade*, porém, o grupo enfrentaria a situação pelo viés oposto: a condição dos excluídos

The Casa Blindada group was one of the most thought-provoking artistic experiments of the early 2000s. Working in different visual languages and mediums, the collective was important for its experimental character and for the originality of its practices.

Occupying unconventional spaces, such as an abandoned house on Rebouças avenue, boarded up with planks and steel plates – hence the name of the group, which loosely translated means "armored house" – and turned into a fully secured labyrinth, Casa Blindada investigated architectural and design materials and solutions that corresponded to the emerging urban situations. The group highlighted the increase in urban violence and the tendency of citizens to take refuge behind gates, which leads to a fortified city that defends itself from its own inhabitants, suppressing all possibility for social coexistence and public spaces.

In 2002, for the project *Arte/Cidade* [Art/City], however, the group would deal with the situation from the opposite per-

dessas áreas fortificadas, os moradores do centro da cidade, que vivem de empregos ocasionais, dormindo em pensões e casas de cômodos. O Casa Blindada enfocaria a transitoriedade imanente à condição urbana e social da região. O projeto foi realizado na zona leste de São Paulo, num perímetro de 10 km² que compreende os bairros do Brás, Pari e Belenzinho. Situado no Parque Dom Pedro, o edifício São Vito, hoje demolido, era um elemento paradigmático da região. Naquele momento, o prédio era o epicentro de processos de reestruturação urbana que poderiam, potencialmente, alterar por completo a área central de São Paulo. Investimentos especulativos visavam a construção de uma megatorre na região ocupada pela zona cerealista, instalando ali um polo corporativo globalizado.

spective: the conditions of those who are excluded from those fortified spaces, those who live downtown, with temporary jobs, sleeping in boarding houses. Casa Blindada would link this immanent transience to the urban and social condition of the region. The project was carried out on São Paulo's east side, in a 10 km² perimeter that includes the neighborhoods of Brás, Pari and Belenzinho. Situated in Parque Dom Pedro, the São Vito building, which has been demolished, was a paradigmatic element of the region. At that time, the building was the epicenter of an urban restructuring process that could potentially change São Paulo's central region completely. Speculative investments aimed at building a mega tower in the area known as "zona cerealista", or cereal zone, installing a globalized corporate hub there.

Única edificação modernista na região, o São Vito era o exemplo de uma malograda tentativa de renovação do centro da cidade. O edifício, apesar dos seus 25 andares, tinha serviços básicos, desde o fornecimento de água até os elevadores, muito precários. Em poucos anos se deteriorou e foi ocupado por um grande número de pessoas carentes – sem moradia, desempregadas, voltadas a atividades informais. Tornou-se um cortiço vertical que abrigava cerca de quatro mil pessoas, distribuídas em 624 apartamentos de 7,20 × 3 m. O edifício apresentava diferentes tipos de uso, incluindo além do residencial, atividades de comércio, serviços e uma unidade industrial. Um caso emblemático dos impasses urbanísticos da cidade.

No início da década, esta era a situação: o edifício São Vito, ainda ocupado, vinha sendo alvo de propostas de demolição. Depois, um novo governo municipal empreenderia a evacuação do prédio, para reformas e realocação dos moradores. Por fim, em 2005, se decidiu definitivamente por sua demolição.

Uma vez que o Estado não tem sido mais capaz de centralizar o enfrentamento de questões urbanísticas e sociais

The only modernist building in the region, São Vito was an example of a failed attempt to renovate the city center. Despite its 25 floors, the building had very basic services, from its water supply to its very precarious elevators. In a few years it deteriorated and was occupied by a large number of poverty-stricken people – without homes or formal employment. It became a vertical tenement housing for about 4,000 people, in 624 apartments measuring 7.20 × 3 meters. The building was not only residential; it also had commercial activities, services and an industrial unit. It was an emblematic example of the city's urban dilemmas.

In the early 2000s, the São Vito building, which was still occupied, was the subject of much debate and a target of demolition proposals. Later, a new municipal government would undertake the evacuation of the building for restoration and the relocation of its residents. Finally, in 2005, they decided upon its demolition.

Once the government is no longer able to centralize the confrontation of urban and social issues on a metropolitan scale, what initiatives can the city undertake? Large-scale urban development projects promoted by large real estate corporations and

nas proporções metropolitanas, quais são as iniciativas que a cidade poderia empreender? Os projetos de desenvolvimento urbano em larga escala para a área, promovidos por grandes corporações imobiliárias e pelo capital financeiro internacional, tinham uma alternativa: a demolição do prédio e a incorporação da sua área ao enclave corporativo, dotado de equipamentos voltados ao turismo cultural.

Quais outras alternativas, no contexto de uma ampla restruturação urbana da região, poderiam ter sido pensadas? Tratava-se de um divisor de águas: se São Paulo não consegue equacionar um problema como o desse prédio, situado numa das áreas mais propícias para projetos de desenvolvimento urbano, isso é indicativo de que ela não consegue se integrar à dinâmica das grandes metrópoles mundiais.

international financial capital had one alternative: to demolish the building and incorporate the property into the corporate enclave, equipped for cultural tourism.

What other alternatives, in the context of a broad urban restructuring of the region, could have been considered? It was a game changer: if São Paulo cannot solve a problem such as the one of this building, located in one of the most favorable areas for urban development projects, it is a sign that it cannot integrate with the dynamics of large world metropolises.

This was the context in which Casa Blindada developed its "equipment for temporary residents" project and its reading of the impact of real estate speculation on the São Vito building (*Impenetrable*, 2002, p. 152). Originality and spontaneity in the improvisation of houses and equipment have been characteristic of the marginal-

É nesse contexto que o Casa Blindada desenvolveu seu projeto de equipamentos para moradores transitórios e sua leitura do impacto da especulação imobiliária sobre o edifício São Vito (*Impenetráveis*, 2002, p. 152). A originalidade e a espontaneidade na improvisação de moradias e equipamentos têm sido uma marca da população marginalizada. Hélio Oiticica destacou o potencial plástico e perceptivo das favelas, com seus espaços que se misturam, feitos de conexões e transparências. As recentes mudanças nas condições metropolitanas parecem, porém, ter engendrado outro repertório. Confrontadas com situações de crescente precariedade e violência, essas populações desenvolveram outros modos de conformar o espaço urbano. Expedientes de sobrevivência, baseados no uso intensivo das áreas habitáveis e do mobiliário.

No projeto *Arte/Cidade Zona Leste*, o grupo Casa Blindada reconstituiu esses dispositivos de moradia, num pavilhão si-

ized population. Hélio Oiticica highlighted the visual and perceptive potential of favelas, with mixed spaces that are made of connections and transparencies. Recent changes in the metropolitan conditions, however, seem to have engendered a different repertoire. Faced with increasing precariousness and violence, these populations have come up with other ways of conforming the urban space. Survival records based on the intensive use of living areas and furniture.

In *Arte/Cidade Zona Leste*, the Casa Blindada group reconstructed these living arrangements in a pavilion located in Pari courtyard, near the São Vito building. The "closet-bed" is a two-in-one furniture for sleeping and storing belongings, suitable for those who have nowhere to stay. Made from furniture that was actually created in the building, so as to allow a high turnover in the occupation of the apartments, are resources developed for the war for urban space.

tuado no Pátio do Pari, próximo ao edifício São Vito. As "camarmários" são instrumentos combinados para dormir e guardar pertences, próprios para quem não tem onde ficar. Feitos a partir de mobiliário efetivamente criado no edifício, de modo a permitir uma alta rotatividade na ocupação dos apartamentos, são recursos desenvolvidos para a guerra pelo espaço urbano.

As "camarmários" não são um produto de design convencional. Não se trata de elaborar novas formas estilizadas para o mobiliário doméstico. Os artistas simplesmente rearranjaram o mobiliário popular, usando portas e escadas de madeira comuns, para configurar um dispositivo para estadia transitória. Partiram dos elementos existentes, disponíveis no centro da cidade, para engendrar utensílios que capacitem para a sobrevivência na metrópole.

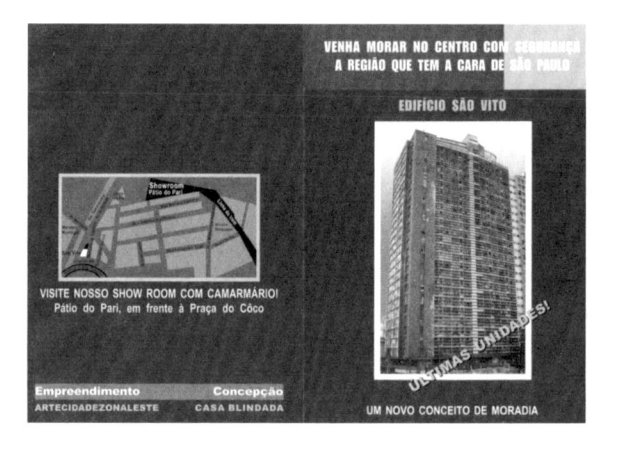

The "closet-beds" do not have a conventional design. It is not about creating new stylized forms for home furniture. The artists simply rearranged the low-cost furniture using ordinary wooden doors and ladders, to set up a device for temporary accommodation. They used existing elements, available downtown, to create appliances that would enable surviving in the metropolis.

The group also created billboards, leaflets and newspaper ads – similar to those used in real estate ads to announce apartment "sale" in São Vito. A paradoxical and ironic reinsertion of a run-down building condemned to demolition in all of the region's corporate development projects on the real estate market. An advertising that shows the exclusion of these occupations from the city's mechanisms of political and financial power and the closed fire of real estate speculation. The work was based on

O grupo também criou peças publicitárias – *outdoors*, folhetos e anúncios de jornal – semelhantes às usadas em promoções imobiliárias, para divulgar a "venda" de apartamentos no São Vito. Uma reinserção paradoxal e irônica de um edifício encortiçado, condenado à demolição em todos os projetos corporativos de desenvolvimento da região, no mercado imobiliário. Uma promoção que evidencia a exclusão dessas ocupações dos mecanismos de poder político e financeiro da cidade e o fogo cerrado da especulação imobiliária.

O trabalho foi baseado em extensa pesquisa sobre os vários processos, movidos nos últimos anos, visando a desapropriação do edifício e a documentação publicada na imprensa. O material é acompanhado por um vídeo feito com os moradores.

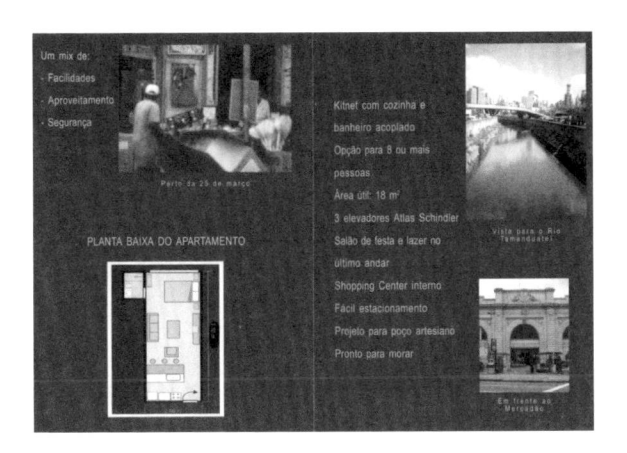

extensive research on the various lawsuits in recent years aimed at expropriating the building and information published in the press. The material is accompanied by a video that was filmed with the building's residents.

A Oeste o Muro [Colônia]
2000

To the West the Wall [Cologne]
2000

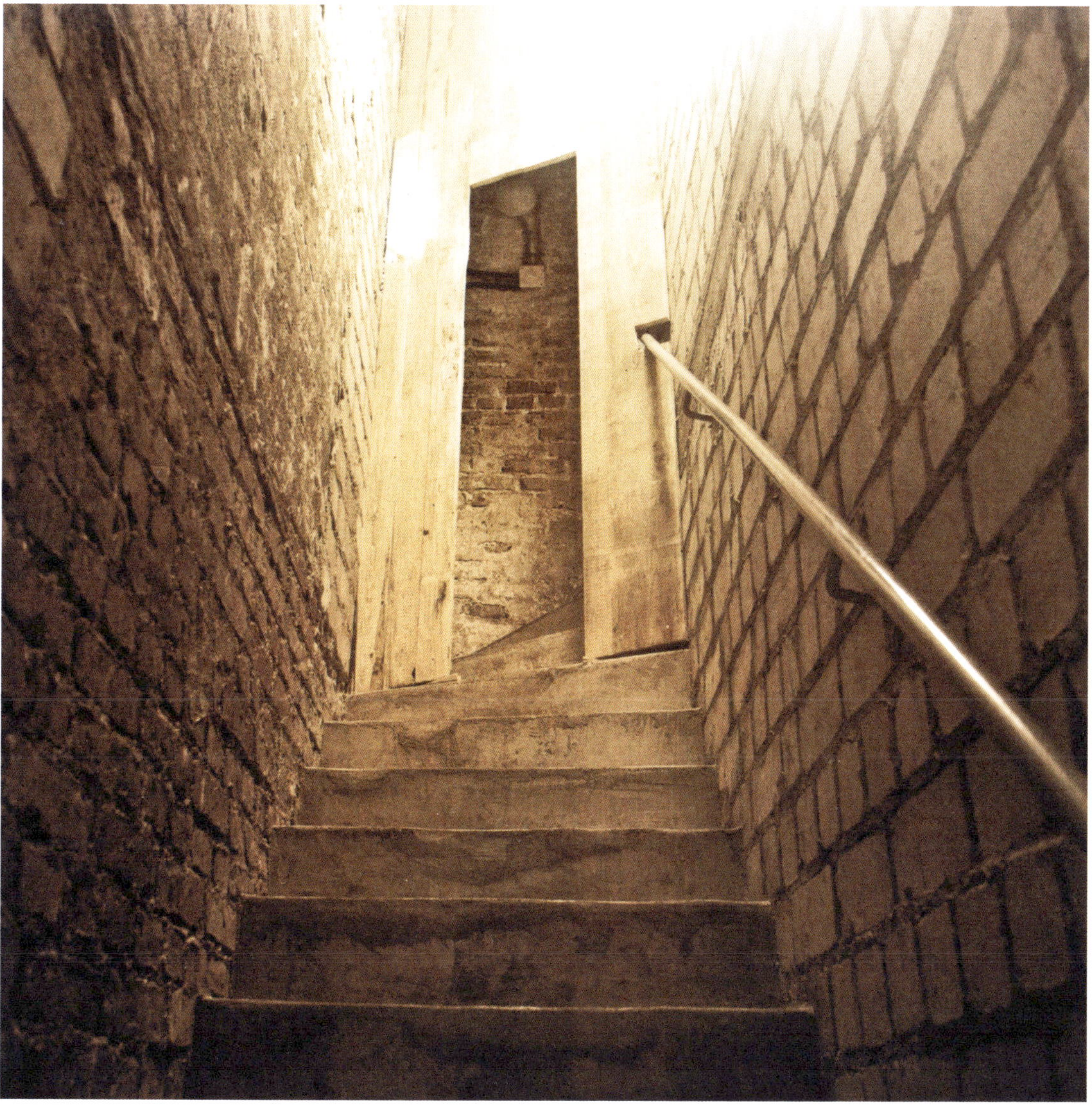

198

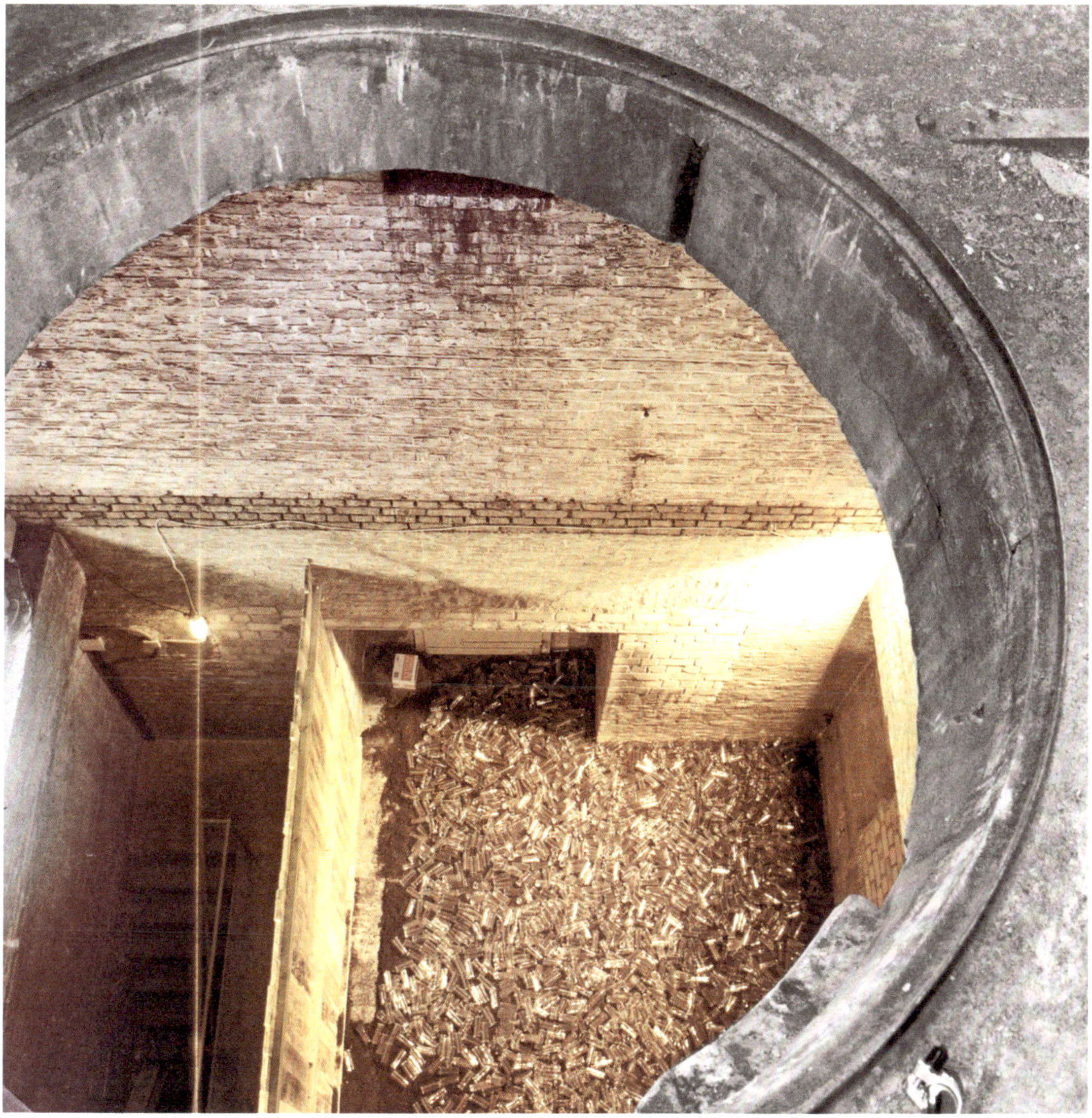

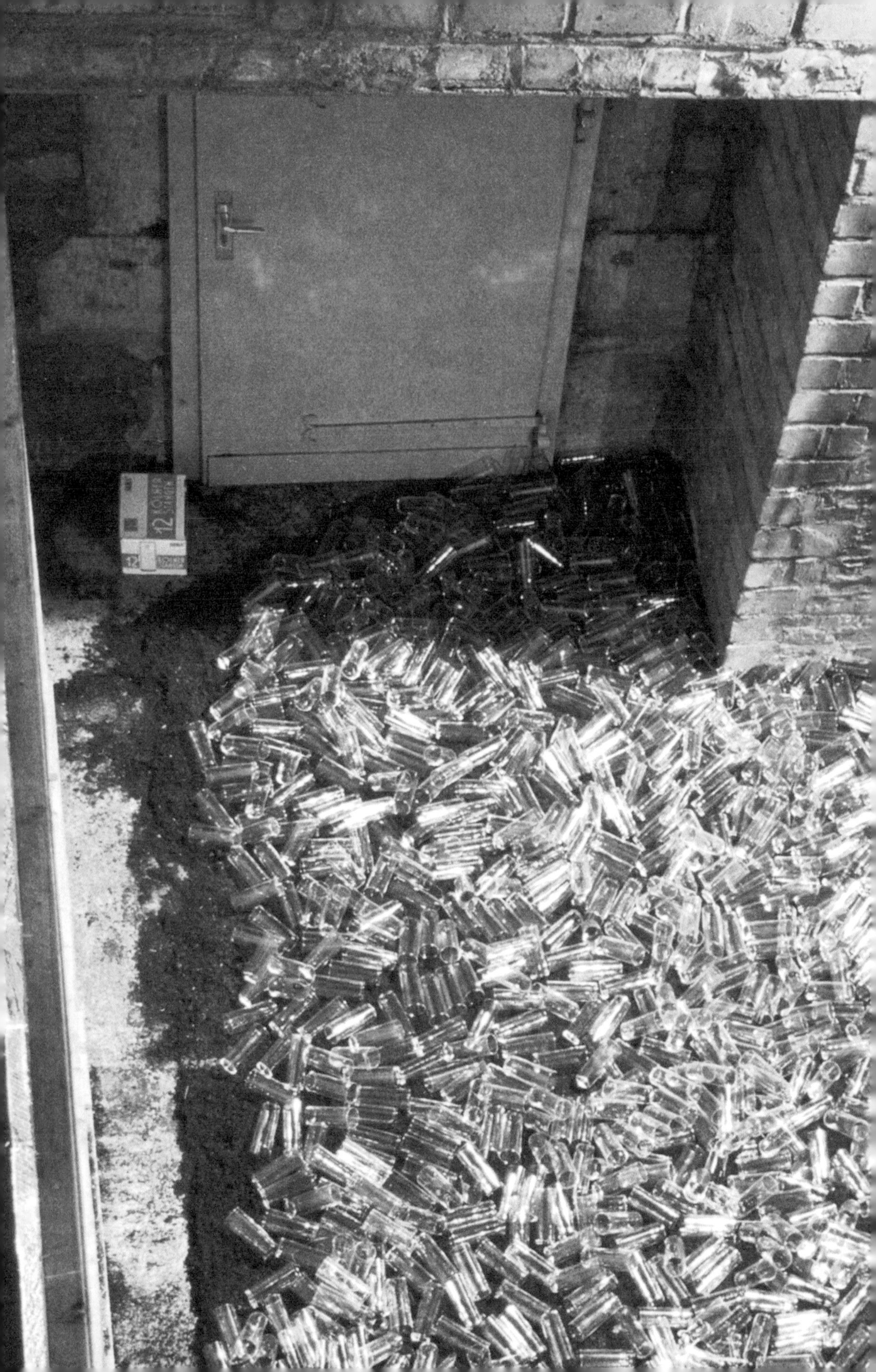

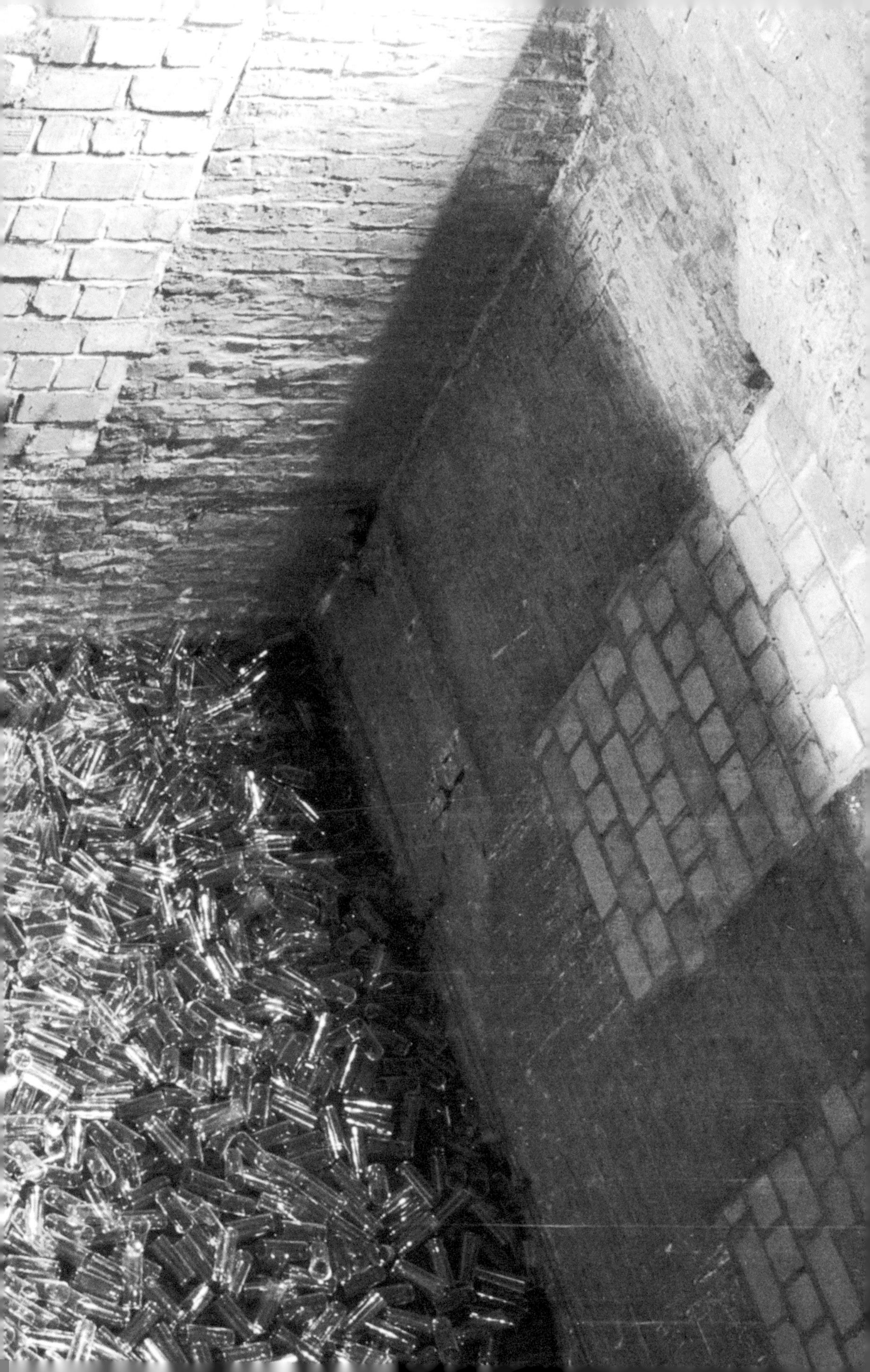

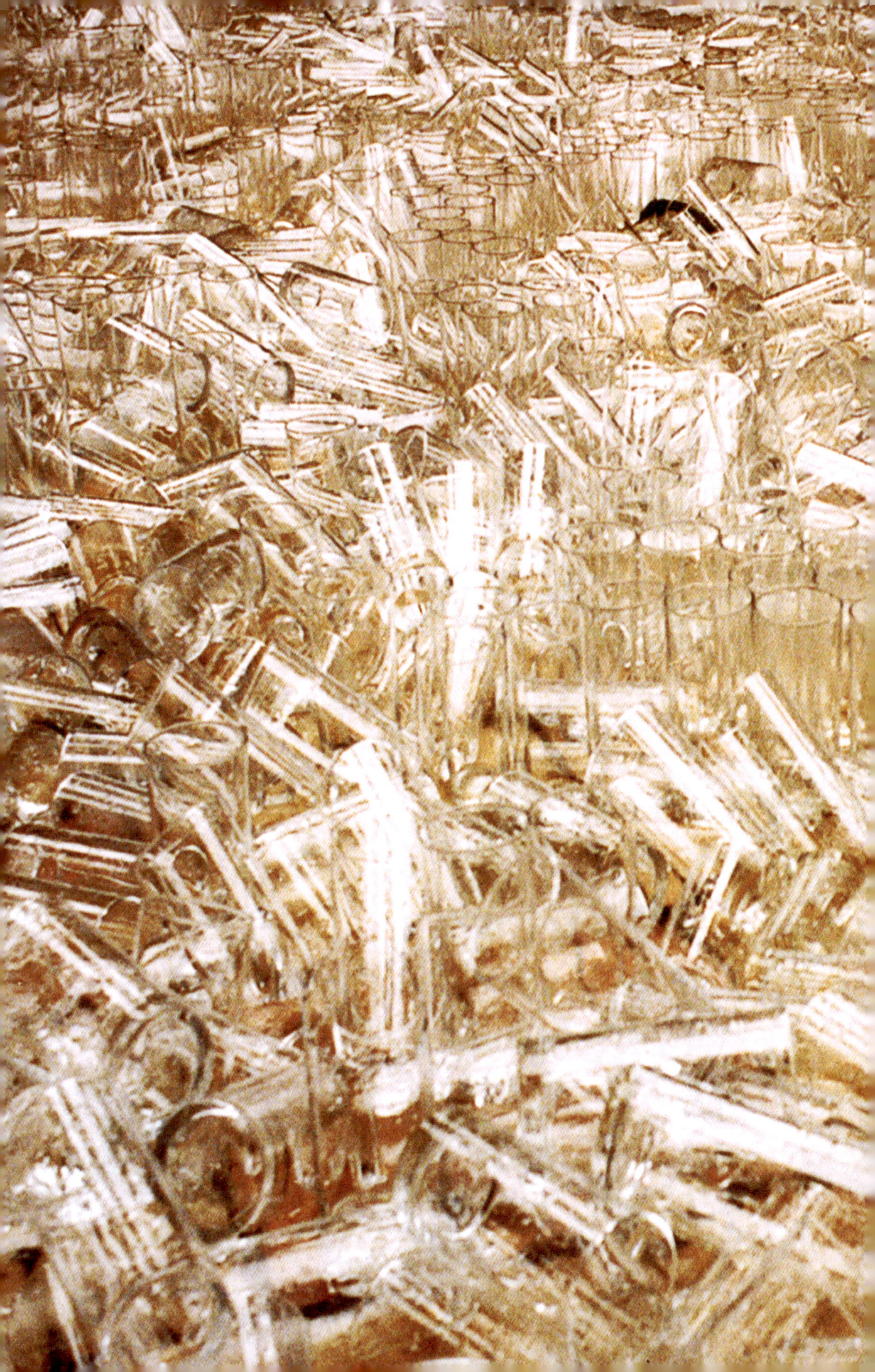

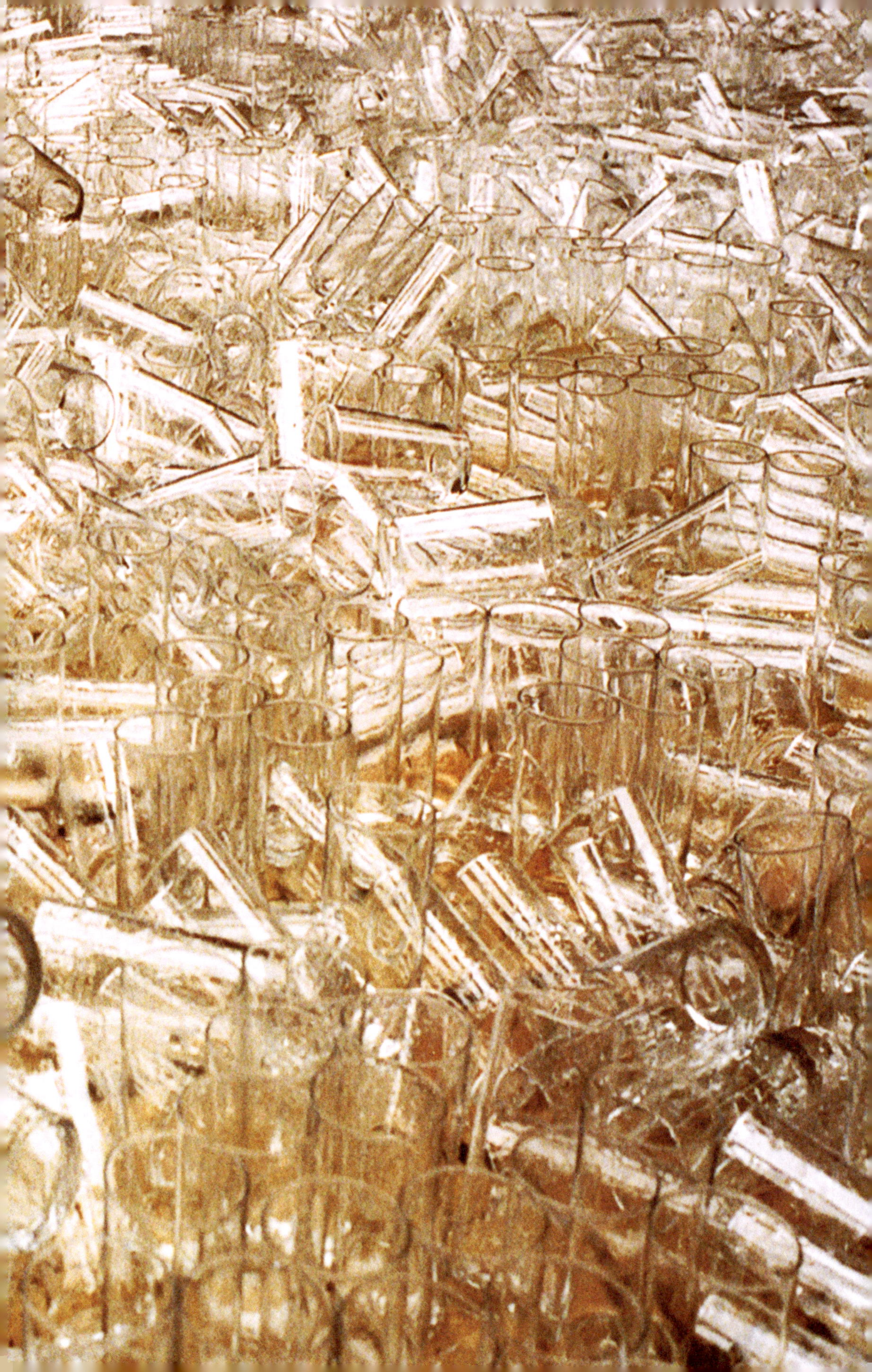

Gessado
[Casa Blindada]
2000

Plastered
[Casa Blindada]
2000

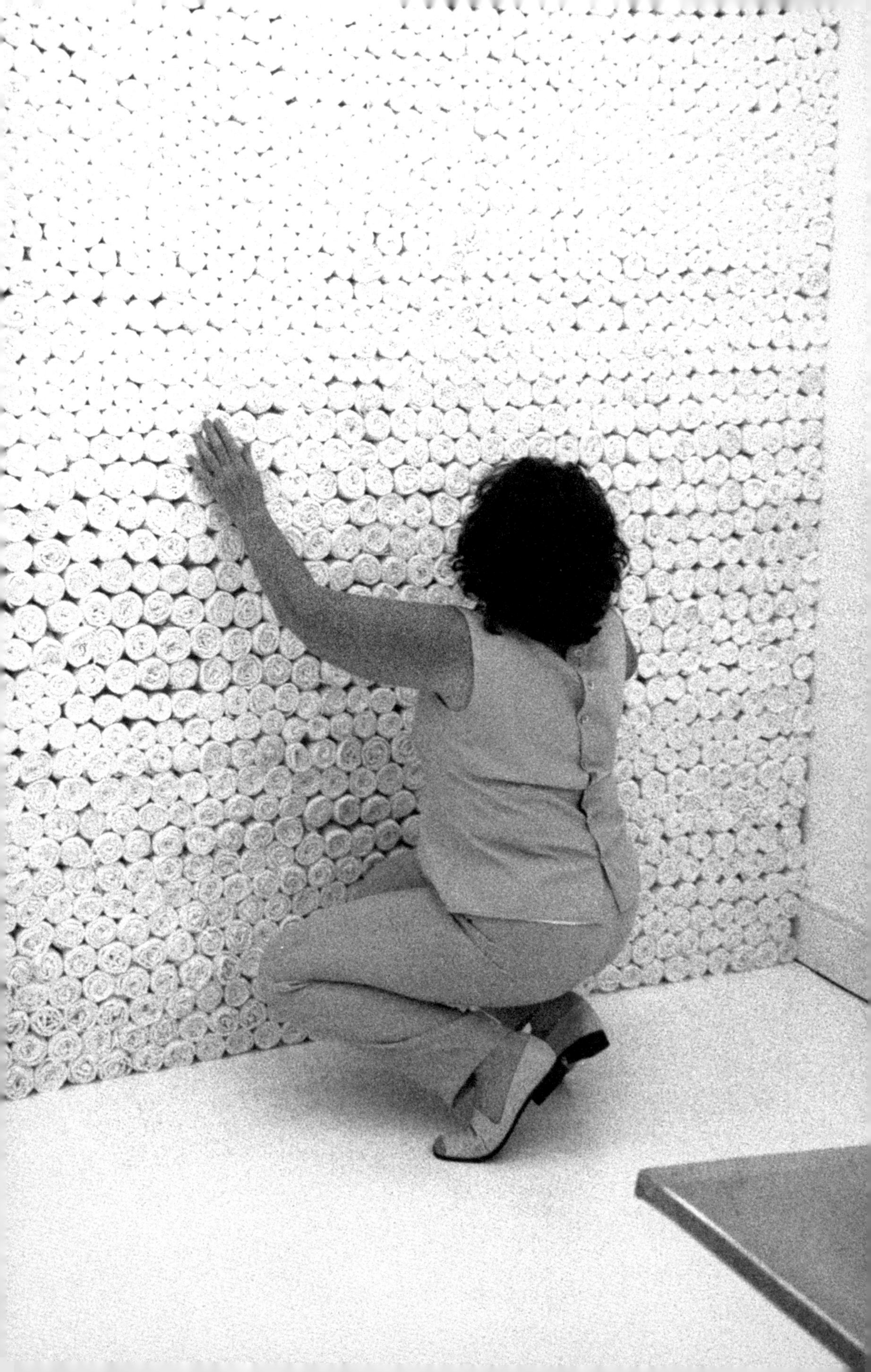

Cartografia pessoal

Jurandy Valença

Personal Cartography

Antigamente a paisagem era somente um pano de fundo em que se desenrolavam cenas realmente importantes, uma coadjuvante de um filme no qual os atores/atrizes principais eram retratos, cenas religiosas e pinturas mitológicas. Desde o Romantismo, no entanto, a paisagem passou a ser a protagonista da cena e ter o papel central em muitos trabalhos de arte, uma vez que após a Revolução Industrial o homem enxergava a natureza como máxima potência em contraposição à sua própria escassez. Apropriando-se dessa herança, a paisagem marcou presença na arte contemporânea, sendo o tema de um dos principais trabalhos expostos na individual de Eva Castiel: *Feelings não têm fronteira*, de 2012.

Exposta na galeria Mônica Filgueiras em São Paulo, a obra foca seu olhar na natureza, principalmente na paisagem, tema que está intrinsecamente ligado à noção de território e arte. *Feelings*

In the past, landscape was only a backdrop in which really important scenes unfolded, a supporting part of a film in which the main "actors" were portraits, religious scenes and mythological paintings. During Romanticism, however, landscape became a protagonist and began playing a central role in many works of art since, after the Industrial Revolution, man has seen nature as the greatest power in opposition to his own scarcity. Taking advantage of this heritage, landscape left its mark in contemporary art, being the theme of one of the main works featured in Eva Castiel's solo show: *Feelings não têm fronteira* [*Feelings Do Not Have Borders*, 2012].

Exhibited at Mônica Filgueiras art gallery in São Paulo, the work focuses on nature, especially on landscape, a theme that is intrinsically linked to the notion of territory and art. *Feelings não têm fronteira* proposes a dialogue between nature and contem-

não têm fronteira propõe um diálogo entre a natureza e o homem contemporâneo, observando que contemplar a paisagem é sentir-se no mundo. A exposição apresenta uma série de dez fotografias realizadas na África, uma instalação composta de duas imagens em grande formato, um tapete no qual está impressa uma imagem, além de um vídeo que reúne imagens de três mares diferentes. Eva se apropria dos registros de fotografia digital, ampliando e trabalhando sobre eles com encáustica, técnica de pintura que consiste no uso de pigmentos e de cera, que deixam a superfície translúcida. Assim, a artista recria paisagens por via de construções plásticas que dialogam com a pintura e a escultura, como se quisesse trazer de volta para a paisagem a tridimensionalidade perdida no registro fotográfico, em si bidimensional.

Nas imagens apresentadas na instalação existe uma manualidade do "fazer artístico", uma remissão ao trabalho que o porary man, noting that to contemplate the landscape is to feel like you are in the world. The exhibition features a series of ten photographs taken in Africa, an installation composed of two large-scale images, a carpet with an image printed on it, and a video that joins together images of three different seas. Castiel appropriates digital photographic records, enlarging and working on them with encaustic painting, a technique that uses pigments and wax, which make the surface translucent. Thus, the artist recreates landscapes through visual constructions that dialogue with painting and sculpture, as if she wanted to bring back to the landscape the three-dimensionality lost in the two-dimensional photographic record.

In the images presented in the installation there is a manuality of the "artistic making," a reference to the work that the sculptor does gradually with his hands. This reference, however, is much

escultor faz paulatinamente com as mãos. Essa referência é, no entanto, muito mais um pensamento que se constrói como um quebra-cabeça e que se soluciona por si só. Ao imprimir, em formato A4, a imagem original em papel japonês Washi, pedaço por pedaço, fragmento por fragmento, Eva vai juntando, colando um a um e recompondo a sua totalidade. Para a artista, é no fazer, na manipulação, na estruturação da obra que o pensamento vai se construindo, concomitante à realização material.

As duas imagens exibem jipes militares capotados. Ao inverter os carros e, em consequência a perspectiva, a artista sutilmente introduz um viés político ao trabalho. Esse elemento urbano e militar inserido na natureza é o protagonista dos quadros. O fato de estarem invertidos desloca a percepção para outro plano, criando um estranhamento e daí o viés político. Todo o conjunto de imagens apresentado traz em si uma forte carga pictórica, situando-se no limite entre a fotografia e a pintura.

more a thought that is constructed as a puzzle and that is solved on its own. When printing the original image on Washi japanese paper in A4 size, piece by piece, fragment by fragment, Castiel glues them one by one and recomposes its totality. For the artist, it is in the doiyting, handling, structuring of the work that thought process is constructed, concurrent with the material realization.

Both images show overturned military jeeps. By inverting the cars and, consequently, the perspective, the artist subtly introduces a political bias to the work. This urban and military element inserted in nature is the protagonist of the work. The fact that they are inverted shifts the perception to another plane, creating a feeling of unfamiliarity, hence the political bias. The set of images presented carries in itself a strong pictorial load, situated on the border between photograph and painting.

In addition to bringing a pictorial factor – they are, after all, images of landscapes –, the photographs are modified, and in the end present an evident materiality thanks to the use of encaustic.

Além de trazer um dado pictórico, afinal são registros de paisagens, as fotografias são retrabalhadas e ao final apresentam uma materialidade evidente devido ao uso da encáustica sobre elas.

Há então polos diversos por quais Eva transita. Seja a bidimensionalidade e a tridimensionalidade, a fotografia e a pintura, a escultura e a colagem, a natureza e o homem, há sempre um interstício – pequeno espaço entre as partes de um todo ou entre duas coisas contíguas. E é nele que a obra da artista dialoga com a pintura de Caspar David Friedrich, pintor, gravurista, desenhista e escultor alemão, ligado ao Romantismo, e cujo tema preferido era o homem em relação à paisagem, muitas vezes impregnadas de uma atmosfera nostálgica e efeitos de luz dramáticos, no qual foi um mestre. Nas palavras de Friedrich, "o artista deve não só pintar aquilo que vê diante de si,

There are, therefore, several poles through which Castiel shifts. Be it two-dimensionality and three-dimensionality, photography and painting, sculpture and collage, nature and man, there is always an interstice – a small space between the parts of a whole or between two contiguous things. And it is in that interstice that the artist's work dialogues with that of Caspar David Friedrich, German painter, engraver, draftsman and sculptor, linked to Romanticism; whose favorite subject was man in relation to the landscape, often permeated with a nostalgic atmosphere and dramatic light effects, of which he was a master. In Friedrich's words, "the artist should not only paint what he sees before him, but also what he sees within him".[1] In her works, Eva

---

[1] Caspar David Friedrich apud William Vaughan. *German Romantic Painting*. Connecticut: Yale University Press, 1994, p. 68.

mas também o que vê dentro de si".[1] Em seus trabalhos, Eva busca recuperar a memória da paisagem, deslocá-la, trazê-la para outra situação, para outro contexto.

A representação da paisagem em sua série fotográfica é uma maneira de sintetizar a experiência e a memória do lugar, registrando, assinalando uma cartografia própria, um território sem limites, sem fronteiras, onde parece ecoar a frase de Montaigne, "eu observo a passagem, não a paisagem". Os vídeos exibidos, captados em diferentes regiões costeiras, trazem o ir e vir das ondas de três mares em três televisores diferentes, que em seu barulho incessante parecem interrogar a relação entre a percepção da natureza e a possibilidade de deslocamentos que ela proporciona.

Como a artista mesma afirma: "Em minha obra procuro sempre pensar nos interstícios. Não pretendo me instalar neste ou naquele, mas no entre".

[1] Caspar David Friedrich apud William Vaughan. *German Romantic Painting*. Connecticut: Yale University Press, 1994, p. 68.

Castiel seeks to recover the memory of landscape, to displace it, to bring it to another situation, another context.

The representation of landscape in her photographic series is a way of synthesizing the experience and the memory of the place, of recording and signaling a personal cartography; a territory without boundaries, without frontiers, where Montaigne's phrase seems to echo, "I observe the passage, not the landscape." The videos displayed, captured in different coastal regions, bring the coming and going of the waves of three seas on three separate screens, which in their ceaseless noise seem to question the relationship between the perception of nature and the possibility of displacements that it allows.

As the artist herself states: "In my work I always try to think of the interstices. I do not intend to settle here or there, but in-between".

Sweet Dreams
1998

Sweet Dreams
1998

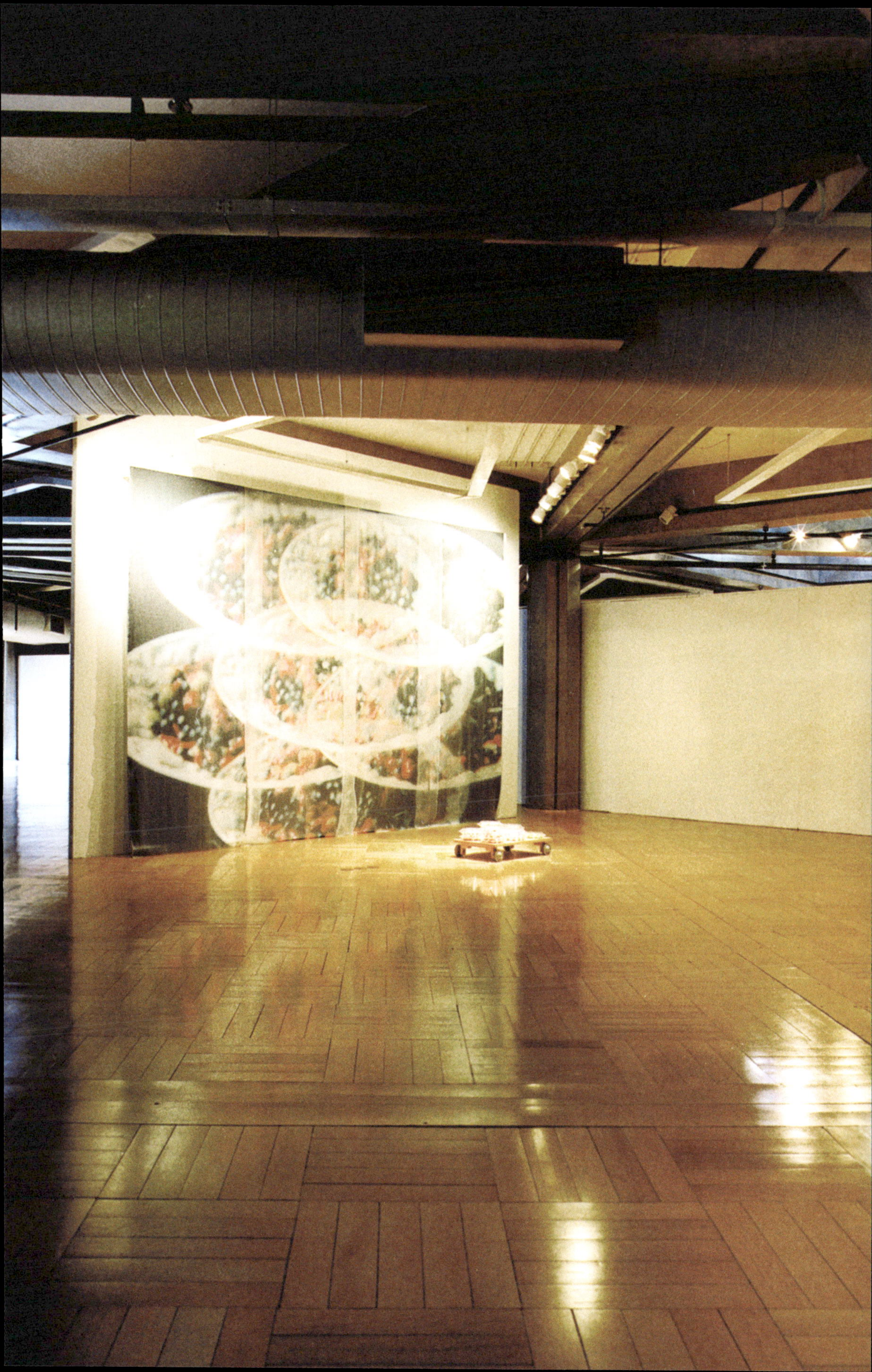

A Oeste o Muro [Capela do Morumbi]
1998

To the West the Wall [Morumbi Chapel]
1998

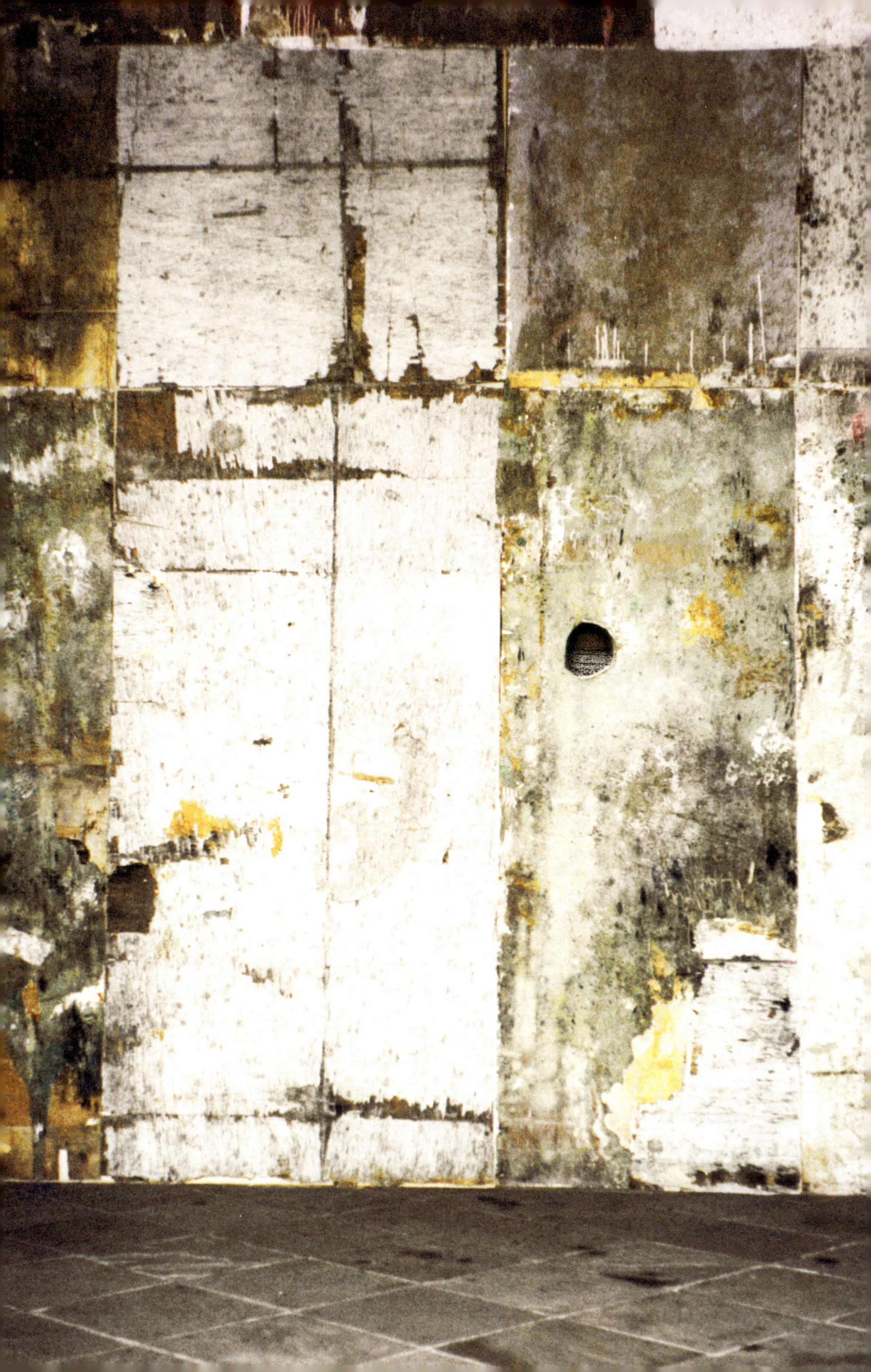

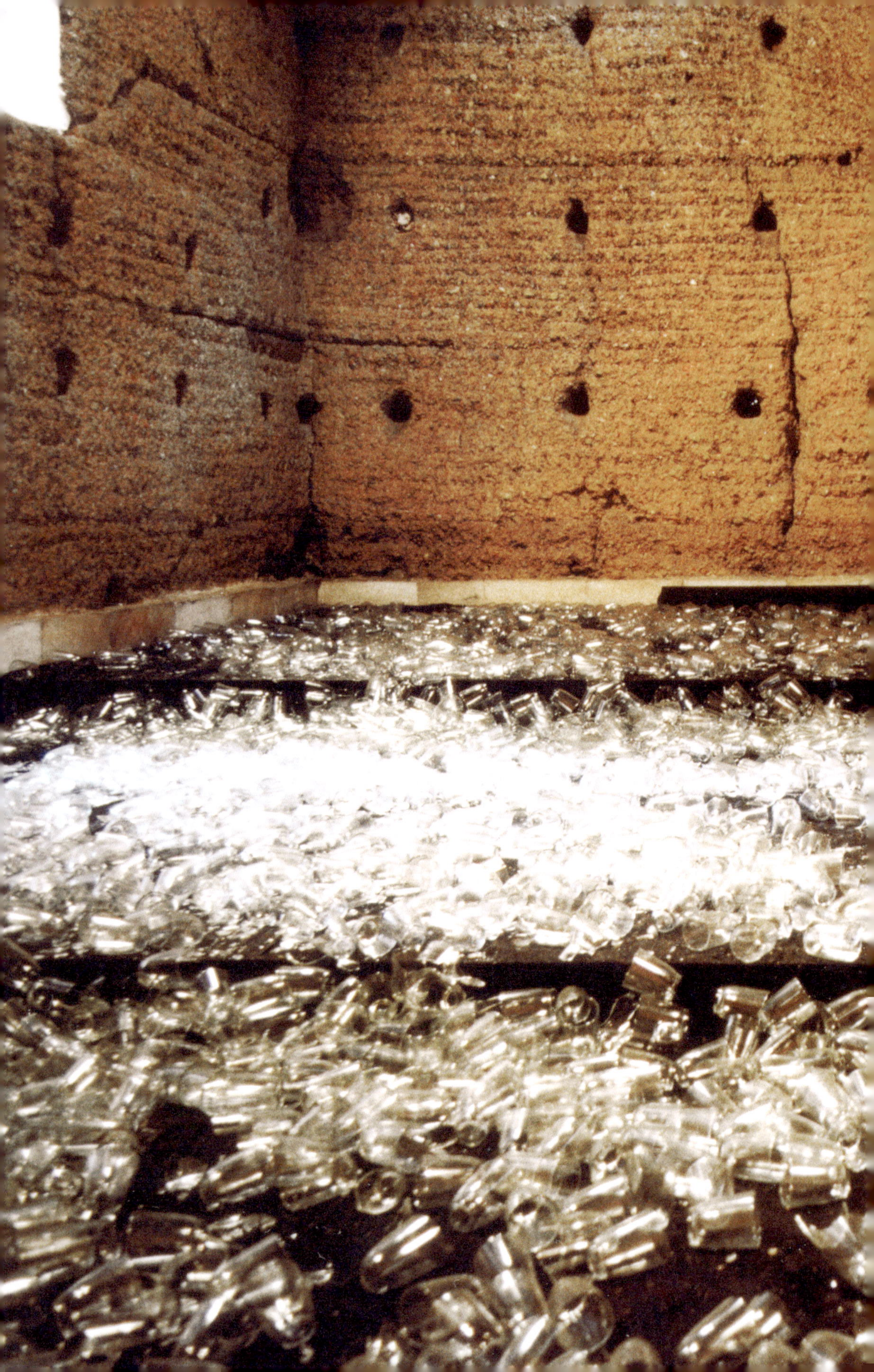

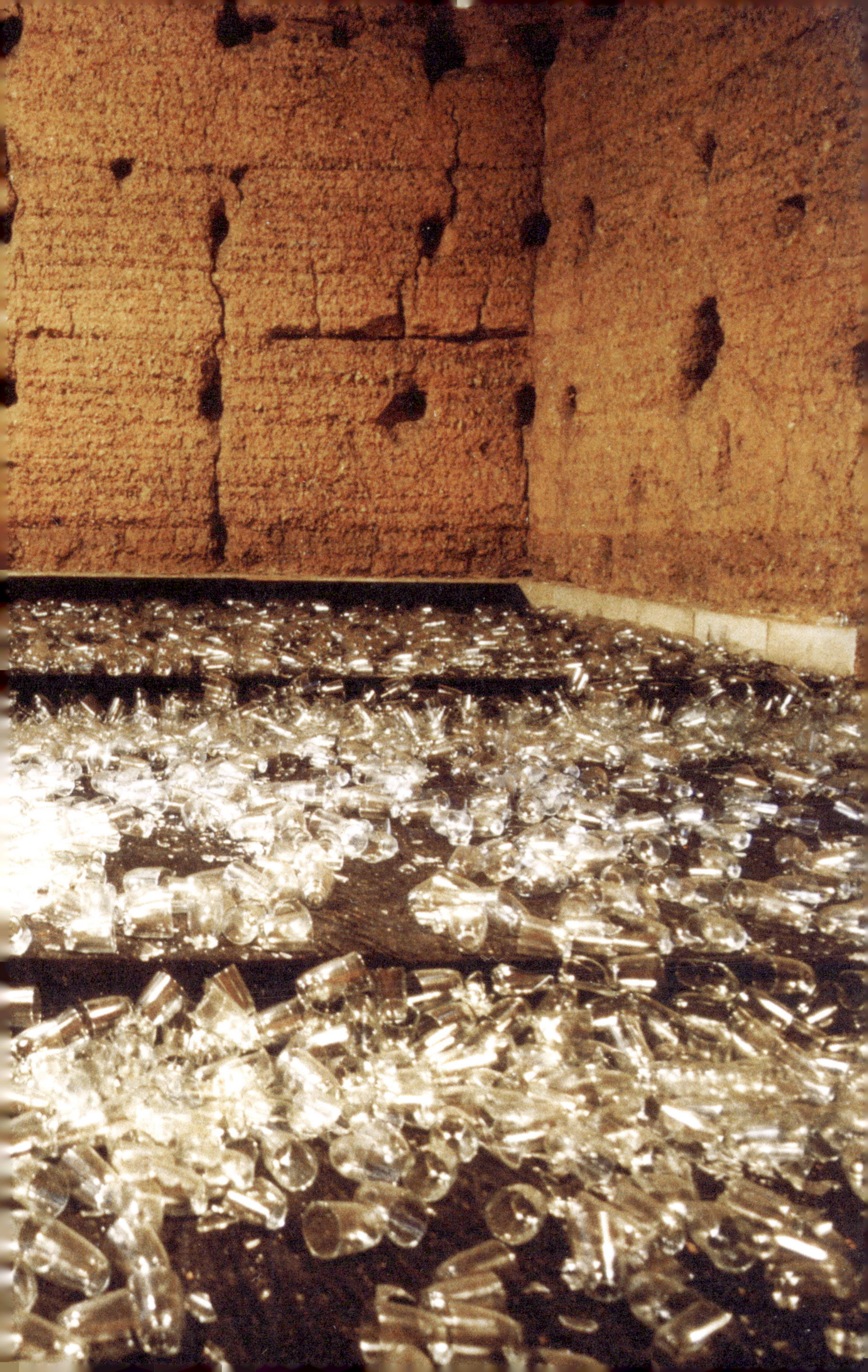

Quadrante
1996

Quadrant
1996

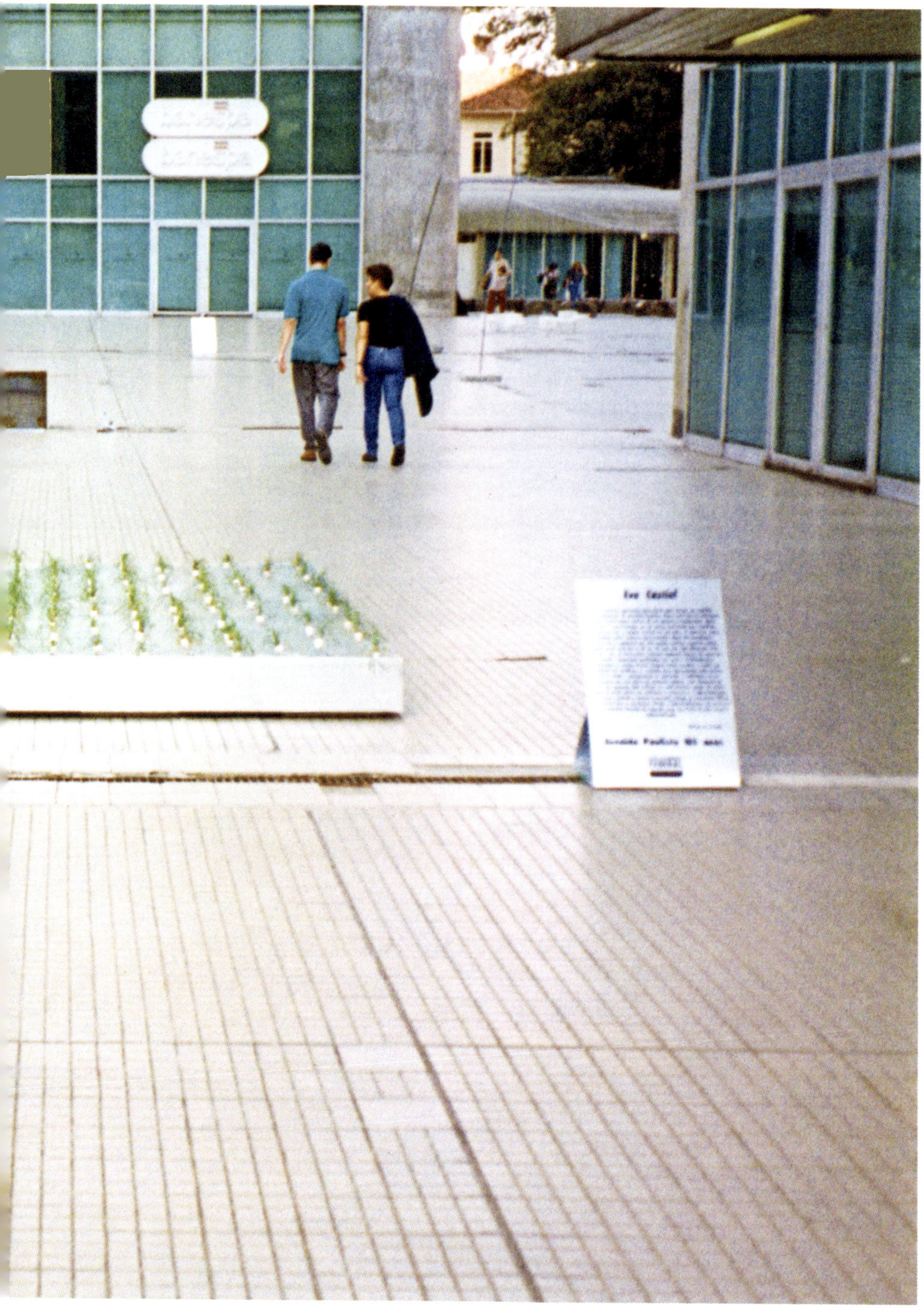

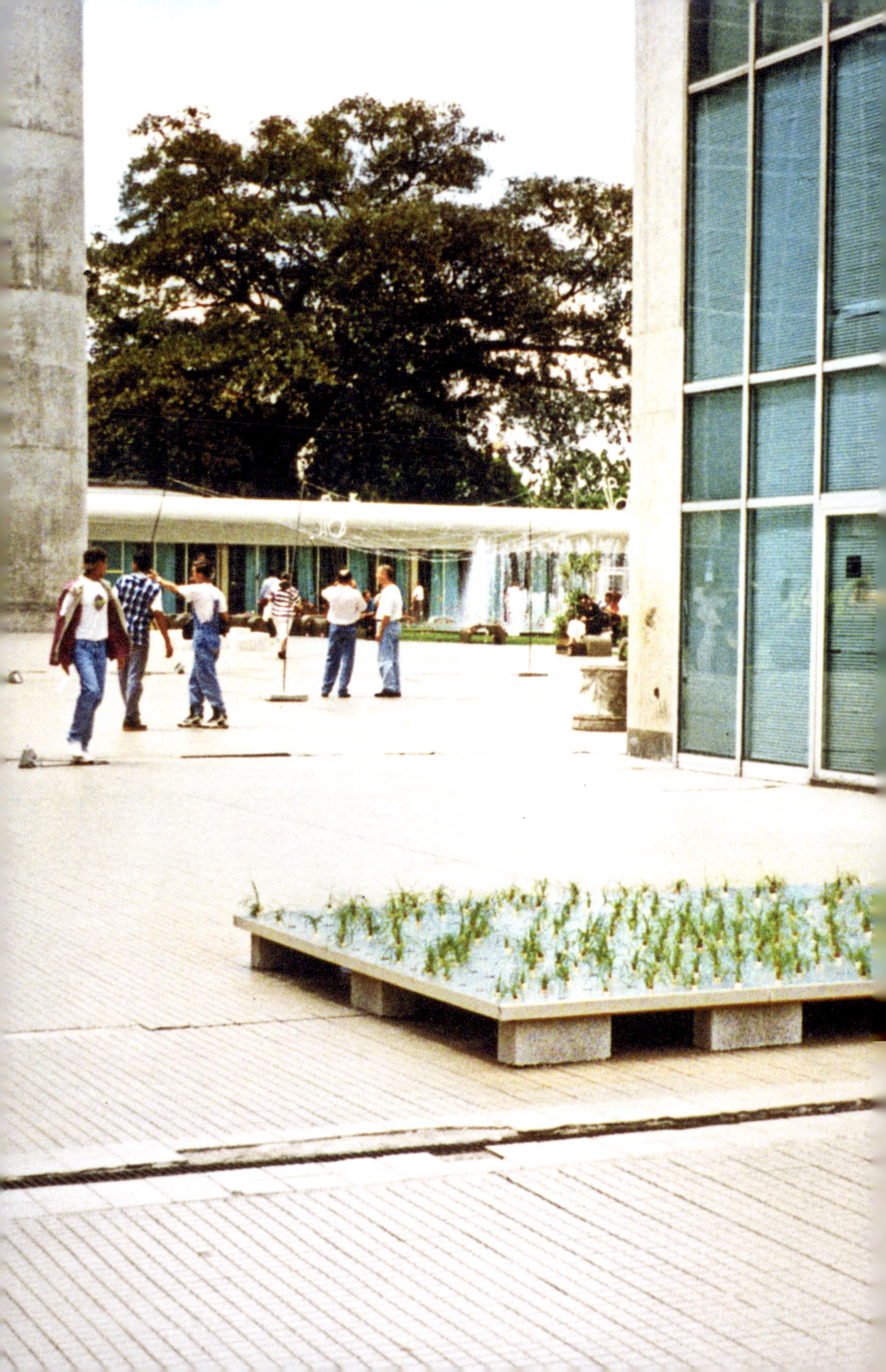

POUPANÇA AZUL
IMOBILIÁRIA

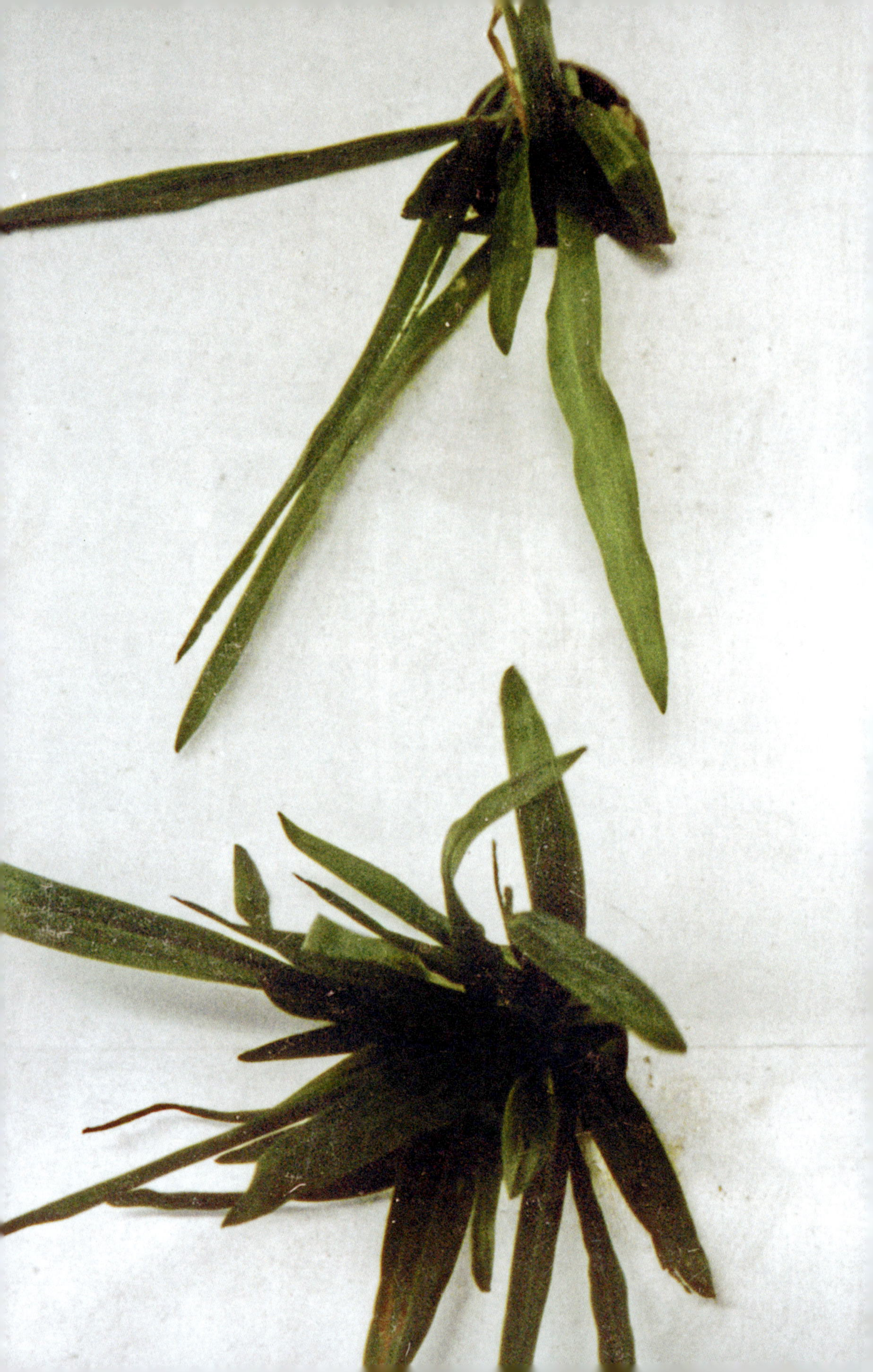

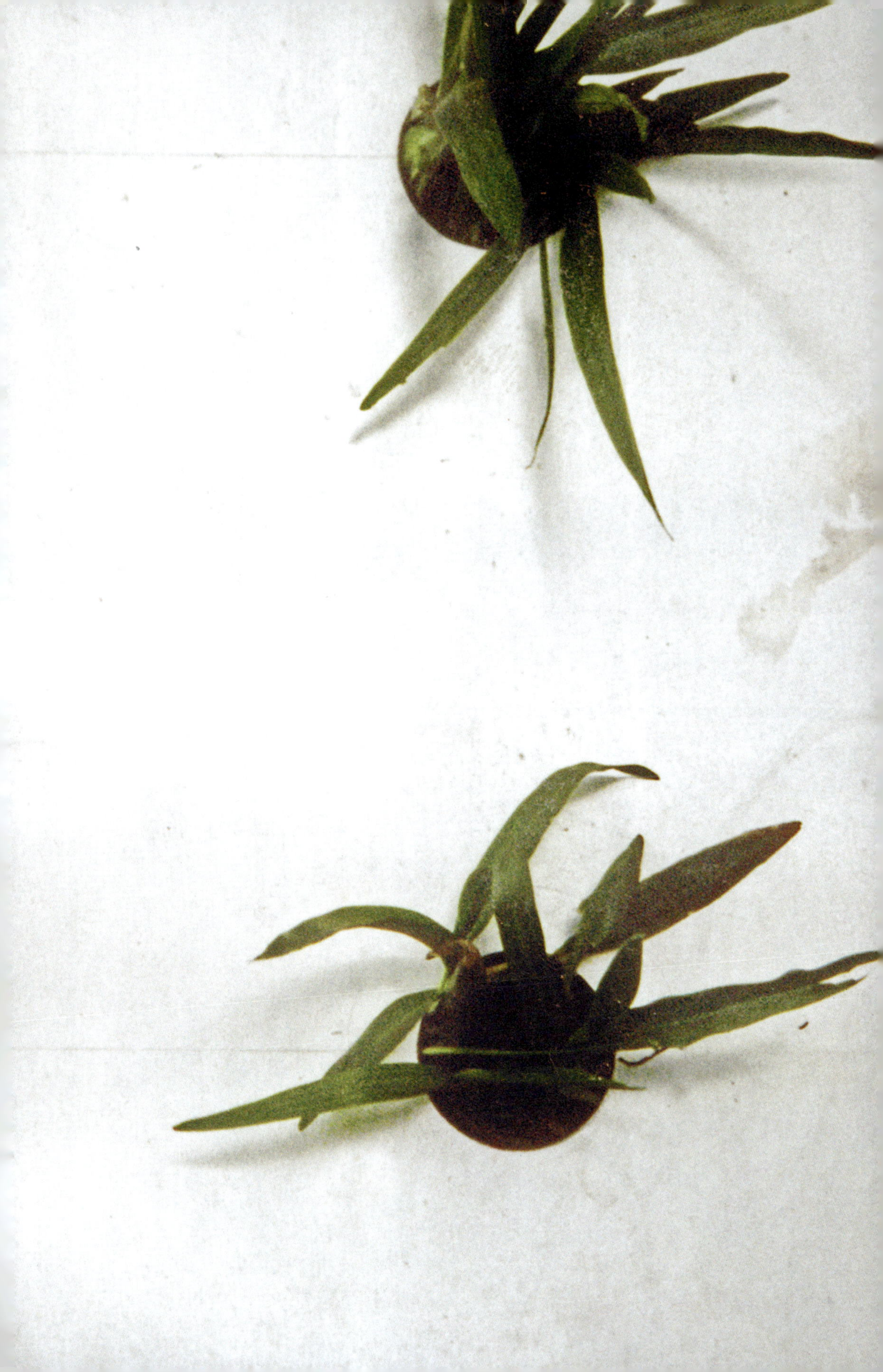

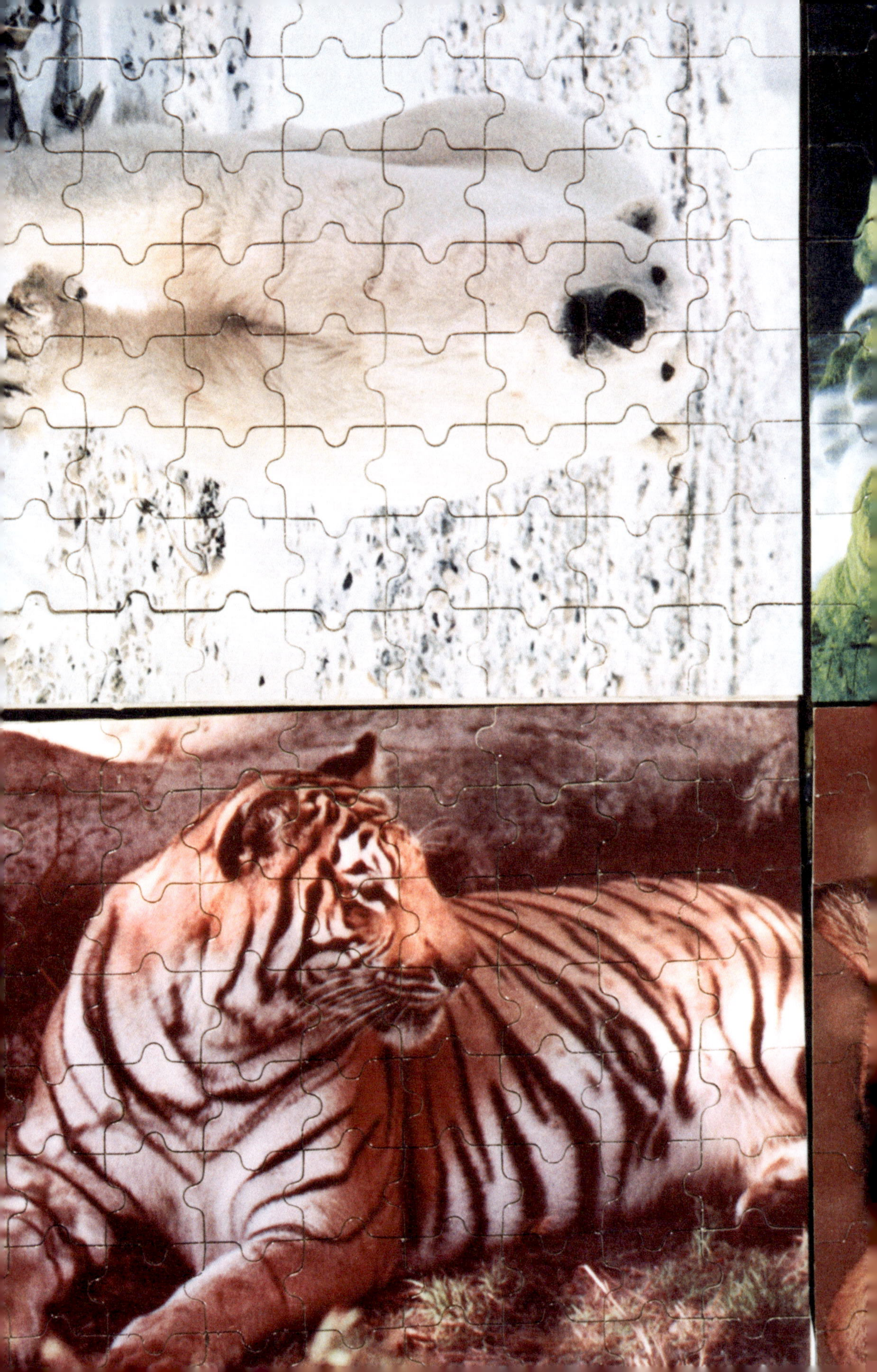

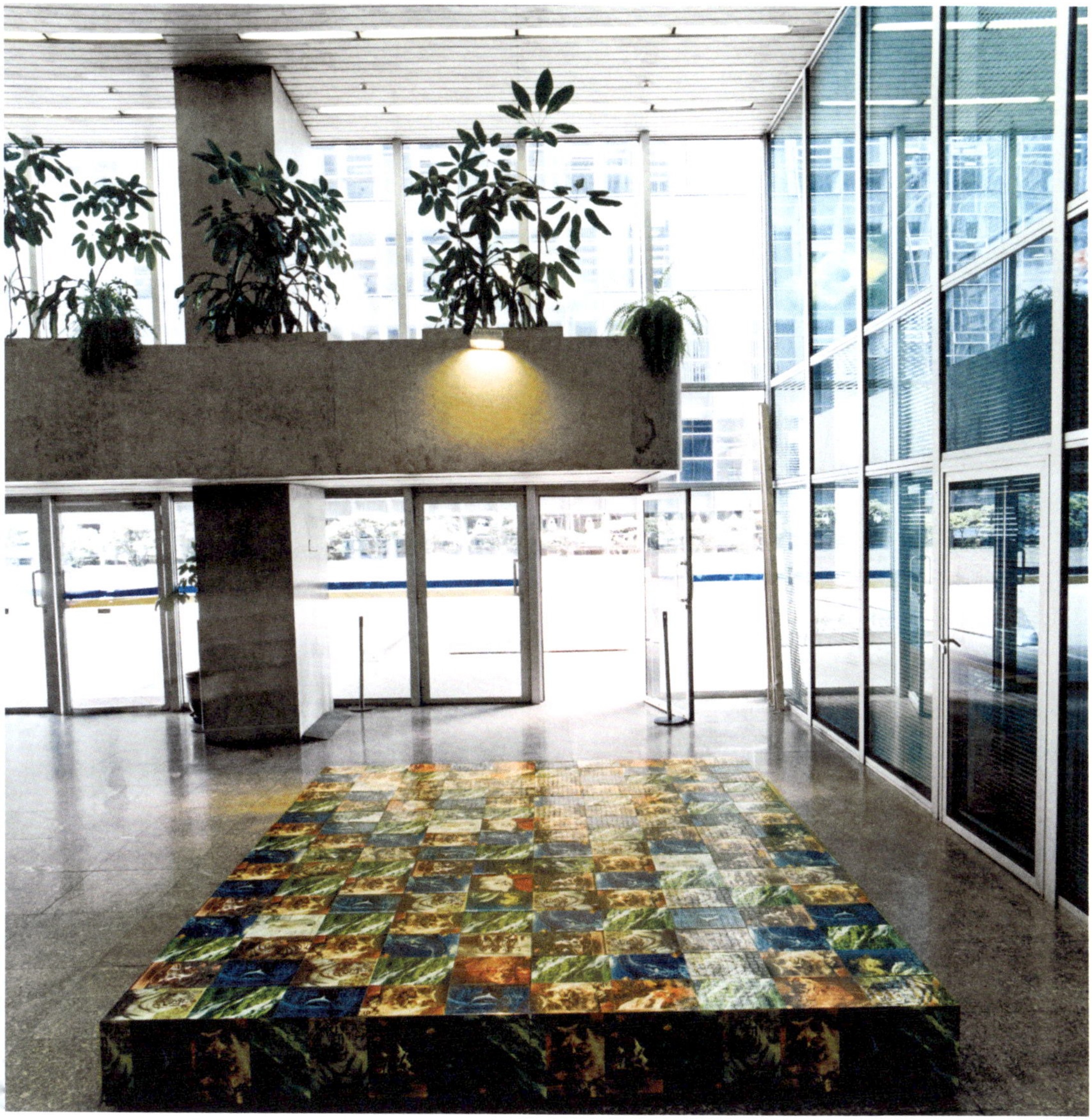

Habitar
1996

226

Inhabit
1996

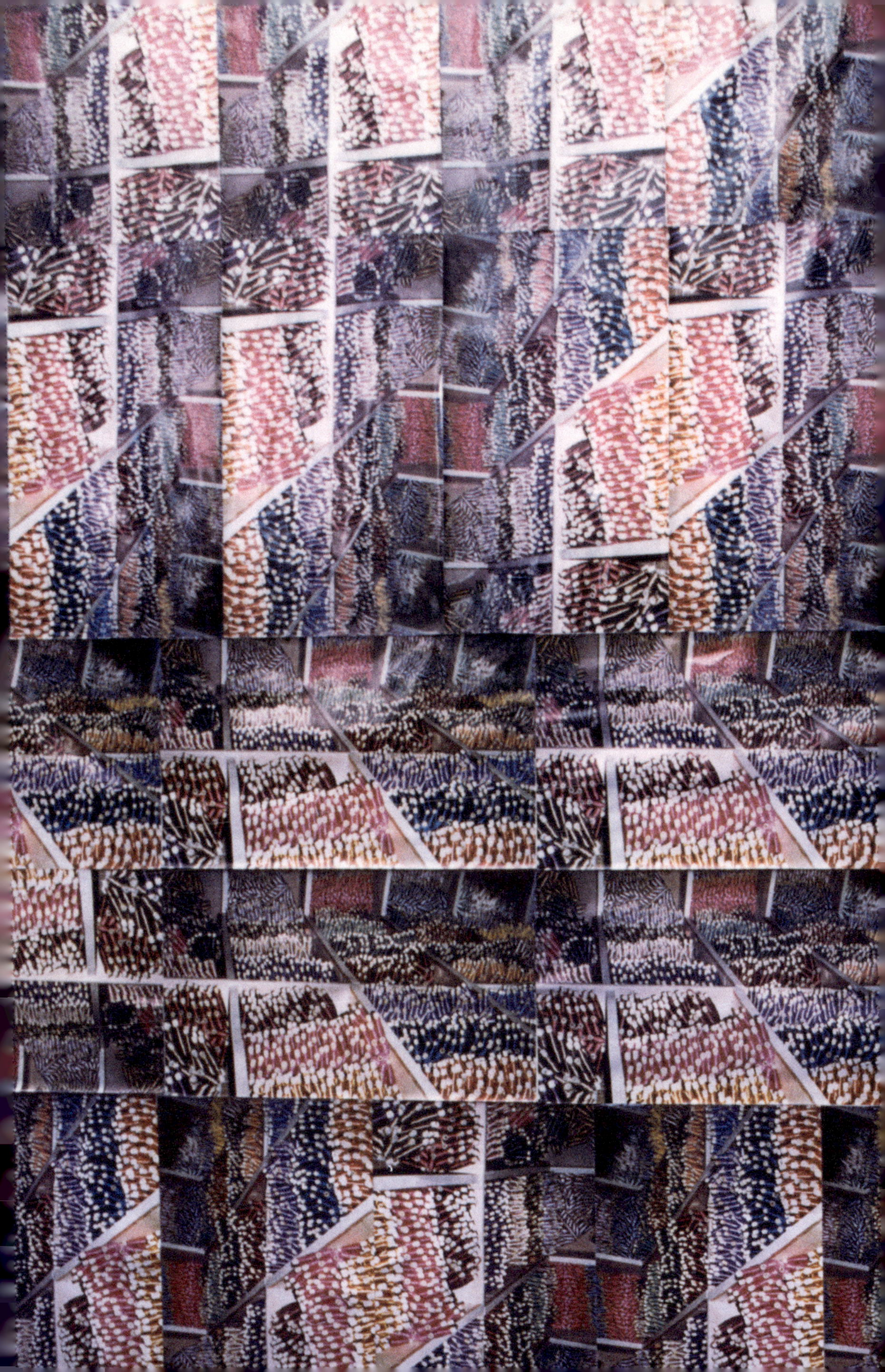

A arte e o método da visão conturbada

Andrei Erofeev

Art and the Method of a Blurred View

Devo logo confessar que não estou familiarizado com a vida brasileira e desconheço a arte do país. Por isso, ao abordar a obra de Eva Castiel não consigo empregar o método habitual de análise crítica necessário para a avaliação do trabalho criativo individual. Não sou capaz de determinar seu lugar e papel na escola paulista de arte. Também não cabe a mim relacionar sua obra com o contexto histórico e cultural local. Olho para o trabalho de Eva a partir de outro lugar. Vejo-o como as pessoas que se olham pela janela de trens estacionados paralelamente na plataforma. Elas veem apenas uma pequena parte do que acontece na cabine, mas não escutam os sons, as palavras e todo o resto. Elas estão além de qualquer possibilidade de contato. E se, no entanto, ponho-me a julgar, é porque me apoio sobretudo na convicção de alguns críticos e curadores que consideram (como é o caso principalmente da tradição francesa) que a observação visual sem conhecimento prévio é suficiente para decifrar a mensagem do artista. Isto, segundo eles, é exatamente a principal vantagem da linguagem visual como meio de comunicação universal entre pessoas de diferentes culturas. Há

I must confess that I am not familiar with Brazilian life or with the art produced there. Therefore, in approaching the work of Eva Castiel I cannot employ the usual method of critical analysis necessary for the evaluation of individual creative work. I cannot determine her place and role in the São Paulo art school. It is also not up to me to relate her work to the local historical and cultural context. I look at Eva's work from another place. I see it like the people who gaze at each other from out the window of trains sitting on different sides of the platform. They see only a small part of what happens in the cabin, but they do not hear the sounds, words, and everything else. They are beyond any possible contact. However, if I am here to comment, it is because I rely above all on the conviction of some critics and curators who consider (as is the case mainly in the French tradition) that visual observation without prior knowledge is enough to decipher an artist's message. This, according to them, is exactly the main advantage of visual language as a universal means of communication between people of different cultures. There is an additional factor that, I hope, can help me. I am referring to the typological proximity of

ainda um fator adicional, que, espero, possa me ajudar. Refiro-me à proximidade tipológica das culturas. Como crítico russo, eu pertenço a uma cultura que, como a brasileira, se orienta para o Ocidente no âmbito da arte contemporânea. Ao mesmo tempo, somos afastados do Ocidente por uma distância tão significativa e, pode-se dizer, "crítica", que quase não conseguimos ouvir os argumentos e razões que motivam o trabalho dos artistas "ocidentais", eles nos chegam voando de forma pouco discernível, distorcida e fragmentada. E, portanto, não são totalmente claros para nós. Voltando à imagem do trem, pode-se dizer que os artistas russos e os brasileiros encontram-se em uma posição semelhante, de olhar vorazmente através do vidro espesso do vagão para os acontecimentos do trem "ocidental" vizinho. Perscrutam, tentam discernir os detalhes através das manchas turvas nas janelas, comentam, estabelecem correspondências entre esse espetáculo e sua existência. Essa reação de atração, imitação, discussão, rejeição e incompreensão forçada é a própria essência da criatividade nas nossas culturas. Enquanto isso, no vagão "ocidental", via de regra, mal somos

cultures. As a Russian critic, I belong to a culture that, like the Brazilian one, is orientated toward the West in the context of contemporary art. Meanwhile, we are so far removed from the West by such a significant and, shall we say, "critical" distance that we can hardly hear the arguments and reasons that motivate the work of "Western" artists; they reach us in a barely discernible, distorted and fragmented manner. And, therefore, are not entirely clear to us. Going back to the image of the train, Russian and Brazilian artists can be said to be in a similar position, staring voraciously through the thick glass of the passenger car at the events of the neighboring "Western" train. They probe, try to discern the details through the murky stains on the windows, comment, and establish connections between this spectacle and its existence. This reaction of attraction, imitation, discussion, rejection and forced incomprehension is the very essence of creativity in our cultures. Meanwhile, in the "western" car, generally speaking, we are barely noticed. And if we do stir interest, it is only occasionally and by some extreme resource beyond the limit of normal human thought and behavior. Exotism and ec-

notados. E se despertamos interesse, é apenas ocasionalmente e por algum recurso extremo além do limite do pensamento e comportamento humano normais. O exotismo e a excentricidade aparecem para o Ocidente como marca evidente de um outro mundo, no qual nós, latinos e eslavos, deveríamos ser incluídos. E se não encontram em nós graus suficientes de "carnavalização", "selvageria", "brutalidade" e idiotia em suas manifestações elevadas ou sórdidas, então se afastam decepcionados. Querem dizer: não precisamos de vocês para termos arte comum "convencional". Mas em nossas próprias culturas, sobrecarregadas de tendências conservadoras, folclóricas e *kitsch*, ser um artista contemporâneo comum (em um plano internacional) é bastante problemático. Esses artistas não são populares. Não há filas de admiradores atrás deles, os galeristas e colecionadores não os perseguem. Raramente tornam-se estrelas da vida social local. A solidão é sua sina. Ela é uma provação e, ao mesmo tempo, o maior valor de suas vidas, pois garante liberdade de criação sem maiores precauções. Esses artistas não precisam entreter, atrair o espectador com um

centricity appear to the West as evident characteristics of another world in which we, Latins and Slavs, should be included. And if they do not find in us sufficient degrees of "carnivalization", "savagery", "brutality", and idiocy in their lofty or sordid manifestations, they turn away in disappointment. What they mean is: we do not need you to have "conventional" everyday art. But in our own cultures, burdened with conservative, folkloric, and kitsch tendencies, being a commonplace contemporary artist (on an international level) is rather problematic. These artists are not popular. There are no lines of admirers standing behind them; gallery owners and collectors do not chase after them. Rarely do they become stars of the local social sphere. They are destined to solitude. It is both a trial and the greatest value in their lives because it guarantees creative freedom without great precautions. These artists need not entertain, to attract the viewer with a unique spectacle. They are free to work with the mundane, the boring, the unpleasant. Above all, their themes are addressed to themselves, as if they were the main, and sometimes the only, viewers of their works.

espetáculo único. Eles são livres para trabalhar com o banal, o entediante, o desagradável. Acima de tudo, seus temas são dirigidos para eles mesmos, como se fossem os principais, e às vezes os únicos, espectadores de suas obras.

É justamente essa posição que percebo no trabalho de Eva Castiel. Sua obra não ostenta um colorido nacional vivo e características típicas da identidade latino-americana. A artista aparentemente não se identifica nem com a composição comum da população, isto é, com o "povo", nem com uma camada social de elite, tampouco com um movimento ideológico ou um coletivo artístico. Ela é independente e sua arte é dedicada especialmente para si mesma. É a construção de suas imagens que me permite tirar tais conclusões. Na base dessa construção está a afirmação: "Eu vejo, eu enxergo". A câmera se equipara ao olho. O mundo que ela fixa não é objetivado. Ele não existe separado do autor. Na verdade, ele deveria ser chamado de

It is precisely this position that I see in the work of Eva Castiel. Her work does not boast a vivid national color and typical characteristics of Latin American identity. The artist apparently does not identify with the common structure of the population, that is, with the "people," nor with an elite social stratum, an ideological movement or an artistic collective. She is independent and her art is dedicated especially to herself. It is the construction of her images that allows me to draw such conclusions. At the base of this construction is the statement: "I see, I perceive." The camera is comparable to the eye. The world that it captures is not objectified. It does not exist separate from the photographer. In fact, it should be called a gaze, a gaze in which the view of the objects is distorted. Therefore, I would call the very construction of the image a "blurred or troubled vision". The distortion results not from the characteristics of the eyes, but from an external obstacle that appears as if between the person who looks and the

olhar, um olhar no qual a visão dos objetos está distorcida. Por isso, eu chamaria a própria construção da imagem de "visão desfocada ou conturbada". A distorção resulta não das características dos olhos, mas de um obstáculo externo que como que se interpõe entre quem olha e o próprio objeto da observação. Em razão desse obstáculo, o mundo apresentado na obra nunca se funde com o espaço em que o espectador está. Se a tendência constante na arte do século XX era superar as fronteiras que separam o mundo da representação do mundo real e desejam a união da obra com o contexto social circundante, neste caso vemos um quadro inverso. A artista intensifica esta ruptura e põe o espectador na situação de observador de fronteira, em um ponto localizado na junção de dois espaços. Assim, no trabalho *Munich* (2011, p. 86), o espectador sente-se morador de um prédio de vários andares, que observa da janela de um andar superior o interminável desfile de raros transeuntes pela

object of observation itself. Because of this obstacle, the world presented in the work never merges with the space in which the viewer is. If the constant quest in twentieth-century art was to overcome the boundaries that separated the world of representation from the real world and desire the union of the work with the surrounding social context, what we see here is the inverse. The artist intensifies this rupture and puts the viewer in the position of border observer, at a point located at the junction of two spaces. Thus, in *Munich* (2011, p. 86), the viewer feels like a resident in a multi-storey building, who looks out through the window of a high floor at the endless parade of rare passers-by on the street. The direction and purpose of these people's movement is not understandable to the viewer, since their radius of vision is limited by the window of the apartment, whose interior space, as the street enters into the twilight, shows itself more and more with a reflection of light on the glass. The window to the outer

rua lá embaixo. O sentido e o objetivo do movimento dessas pessoas não são compreensíveis ao espectador, uma vez que seu raio de visão é limitado pela janela do apartamento, cujo espaço interior, à medida que a rua mergulha no crepúsculo, se mostra cada vez mais com um reflexo luminoso no vidro. A janela para o mundo exterior se transforma gradualmente em um espelho que reflete o mundo interior. Ao chamar o trabalho pelo nome da capital bávara e, ao mesmo tempo, limitá-lo à visão de rua vazia e sem nome, a autora parece querer mostrar que para ela uma janela limpa é muitas vezes uma barreira para a compreensão e o conhecimento.

O motivo janela-espelho é um procedimento constante da iconografia e da geração de significados de Eva Castiel. No tra-

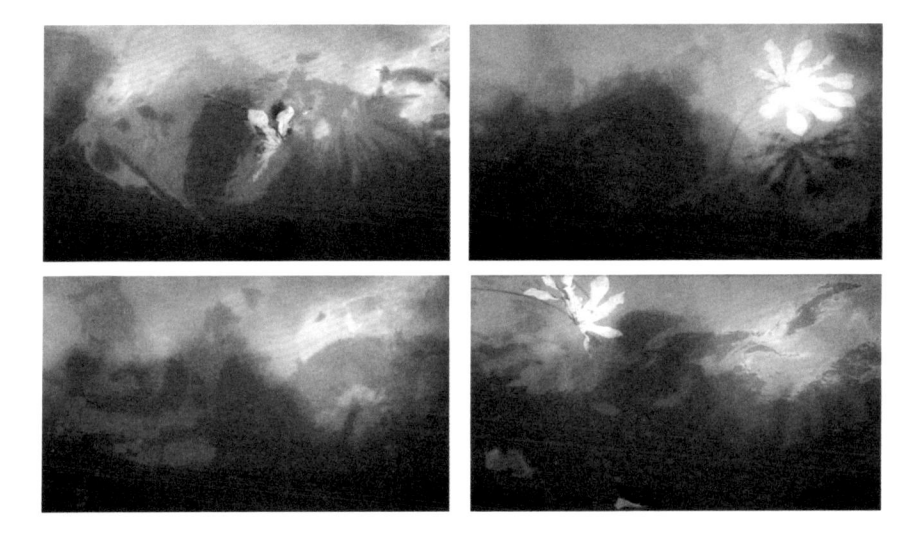

world gradually transforms into a mirror that reflects the inner world. By calling the work by the name of the Bavarian capital, and at the same time limiting it to a view of an empty, nameless street, the artist seems to want to show that for her a clean window is often a barrier to understanding and knowledge.

The window-mirror motif is a constant procedure of iconography and of the production of meanings of Eva Castiel. In *Uma mensagem sem palavras 1* [*A Message without Words 1*, 2010, p. 102] it appears on the surface of a pool. Fallen leaves drift past the screen. But the viewer's attention is focused on the reflections of the distant sky light that shimmers on the undulating surface of the dark water, as if in the curves of a deforming mirror. In NY Limo (2012, p. 82), the artist plunges us into the

balho *Uma mensagem sem palavras 1* (2010, p. 102) ele aparece na superfície de uma piscina. Pela tela navegam folhas caídas. Mas a atenção do espectador se concentra nos reflexos da luz do céu distante que cintila em reflexos sobre a superfície ondulante da água escura, como se nas curvas de um espelho deformante. No trabalho NY *Limo* (2012, p. 82), a autora mergulha-nos em um salão em forma de charuto de uma limusine nupcial. Em uma atmosfera de luxo *kitsch*, entre ornamentos multicoloridos e taças de champanhe, não se vê a verdadeira Nova York, ou, mais precisamente, ela se reflete apenas pelo mesmo *kitsch*, isto é, pelo brilho dos letreiros de bares e das vitrines de moda. No vídeo *Visage* (2015, p. 66) novamente deparamo-nos com o espelho deformante, que dá origem a todo um conjunto de condições psicológicas femininas – da histeria e do horror até a comoção e a lucidez.

cigar-shaped room of a bridal limousine. In a luxurious kitsch atmosphere, between multicolored ornaments and champagne glasses, one does not see the real New York, or, more precisely, it is reflected only by that same kitschiness, that is, by the glowing signs of bars and storefronts. In the video *Visage* (2015, p. 66) we again encounter the distorting mirror, which gives rise to a whole set of female psychological conditions – from hysteria and horror to commotion and lucidity.

The obstacle that hinders a clear view, and that arises between the eyes of the artist and the real world, is not limited to the window-mirror motif. In Eva Castiel's paintings and collages, the obstacle usually appears in the form of nets, fences, inserts of parasitic images (like in a broken television) or a translucent curtain. It is suggested that the spectator force their imagination, focus the gaze and more or less deduce, based on incomplete and

O obstáculo que estorva a visão nítida e que surge entre os olhos da artista e o mundo real não se limita ao motivo janela-espelho. Nas pinturas e colagens de Eva Castiel, o obstáculo geralmente aparece na forma de rede, grade, inserções de imagens parasitas (como em uma televisão quebrada) ou de uma cortina translúcida. Sugere-se que o espectador force sua imaginação, concentre o olhar e deduza mais ou menos, a partir de sinais incompletos e deturpados, a informação correta. A tensão interna dos muito calmos e, às vezes, à primeira vista até entediantes trabalhos da artista, é criada pela energia de concentração do olhar e da consciência nos embates com os obstáculos que perturbam e o foco que escapa. O tema da perda da visão clara do mundo é apresentado pela artista com extrema evidência e, ao mesmo tempo, sem qualquer didatismo.

Não há dúvida de que a janela-espelho e as demais variantes de obstáculo constituem um procedimento de tradução do olhar cotidiano em imagens visuais de propriedades místicas e existenciais. Além disso, a filosofia e a metafísica de Eva Castiel não é nada impertinente. Ela depende inteiramente do humor do

misleading signs, the correct information. The internal tension of the very calm and sometimes at first sight tedious works of the artist is created by the energy of concentration of the gaze and of consciousness in the confrontations with obstacles that disturb and the focus which flees. The theme of the loss of a clear view of the world is presented by the artist with extreme clarity and, at the same time, lacking any didacticism.

There is no doubt that the mirror-window and the other obstacle variants constitute a procedure for translating the everyday gaze into visual images of mystical and existential properties. Furthermore, Eva Castiel's philosophy and metaphysics is not at all impertinent. It depends entirely on the viewer's mood. Whoever can see it, will. But the work can also be perceived as a whole free of any underlying philosophy, such as a simple video or an amateur exercise by a dilettante with a camera. It is as if Eva Castiel did not care about confusing the viewer and letting their interpretation follow false leads. Letting them assume, for example, that these videos were made by someone who does not know what and how to film, and so is satisfied with empty motifs.

espectador. Quem puder ver, verá. Mas o trabalho também pode ser apreendido como um todo independente de qualquer filosofia subjacente, como um simples vídeo ou mesmo um exercício amador de um diletante com uma câmera. É como se Eva Castiel não se importasse em confundir o espectador e deixar sua interpretação seguir pistas falsas. Deixá-lo, por exemplo, supor que esses vídeos foram feitos por alguém que não sabe o quê e como filmar, e por isso se satisfaz com motivos vazios. Aí nos deparamos com um exemplo magnífico do fenômeno da arte não óbvia. A questão não está na sutileza das alusões. Mas no fato de que, apesar da abordagem conhecida, essas obras não se veem como artefatos, isto é, produtos de uma fantasia elegante e requintada.

Here we come across a magnificent example of the non-obvious art phenomenon. The issue is not in the subtlety of allusions. But in the fact that, despite the familiar approach, these works do not see themselves as artifacts, that is, as products of an elegant and refined fantasy.

Pinturas
1990–80 [170 × 120, 180 × 130 cm]

Paintings
1990–80 [170 × 120, 180 × 130 cm]

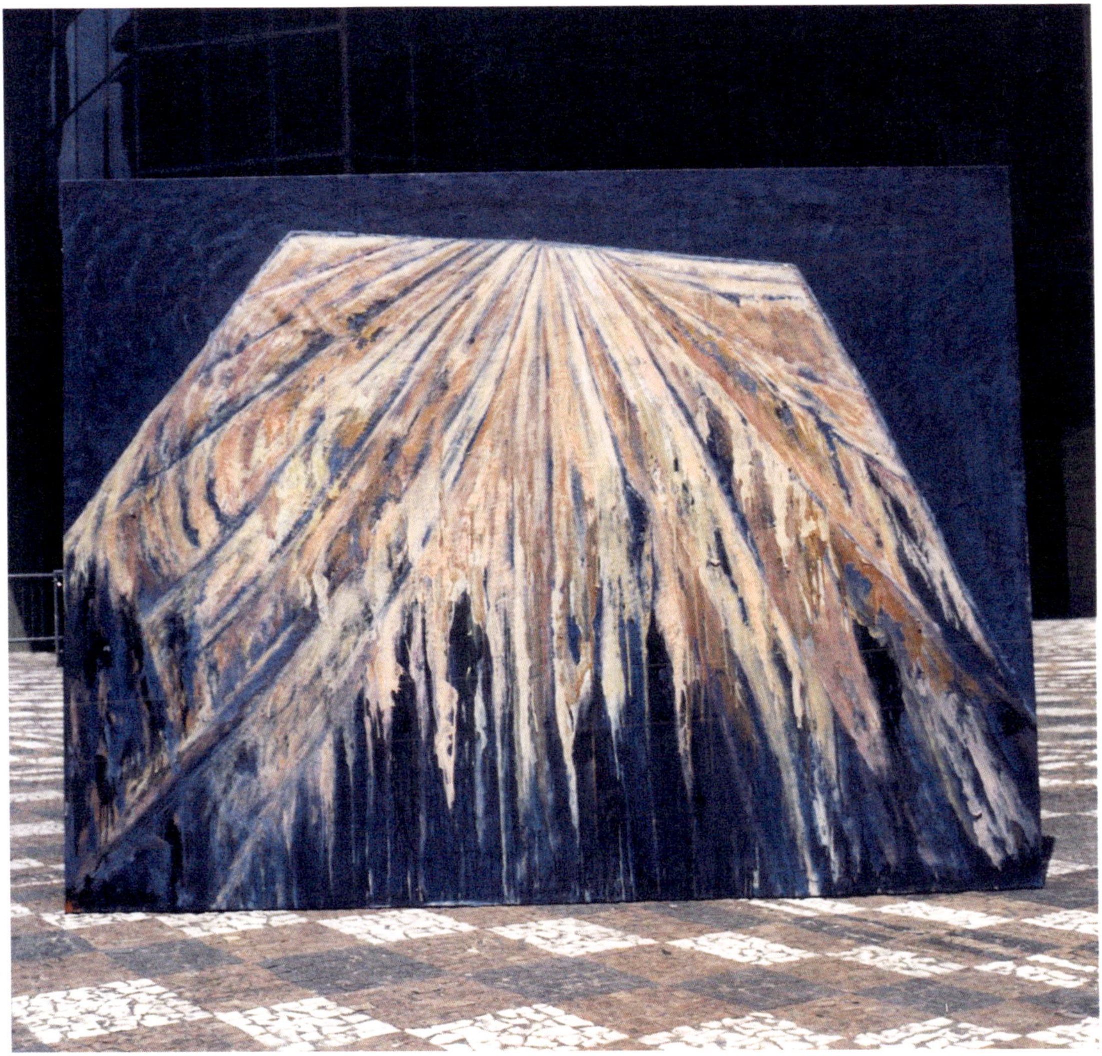

[160 × 140, 100 × 120 cm]

241

[100 × 120, 100 × 100 cm]

242

[100 × 120, 100 × 100 cm]

243

[150 × 200, 200 × 150 cm]

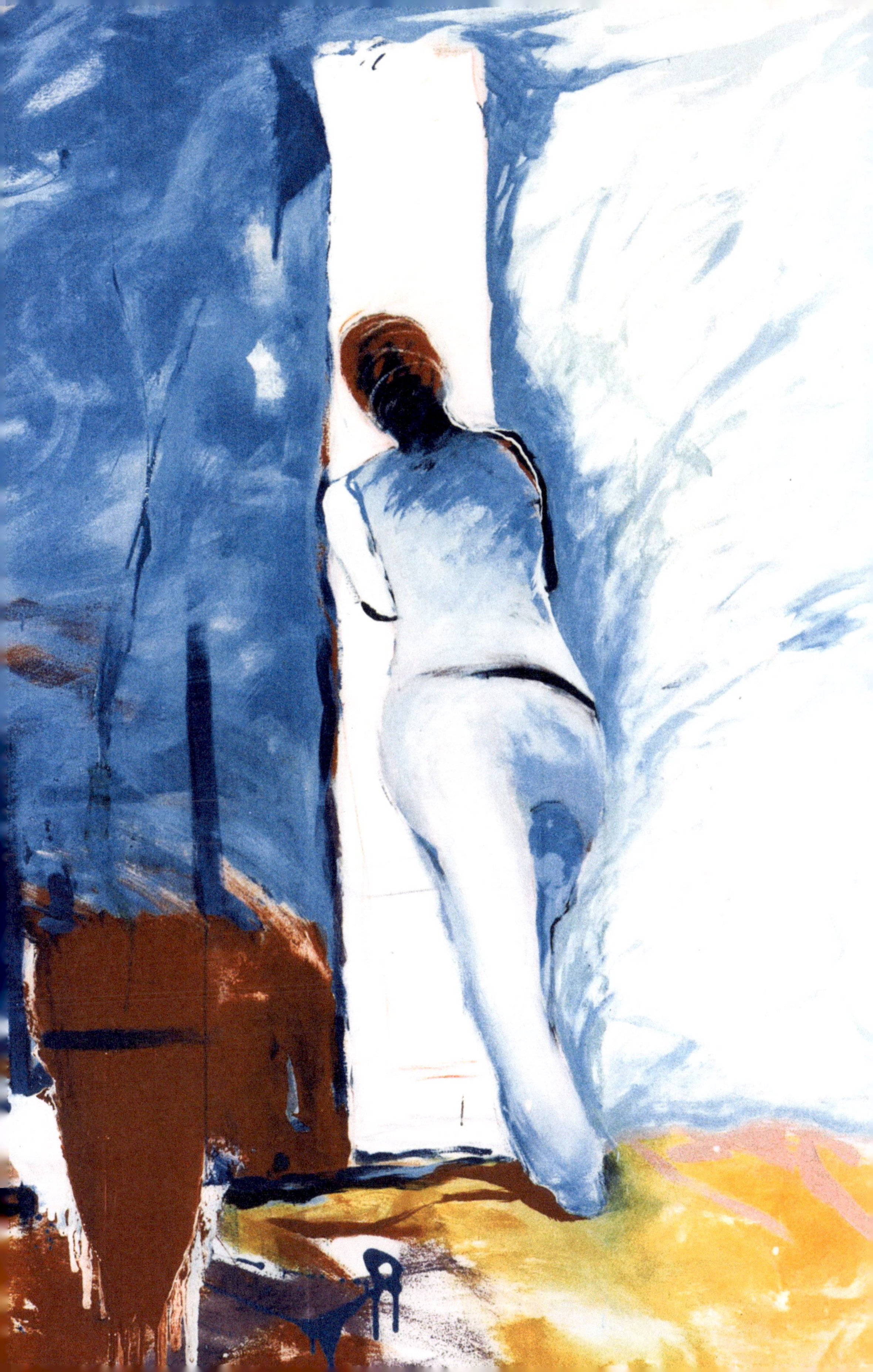

[130 × 160, 112 × 150 cm]

246

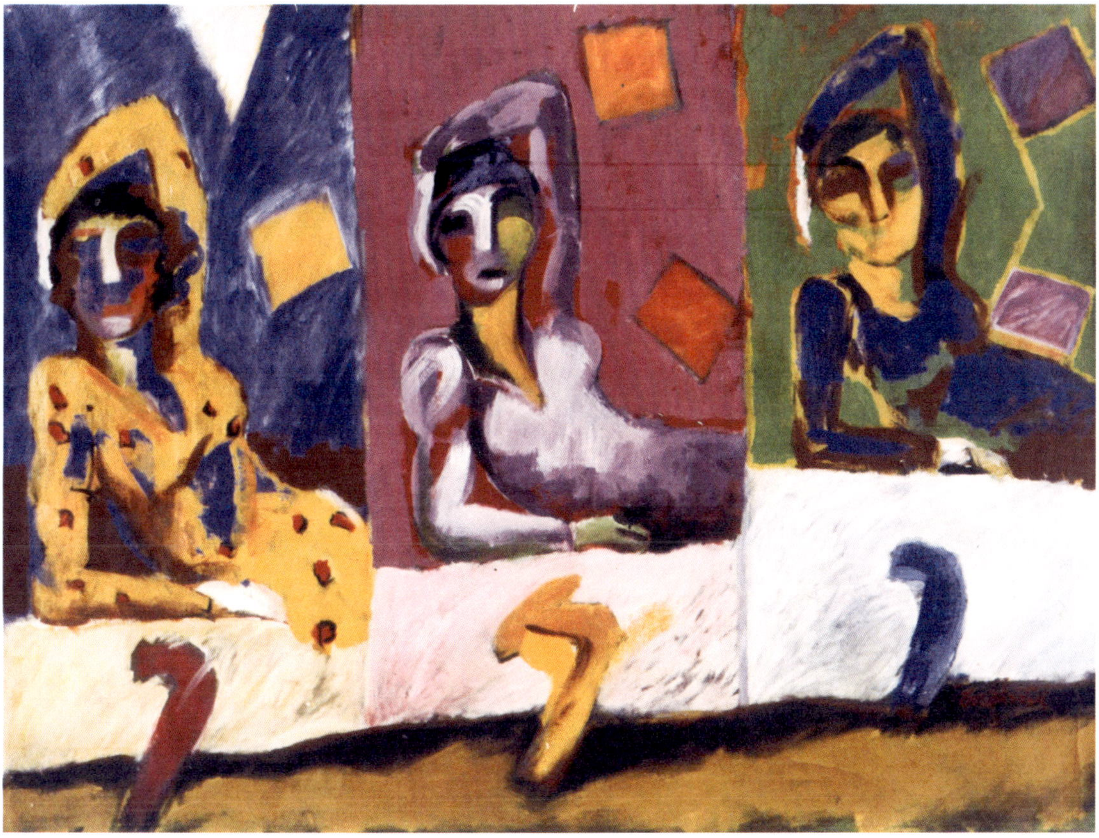

[80 × 100, 100 × 80 cm]

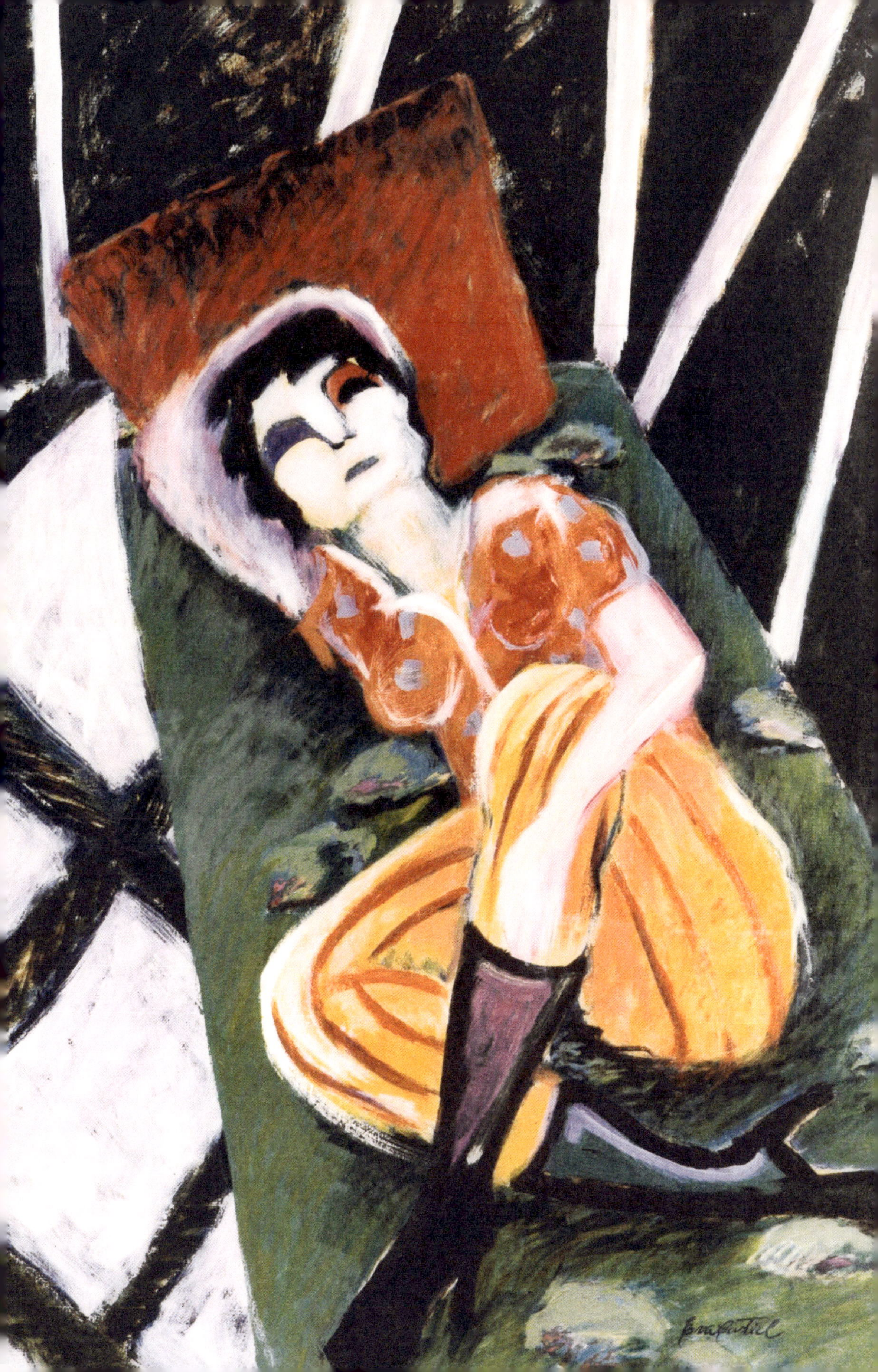

Conversa com a artista

Eloah Pina e Bruno Ferreira

Conversation with the Artist

Entre um café e um pão de queijo, Eva começa a falar sobre seu processo criativo, entrelaçando histórias pessoais e familiares ao relato. Seu tom de voz é forte e dele ressoa uma alegria incontida. Ela emana um ímpeto de viver que não é pura extravagância, mas uma vibração enérgica, natural e instigante. O desvio não é proposital, mas sintomático. Se em sua obra a memória, o território, a fronteira, a sobreposição, a relação entre o eu e outro estão presentes, é porque são matérias sensíveis de sua própria constituição enquanto sujeito.

Nascida no centro de São Paulo, descendente de húngaros e lituanos, Eva fala de seus caminhos artísticos se enveredando pelo familiar, por um passado já distante e um pouco esfumado pela ação do tempo. Observar sua experiência íntima como motivo e matéria para a elaboração de suas obras é curioso; é um caminho, é mais um viés interpretativo para trabalhos tão complexos. Por exemplo, a agressividade e a ortodoxia do avô materno andavam juntas. Judeu nascido no leste europeu, desajustou-se por conta de um passado de conflitos bélicos e perseguições étnicas. Registrou o nome dos filhos a bel prazer,

Between coffee and cheese bread, Eva begins to talk about her creative process, intertwining personal and family stories to her account. She has a strong voice which resounds unrestrained joy. It emanates an urge to live that is not just an exaggeration, but an energetic, natural and thought-provoking vibration. The deviation is not purposeful, but symptomatic. If memory, territory, border, overlap, the relationship between self and other are present in her work, it is because they are sensitive matters of her own constitution as an individual.

Born in the center of São Paulo, a descendant of Hungarians and Lithuanians, Castiel speaks of her artistic paths, turning to the familiar, to a past that is already distant and somewhat blurred by the action of time. To look at her intimate experience as a motif and matter for the elaboration of her works is curious; it is a path, it is one more interpretive bias for such complex works. For example, her maternal grandfather's aggressiveness and orthodoxy walked hand in hand. An East-European-born Jew, he was affected by a past of warlike conflicts and ethnic persecution. Once in Brazil, he registered his children's names based on his

em detrimento da escolha da mãe. As crianças – mãe e tios de Eva – só souberam o verdadeiro nome por volta dos dez anos, quando houve uma solicitação de documentos na escola. Eva brinca: "Passaram dez anos sem saber o verdadeiro nome! Você imagina, dez anos sem saber quem eram!". Há aqui uma tentação irresistível de enxergar as vivências da artista como um panorama de seus interesses acerca da memória e da subjetividade. Porém, seu trabalho não reside apenas nessa herança familiar, visto que Eva se apropria de uma multiplicidade de caminhos muitas vezes antagônicos e paradoxais, que a artista julga mais desafiantes.

Formada em Pedagogia, Eva iniciou uma pós-graduação em Sociologia e Política na PUC-SP e não a concluiu por logo perceber que a consolidação de suas ideias não ocorreria na universidade. "Minha vida não tinha nada a ver com a academia", afirma. A partir dos anos 1980, começou a frequentar o ateliê de Anna Barros, iniciando sua prática em artes com desenho e pintura. Eva declara que, embora naquele momento procurasse algo para completá-la, deparou-se apenas com sua

own decision, without taking the mother's choice into account. The children – Castiel's mother, aunts and uncles – only found out their real names at around ten years old, when the school asked for their documents. Castiel jokes: "They spent ten years without knowing their real names! Can you imagine, ten years without knowing who they were!". There is an irresistible temptation here to see the artist's experiences as a panorama to her interests about memory and subjectivity. However, her work does not lie only in this family heritage, since Castiel appropriates a multiplicity of often antagonistic and paradoxical paths, which the artist thinks are more challenging.

Graduated in Pedagogy, Eva started a graduate course in Sociology and Politics at PUC-SP, which she did not finish because she soon realized that the formalization of her ideas would not take place inside the university. "My life had nothing to do with academia", she states. In the 1980s, she began visiting Anna Barros's studio, initiating her artistic practice with drawing and painting. Castiel declares that although at that time she was searching for something to make her feel complete, she found

própria incompletude: "Uma busca infinita, que se arrasta até hoje, e que se tornou minha companheira em uma viagem cujo destino desconheço".

Apesar de quase sempre navegar por tais territórios misteriosos, Eva já expôs em individuais e coletivas no Brasil e em países como Alemanha, Israel, Hungria, Estados Unidos e China e, desde os anos 1980 transita entre a instalação, a videoarte e a arte pública. Entre 2000 e 2006 fez parte do grupo Casa Blindada. Diante de constantes bifurcações artísticas, perguntamos sobre a concepção das suas obras e Eva relatou que "as ideias surgem de encontros com o mundo, e não necessariamente a partir do circuito das artes. E quando elas disparam em mim, sou tomada. Elas me perseguem e rondam a minha cabeça, mas não é sempre que se concretizam ou que consigo rastrear suas origens. Podem surgir de uma peça de teatro a que assisti, ou das aulas de filosofia do Peter [Pál Pelbart]. Podem também vir de um papo descontraído com vocês ou de qualquer outra situação que me estimule. Escrevo algumas linhas ou guardo em uma espécie de repertório mental para que

only her own incompleteness: "An infinite search, that continues to this day, and which has become my companion on a trip whose destination I do not know".

Although she has almost always navigated through such mysterious territories, Castiel has had solo and group exhibitions in Brazil and in countries like Germany, Israel, Hungary, the United States and China, and since the 1980s she has been shifting between installation, video art and public art. From 2000 to 2006, she was part of the art collective Casa Blindada. With constant artistic bifurcations, we asked about the conception of her works and Castiel reported that "ideas come from encounters with the world, and from there I am taken by them. They follow me and lurk in my mind, but I cannot always follow through with them or trace their origins. They may come from a play that I have seen, or from Peter's [Pál Pelbart] philosophy classes. They may also come from a conversation with you or any other situation that provokes me. I write down a few lines so that they do not escape me. At that moment, I still do not know the form, color, or image that I will use; or the media: if

elas não fujam. Nesse momento, ainda não sei a forma, a cor ou a imagem que usarei, tampouco a mídia, se será um vídeo ou uma instalação. É preciso um tempo para que uma ideia se consolide e se torne um trabalho. Porque as coisas surgem em nossa mente parecendo perfeitas, mas há um longo caminho até transformá-las em uma imagem ou em um objeto. Isso porque há uma necessidade de pesquisa e de experimentações constantes para a concretização de uma ideia. A intensidade do trabalho depende desses exercícios."

Conversar com Eva é perceber que por trás da nebulosidade aparente de seus motivos, há uma sensibilidade plástica que adensa os ínfimos sentidos cotidianos. Ela acrescenta: "Para mim a matéria bruta da arte está em qualquer lugar, basta um jeito de ver e um jeito de se apropriar. Darei um exemplo: ontem mesmo, assistindo a uma peça, uma senhora desconhecida sentada ao lado não parava de fazer comentários. Eu estava a ponto de pedir para ela parar de falar quando de repente ela exclamou: 'Quando o eu está ausente, o outro faz o que quer!'. Isso me comoveu e me fisgou. Agora está em um reservatório

it will be a video or an installation. Time is needed for an idea to consolidate and become a work. Because when ideas come up in our heads they seem perfect, but it is a long road before transforming them into an image or object. That is because it's necessary to research and always experiment to materialize an idea. The work intensity depends on these exercises."

When talking to Castiel, one notices that behind the apparent nebulosity of her motifs, there is a visual sensibility that complements the tiny everyday senses. She adds: "For me the raw material of art is everywhere, it is a matter of finding a way of seeing it and appropriating it. For example: yesterday, at a play, an unknown woman sitting next to me would not stop making comments. I was about to ask her to stop when she uttered: 'When the self is absent, the other does what it wants!' I was moved and hooked by that. Now it stored within me. Who knows what I will do, but with time this idea will settle. Time is a great ally for carrying out an idea. As well as for giving up on it. Many times, I worked on a project for days, weeks or months, but when it came time to install it in a given space, I changed every-

interno, sabe lá o que vou fazer. O tempo é meu grande aliado para concretizar uma ideia. E também para desistir dela. Em inúmeros momentos trabalhei durante dias, semanas ou meses em um projeto, mas na hora de instalá-lo em determinado espaço, mudei tudo, completamente. Isso só acontece porque os trabalhos estão vivos até o último momento. Debruço-me sobre meus projetos, indagando se são suficientemente instigantes, e se consigo projetar, através deles, os mesmos afetos que me atravessam. Assim crio um diálogo contínuo com as obras. É um exercício inesgotável."

Ao finalizar seu café, Eva lembra da afirmação de Robert Filliou: "A arte é o que torna a vida mais interessante do que a arte". Ficamos um pouco em silêncio, refletindo sobre a magnitude prosaica da citação, concluindo que a obra de Eva é o resultado de seu ímpeto de viver, de seu vigor entusiasmado que invade o fazer artístico, deixando um rastro de si na memória do mundo.

thing, completely. This only happens because the works are alive up until the very last moment. I analyze them, questioning if they are thought-provoking enough, and if I am capable of projecting through them the same emotions that cross me. So, I create a continuous dialogue with the works. It's an exhausting exercise."

While finishing her coffee, Castiel remembers Robert Filliou's statement: "Art is what makes life more interesting than art". We were silent for a while, thinking about the prosaic magnitude of this phrase, concluding that Castiel's work is the result of her impetus to live, the enthusiastic vigor which invades her creation, a trace of herself in the memory of the world.

Cronologia

Exposições Individuais

2016
Por 1 triz, Ateliê da artista + Museu Judaico de São Paulo.

2012
Feelings não têm fronteiras, Galeria Mônica Filgueiras, São Paulo.

2007
Infinita, Valu Oria Galeria, São Paulo.

2004
Mil Mesas ou um olhar pensante, Valu Oria Galeria, São Paulo.

2002
Páginas Avulsas, Galeria Mônica Filgueras, São Paulo; *A Oeste o Muro*, Ruine Der Franziskaner Klosterkircher, Berlim, Alemanha; *Páginas Avulsas*, Galerie Barsikow, berlim, Alemanha.

2000
Kalk, Galerie Barsikow, Alemanha; *Nach Westen Die*

Timeline

Solo Exhibitions

2016
Por 1 triz, Artist's studio + Jewish Museum of São Paulo.

2012
Feelings não têm fronteiras, Mônica Filgueiras art gallery, São Paulo.

2007
Infinita, Valu Oria art gallery, São Paulo.

2004
Mil Mesas ou um olhar pensante, Valu Oria art gallery, São Paulo.

2002
Páginas Avulsas, Mônica Filgueiras art gallery, São Paulo; *A Oeste o Muro*, Ruine Der Franziskaner Klosterkircher, Berlin, Germany; *Páginas Avulsas*, Galerie Barsikow, Berlin, Germany.

2000
Kalk, Galerie Barsikow, Germany; *Nach Westen Die Mauer*, Lutherkirche, Cologne, Germany.

Mauer, Lutherkirche, Colonia, Alemanha.

1998
A Oeste o Muro, Capela do Morumbi, São Paulo.

1995
Galeria Mônica Filgueiras, São Paulo.

1992
Centro Cultural Candido Mendes, Rio de Janeiro.

1991
Galerie Zur Krake, Basileia, Suíça.

1989
Brazilian American Cultural Institute, Washington, Estados Unidos.

1987
Centro Cultural São Paulo, São Paulo.

1986
Universidade Aberta Shar-Haneguev, Israel; Fiatel Muveszeh, Klubja, Budapeste, Hungria.

1985
Galeria Deco, São Paulo.

1983
Galeria Suzana Sassoun, São Paulo.

Exposições coletivas

2016
(in)corporatura, Galeria Mônica Filgueiras, São Paulo.

2009
Corpoinstalação, Sesc Pompeia, São Paulo.

2008
Núcleo Contemporâneo, Valu Oria Galeria; Feira de Arte de São

1998
A Oeste o Muro, Morumbi Chapel, São Paulo.

1995
Mônica Filgueiras art gallery, São Paulo.

1992
Cultural Center Candido Mendes, Rio de Janeiro.

1991
Galerie Zur Krake, Basel, Switzerland.

1989
Brazilian-American Cultural Institute, Washington, DC, United States.

1987
Cultural Center of São Paulo, São Paulo.

1986
Aberta Shar-Haneguev University, Israel; Fiatel Muveszeh, Klubja, Budapest, Hungary.

1985
Deco art gallery, São Paulo.

1983
Suzana Sassoun art gallery, São Paulo.

Group Exhibitions

2016
(in)corporatura, Mônica Filgueiras art gallery, São Paulo.

2009
Corpoinstalação, Sesc Pompeia, São Paulo.

2008
Núcleo Contemporâneo, Valu Oria art gallery; São Paulo Art Fair, São Paulo; *Quarto em Arles*, Sergio Motta project.

Paulo, São Paulo; *Quarto em Arles*, Projeto Sergio Motta.

2007
Feira de Arte de São Paulo, São Paulo; Galerie Barsikow, Berlim, Alemanha.

2006
Paralela Bienal, Prodam, São Paulo; *Between The Sheet*, Juno Gallery, Londres; Feira de Arte de São Paulo, Oca, São Paulo.

2005
In Absentia, Cardiff, País de Gales; *Ocupação*, Paço das Artes, São Paulo.

2004
Lord Palace Hotel, São Paulo; Arco Feira de Arte Contemporânea, Madrid; *Uma Viagem de 450 Anos*, Sesc Pompeia, São Paulo; Mostra de Filme Livre Banco do Brasil e Embrafil, Rio de Janeiro.

2003
Japan Media Arts, Japão; VII Bienal De Habana, Havana, Cuba; *Palmo Quadrado*, Associação Alumini, São Paulo; Museum Of Latin American Art, Long Beach, Califórnia, Estados Unidos; Palo Alto Art Center, Palo Alto, Califórnia, Estados Unidos; Connecticut College, New London, Connecticut, Estados Unidos; University Art Gallery, Sonono State University, Rohnert Park, Califórnia, Estados Unidos.

2002
Genius Loci, Instituto Maria Antônia, São Paulo; *Impenetráveis*,

---

2007
São Paulo Art Fair, São Paulo; Galerie Barsikow, Berlin, Germany.

2006
Paralela Bienal, Prodam, São Paulo; *Between The Sheet*, Juno Gallery, London; São Paulo Art Fair, Oca, São Paulo.

2005
In Absentia, Cardiff, Wales; *Ocupação*, Paço das Artes, São Paulo.

2004
Lord Palace Hotel, São Paulo; ARCOmadrid, Madrid, Spain; *Uma Viagem de 450 Anos*, Sesc Pompeia, São Paulo; Filme Livre Banco do Brasil e Embrafil Film Festival, Rio de Janeiro.

2003
Japan Media Arts, Japan; VII Bienal de la Habana, Cuba; *Palmo Quadrado*, Associação Alumni, São Paulo; Museum of Latin American Art, Long Beach, California; Palo Alto Art Center, Palo Alto, California; Connecticut College, New London, Connecticut, USA; University Art Gallery, Sonono State University, Rohnert Park, California, USA.

2002
Genius Loci, Maria Antônia Institute, São Paulo; *Impenetráveis*, São Vito, *Arte/Cidade*, São Paulo.

São Vito, Arte/Cidade, São Paulo.

2001
Zona Crux, 50 Anos de Bienal, Paço das Artes, São Paulo.

2000
A Casa Blindada, São Paulo; *Limite*, Paço das Artes, São Paulo.

1998
Sweet Dreams, Paço das Artes, São Paulo.

1997
Instituto Goethe, São Paulo; *T.A.A.A.R.T. Projects*, Galerie Barsikow, Berlim, Alemanha.

1996
Habitar, Centro Cultural Caixa Econômica Federal, São Paulo; *Quadrante 1842*, Caixa Econômica Federal, São Paulo; Residência, Lietzen, Alemanha.

1995
Garnes Tullis, Museu de Arte Moderna de São Paulo, São Paulo.

1992
5 Aus Brasilien, Die Pumpe, Berlin, Alemanha.

1990
Pindar Gallery, Nova York, Estados Unidos; VIII Salão Paulista de Arte Contemporânea, São Paulo.

1989
Paço das Artes, São Paulo.

1988
Brasil Contemporânea, São Paulo; 5º Salão Brasileiro de Artes Plásticas, Fundação Mokiti Okada, São Paulo; *20 Artistas Convidados*, Expo Brasil China Pequim.

2001
Zona Crux, 50 Years of Bienal, Paço das Artes, São Paulo.

2000
A Casa Blindada, São Paulo; *Limite*, Paço das Artes, São Paulo.

1998
Sweet Dreams, Paço das Artes, São Paulo.

1997
Goethe-Institut, São Paulo; *T.A.A.A.R.T. Projects*, Galerie Barsikow, Berlin, Germany.

1996
Habitar, Caixa Econômica Federal Cultural Center, São Paulo; *Quadrante 1842*, Caixa Econômica Federal, São Paulo; Artist Residency, Lietzen, Germany.

1995
Garnes Tullis, Museum of Modern Art of de São Paulo (MAM-SP), São Paulo.

1992
5 Aus Brasilien, Die Pumpe, Berlin, Germany.

1990
Pindar Gallery, New York, United States; VIII Contemporary Art Hall of São Paulo, São Paulo.

1989
Paço das Artes, São Paulo.

1988
Brasil Contemporânea, São Paulo; V Brazilian Plastic Arts Hall, Mokiti Okada Foundation, São Paulo; 20 Invited Artists, Expo Brasil China Pequim.

1987
Kyoto City Museum, Japão.

1986
Kyoto City Museum, Kyoto, Japão;
XV Salão Bunkyo, São Paulo.

1985
Coletiva Internacional, Budapeste, Hungria; Galeria Arte Brasil, São Paulo.

1984
The 1th Internacional Independents Exhibition Of Prints In Kanagawa, Japão; International Mail Art Exhibition, Budapeste, Hungria; XIII Salão Bunkyo, São Paulo.

1983
XXXVI Salão de Artes Plásticas de Pernambuco, Recife; Feira de Cultura Brasileira, Bienal de São Paulo

1982
Coletiva Didática, Paço das Artes, São Paulo; I Salão Paulista de Arte Contemporânea, São Paulo.

1981
II Salão Paulista de Artes Plásticas e Visuais, São Paulo; the Japan International Artists Society Chu-Ku, Tóquio, Japão.

1987
Kyoto City Museum, Japan.

1986
Kyoto City Museum, Kyoto, Japan.
XV Bunkyo Hall, São Paulo.

1985
Internacional Group Exhibition, Budapest, Hungary; Arte Brasil art gallery, São Paulo.

1984
The 1st International Independent Exhibition of Prints in Kanagawa, Japan; International MailArt Exhibition, Budapest, Hungary; XIII Bunkyo Hall, São Paulo.

1983
XXXVI Plastic Arts Hall of Pernambuco, Recife; Brazilian Culture Fair, Biennial of São Paulo, Brasil.

1982
Coletiva Didática, Paço das Artes, São Paulo; I Contemporary Art Hall of São Paulo, São Paulo.

1981
II Plastic and Visual Arts Hall of São Paulo, São Paulo; The Japan International Artists Society Chu-Ku, Tokyo, Japan.

Sobre os autores

<u>Andrei Erofeev</u> Nascido em 1956, em Paris, filho de diplomatas russos, formou-se e defendeu a tese de doutorado na Faculdade de História da Universidade Estadual de Moscou Lomonóssov. Foi curador de mais de 50 exposições internacionais de arte, autor das revistas *Artkrónika* e *Isskustvo*, entre outras. Por sua contribuição na divulgação da arte contemporânea russa foi agraciado com o título "Cavaleiro de artes e letras" pelo governo da França. Atualmente, é crítico de arte e curador. Escrito originalmente em russo, seu texto foi traduzido para o português por Eloah Pina e revisado por Priscila Nascimento Marques.

About the authors

<u>Andrei Erofeev</u> Born in Paris, 1956, the son of Russian diplomats, he earned his PhD in History from Lomonosov Moscow State University. He curated more than 50 international art exhibitions and wrote for magazines like *Artkrónika* and *Isskustvo*. For his contribution to the dissemination of contemporary Russian art he was awarded the title "Knight of Arts and Letters" by the French government. He is currently an art critic and curator. Originally written in the Russian, his text was translated into the Portuguese by Eloah Pina and proofreaded by Priscila Nascimento Marques.

Branca de Oliveira Nascida em 1956, na cidade de Parintins, no estado do Amazonas, formou-se em Educação Artística na Fundação Armando Alvares Penteado, em 1978. Em 1992 concluiu o mestrado em Poéticas Visuais na Universidade de São Paulo e, em 2000, o doutorado em Artes Visuais na mesma instituição. É artista/pesquisadora e docente do Departamento de Artes Plásticas, na Escola de Comunicação e Artes-USP. Coordena o Grupo de Pesquisa "Poética da Multiplicidade".

Carlos Fajardo Nascido em São Paulo, em 1941, é artista multimídia e professor do departamento de Artes Plásticas da Escola de Comunicação e Artes-USP. Estudou Arquitetura na Faculdade Presbiteriana Mackenzie, Desenho e História da Arte Visual com Wesley Duke Lee, com quem fundou o grupo Rex nos anos de 1966 e 1967. Fajardo também ministra curso de Filosofia da Arte em seu ateliê.

Daniela Bousso Nascida no Cairo em 1956, é crítica e curadora de arte contemporânea. Graduada em Artes Plásticas pela Fundação Armando Alvares Penteado, mestra em História da Arte Brasileira pela Escola de Comunicação e Artes-USP, e doutora em Comunicação e Semiótica pela Pontifícia Universidade Católica de São Paulo, foi diretora do Paço das Artes e do Museu da Imagem e do Som (MIS-SP).

Branca de Oliveira Born in Parintins, in the state of Amazonas, 1956, she earned her undergraduate degree in Art Education from Fundação Armando Alvares Penteado in 1978. In 1992, she earned her MA in Visual Poetics from the University of São Paulo and, in 2000, a PhD in Visual Arts from the same institution. She is an artist/researcher and professor of the Visual Arts Department at ECA-USP. She coordinates the research group "Poética da Multiplicidade" (Poetics of Multiplicity).

Carlos Fajardo Born in São Paulo, 1941, he is a multimedia artist and professor of the Visual Arts Department at ECA-USP. He studied Architecture at Mackenzie College, Drawing and Art History with Wesley Duke Lee, with whom he founded Grupo Rex in 1966 and 1967. Fajardo also teaches Art Philosophy in his studio.

Daniela Bousso Born in Cairo, Egypt, 1956, she is a contemporary art critic and curator. She earned an undergraduate degree in Fine Arts from Fundação Armando Alvares Penteado, an MA in the History of Brazilian Art from ECA-USP, and a PhD in Communication and Semiotics from PUC-SP. She was director of Paço das Artes and of Museu da Imagem e do Som (MIS-SP).

Jurandy Valença Born in Maceió, in the state of Alagoas, Brazil, 1969, he is a visual artist, journalist, poet and curator.

Jurandy Valença Nascido em 1969 em Maceió, Alagoas, é artista visual, jornalista, poeta e curador. Já particípou de diversas exposições, entre individuais e coletivas.

Laymert Garcia dos Santos
É professor titular do Departamento de Sociologia do Instituto de Filosofia e Ciências Humanas da Universidade Estadual de Campinas. Foi conselheiro do Conselho Nacional de Política Cultural (CNPC), do Ministério da Cultura e diretor da Fundação Bienal de São Paulo. Sua atuação tem ênfase na Sociologia da Tecnologia e na Arte Contemporânea, principalmente em temas como Tecnologia, Biotecnologia, Arte Contemporânea, Política e Brasil.

Nelson Brissac Nascido em 1952, é graduado em Sociologia pelo Fundação Escola de Sociologia e Política de São Paulo (1976), mestre em Filosofia pela Pontifícia Universidade Católica de São Paulo (1980) e doutor em Filosofia pela Universidade de Paris I Sorbonne (1984). Foi fundador do projeto *Arte/Cidade* e atualmente é professor assistente doutor da PUC-SP.

Agradecimentos
Eva agradece a Nissin Castiel, seu companheiro de longa data e grande incentivador, e a todos aqueles que estão em seu coração.

He has participated in various solo and group exhibitions.

Laymert Garcia dos Santos
Professor of the Department of Sociology of the Institute of Philosophy and Human Sciences (IFCH) of Unicamp. He was an advisor to CNPC of the Ministry of Culture and director of Fundação Bienal de São Paulo. His work has an emphasis on the Sociology of Technology and in Contemporary Art, especially in themes like technology, biotechnology, contemporary art, politics and Brazil.

Nelson Brissac Born in 1952, he has an undergraduate degree in Sociology from Fundação Escola de Sociologia e Política de São Paulo (1976), an MA in Philosophy from PUC-SP (1980) and a PhD in Philosophy from Panthéon-Sorbonne University (1984). He founded the project *Arte/Cidade* and is currently a doctorate assistant professor at PUC-SP.

Acknowledgments
Eva thanks Nissin Castiel, her longtime partner and great supporter, and all those who are in her heart.

Coordenação editorial Eloah Pina
Assistente editorial Bruno Ferreira
Versão para o inglês Mariana Nacif Mendes
Revisão Juliana Bitelli, Rafael Falasco, Richard Sanches
Projeto gráfico Bloco Gráfico
Assistente de design Lais Ikoma
Tratamento de imagem Wagner Fernandes
Produção gráfica Lilia Góes

Fonte Untitled
Papel Munken Lynx 100 g/m²
Impressão Ipsis

Dados internacionais de catalogação na publicação (CIP)

Castiel, Eva [1944–] | Estrangeira *Foreigner*: Eva Castiel
Daniela Bousso [org.]; tradução/translation: Mariana Nacif
São Paulo: Editora WMF Martins Fontes, 2018
Edição bilíngue: português / inglês | 264 pp.; 315 ils.

ISBN 978-85-469-0235-4

1. Artes plásticas 2. Castiel, Eva 3. Pintoras –
Brasil 4. Pintura – Apreciação 5. Pintura brasileira
I. Bousso, Daniela. II. Título. III. Título: Foreigner.

18-21150 CDD-759.981

Índices para catálogo sistemático:
1. Brasil: Pintoras: Artes plásticas: Apreciação crítica 759.981
Cibele Maria Dias – Bibliotecária – CRB-8/9427

Editorial coordinator Eloah Pina
Editorial assistant Bruno Ferreira
English version Mariana Nacif Mendes
Proofreading Juliana Bitelli, Rafael Falasco, Richard Sanches
Graphic design Bloco Gráfico
Design assistant Lais Ikoma
Image processing Wagner Fernandes
Graphic production Lilia Góes

Typeface Untitled
Paper Munken Lynx 100 g/m²
Printing Ipsis